스타트업
펀드레이징 전략

START UP

Fundraising Strategy

The conditions of
Investment-graded Company

스타트업
펀드레이징 전략

투자받는 기업의 조건

서리빈 · 성상현 공저

성공적인 스타트업 펀드레이징의 출발점은
투자자를 아는 것(Know Your Investors)이다

바른북스

차례

Chapter 1. 스타트업 펀드레이징 기초 쌓기

Chapter 2. 투자자 파악하기

Chapter 3. 전략적 관점에서 사업 계획서 작성하기

Chapter 4. 수익 극대화를 위한 최적 재무 계획 수립하기

Chapter 5. 성공적인 펀드레이징 수행하기

Chapter 6. 강력한 투자 협상가로 거듭나기

Chapter 7. 투자적격 기업으로 나아가기

부록. 성공적인 스타트업 펀드레이징을 위한 원칙

Chapter 1

스타트업 펀드레이징 기초 쌓기

우선, 스타트업의 재무 전략과 관련하여 반드시 알아두어야 할 기본적인 개념에 대해서 살펴보자. 여기에는 펀딩 단계, 위험과 수익, 펀딩 유형, 자본구조, 지적재산, 가치평가 및 출구 전략의 일곱 가지 주제가 포함된다. 이들 주제와 관련된 개념은 앞으로 다룰 다양한 주제를 이해하고 실무에 적용하는 데 매우 중요하다.

펀드레이징 스테이지

스타트업이 성장 기반을 확보하려면 적절한 시기에 적절한 금액을 투자받는 것이 무엇보다 중요하다. 이를 위해선 펀딩 단계(Fundraising Stage)를 정확히 이해하는 것이 도움이 된다.

일반적으로 한 기업의 펀딩 단계는 조직, 매출 및 수익 규모, 자본화 정도, 제품개발 상태를 비롯한 다양한 요소에 의해서 결정된다. 한편, 스타트업의 펀드레이징 전략을 수립할 때에는 기업 성장 단계에 따라서 펀딩 단계를 구분하는 것이 유용하다. 그 이유는 기업 성장 단계별로 지분희석과 이자 등과 같은 직·간접적 금융비용 정도가 달라지기 때문이다.

적어도 특정 펀딩 단계에서 사업 성장 및 발전이 나타나거나 혹은 필요한 재정 목표를 충분히 달성해야만 후속 단계로 나아갈 수 있다. 이러한 성장 과정을 통해서 스타트업은 자사의 벤처 비즈니스에 대한 평가가치는 물론 보유자산(특히, 지적재산)의 가치를 높일 수 있다. 그 결과, 보다 유리한 협상조건(예 : 낮은 이자율)으로 추가적인 투자를 받을 수 있다.

중요한 점은 각 펀딩 단계에서 필요한 자금을 최저 자본비용으로 조달하여 다음 단계로 나아갈 준비를 하는 것이다. 이러한 효율적 펀드레이징 전략을 통해 스타트업 비즈니스는 부가가치를 창출할 수 있다. 필요한 자금 규모를 결정하고 최저 비용으로 자본을 제공하는 재원을 확보하려면 구체적이고 실현 가능한 재무 계획이 필요하다.

본 장에서는 프리펀딩 기간에 수행해야 할 준비 활동과 함께, 이후 연속적 자금조달 활동으로서 시드머니, 시리즈 A와 시리즈 B에 대하여 살펴보자.

[도표1.1] 펀드라이징 스테이지

펀드라이징 스테이지	비즈니스 발전 단계	주요 목표	주요 자금 사용처	주요 펀딩소스
시드머니	사업 계획, 연구개발 (R&D)	비즈니스 컨셉 증명 지적재산권 확보 및 보호	프로토타입 개발 및 생산	엔젤, 벤처 캐피탈, 공공기관, 인큐베이터, 개인 네트워크
시리즈 A	도입기 및 저상장기: 제품·서비스의 상업적 출시 및 개선	상업적 성공 가능성 확인 매출 발생	상업적 출시	벤처 캐피탈
시리즈 B	고성장기: 사업 확장	수익성 확보 확장성 개발	확장 가능한 인프라 개발 사업 운영 인력 채용 시장 확대	대규모 투자가능 엔젤, 사모펀드기업, 전략파트너

프리펀딩

프리펀딩 단계(Prefunding Stage)는 비즈니스 아이디어 콘셉트를 개발하고, 해당 아이디어를 비즈니스 플랜으로 발전시키는 기간이다. 이 단계에서 스타트업은 아래와 같은 핵심 질문에 명확히 답해야 한다.

- 나의 비즈니스 아이디어는 시장, 고객, 산업 및 기술 등에서 중대한

문제를 해결할 수 있는 솔루션을 내포하는가?
- 나는 해당 아이디어를 실행·실현할 수 있는 유일한 능력과 자격을 갖추고 있는가?
- 해당 아이디어를 실행함으로써 이익을 얻는 자는 누구인가?

아무리 가치 높고 흥미로운 비즈니스 아이디어라 할지라도, 위 질문에 대하여 명확히 답할 수 없다면 창업가는 잠재 투자자(Prospective Investors)에게 매력적인 투자 기회를 제공하기 어렵다. 이들 질문에 긍정적인 답변을 내렸다면, 다음 문제를 고려해야 한다.

- 제품 및 서비스의 개발에 소요되는 기간은 어느 정도인가? 이 질문은 급변하는 기술시장에서 특히 중요하다. χ년이 지나면 쓸모없게 될 제품·서비스를 개발하는 데 χ년이 걸릴 것으로 예상된다면, 기대한 결실을 맺기 어렵다. 따라서 개발기간 예측과 함께 향후 시장 및 산업 전망을 예견할 수 있어야 한다.
- 전략과 행동이 유사한 개인 또는 경쟁사가 존재하는가? 창업가가 구글이나 삼성과 같은 대기업처럼 수십억 원의 연구개발비가 필요한 프로젝트를 시도하기로 했다고 생각해보자. 아마도 지나치게 야심 찬 계획은 자금조달이 매우 어려울 것이다.
- 사업 기회를 실현하는 데 얼마나 열정적이며, 내재된 모든 위험과 희생을 껴안을 준비가 되어있는가? 불안정한 라이프 스타일을 기꺼이 받아들이고, 다른 개인지출을 줄이면서 모든 수입과 저축을 스타트업 자금에 투자할 의지를 갖고 있어야 한다.

- 함께 시간을 보내야 할 자녀와 충분하고 안정된 소득을 선호하는 배우자와 같이 상당한 가족부양의무를 지니고 있는가? 일반적으로 창업가는 가족이나 친구보다 비즈니스 파트너와 훨씬 많은 시간을 보낸다.
- 스타트업의 벤처 비즈니스가 내포한 재무적 위험을 얼마나 감당할 수 있는가? 비즈니스가 성공하기까지 상당한 시간이 걸리며, 계획에 없던 지출이 봇물처럼 터져 나온다. 위험에 대비할 비상계획이 필요하며, 철저한 계획 아래 움직여야 한다.
- 하루에 몇 시간만 자도 괜찮은가? 누구도 시도한 적 없는 스타트업의 벤처 비즈니스를 성공시키려면 과중한 업무를 견뎌내야 한다. 생산성이 떨어지지 않고 많은 업무를 처리할 수 있는 능력을 갖추고 있는가?
- 위험을 분담해야 할 투자자들과 직원들에게 어떻게 비전을 심어주고 열정을 공유할 것인가? 다른 사람들도 창업가의 고통을 함께 견디고 성과창출을 향한 힘든 과정을 끈기 있게 나아갈 준비가 되어있는가?

프리펀딩 단계의 목표는 첫 번째 질문구성에 대하여 답하고, 스타트업의 아이디어 실행 방법에 관한 프레임워크를 제시하는 구체적이고 명확한 비즈니스 플랜을 작성하는 데 있다.

시드머니

시드머니 단계(Seedmoney Stage)는 사업 계획을 수립하고 구현하려는 기술을 반영한 프로토타입(Prototype)의 제품·서비스를 개발하기까지의 기간에 발생하는 최초의 자금조달 활동으로 이루어져 있다. 이 단계의 주요 목적은 프로토타입을 개발하고, 이를 지적재산으로 보호하여 스타트업 비즈니스의 아이디어와 콘셉트를 증명·확인하는 데 있다.

프로토타입이 중요한 이유는 유용하고 실현 가능한 고객 피드백을 수집하여 최종 출시할 제품과 서비스를 발전시키는 데 있다. 따라서 프로토타입 개발은 사용자 테스트를 시범적으로 진행할 수 있는 시점까지 진행되어야 한다. 그리고 아이디어의 상업적 타당성을 검토하려는 잠재 투자자들에게 제시할 수 있을 정도로 프로토타입의 완성도를 충분히 다듬어야 한다.

아이디어 콘셉트 증명은 개발하려는 제품과 서비스가 창업가 이외의 다른 사람들에게도 유효하며, 충분한 목표시장과 고객이 존재한다는 사실을 실제로 보여주는 것이다. 아이디어 콘셉트 확인을 위한 방법에는 여러 가지가 있다. 알파·베타 사용자 테스트, 고객 타당성 조사 및 인터뷰·설문조사 등과 같이 다양하고 효과적인 아이디어 콘셉트 검토 기법이 있다. 특히, 카노 분석은 실질적이고 실용적인 고객 선호도 분류 시스템을 활용하여 프로토타입에 대한 고객 반응을 측정하는 데 효과적이다. 이 단계에서 특허를 신청하거나 복제방지 소프트웨어를 포함하여 스타트업의 지적 재산을 보호해야 한다.

확보해야 할 시드머니의 규모는 잠재 투자자들에게 보여줄 프로토타입을 개발하는 데 필요한 자금, 아이디어 콘셉트 확인을 위한 사용자 테스트와 관련된 비용, 그리고 지적 재산 보호를 위한 기타 비용이 이 단계에서 확보해야 할 시드머니 규모를 결정한다. 일반적으로 창업가 자신, 가족과 지인, 엔젤 투자자, 벤처 캐피탈, 공공 자금지원 기관 및 사립 인큐베이터와 액셀러레이터 등이 시드머니 단계에서 훌륭한 재원이 될 것이다.

시리즈 A

시리즈 A 단계(Series A Stage)는 기술, 제품 및 서비스 개발을 목표로 한 기술개발 중심 기업에서 수익 추구를 목적으로 한 사업체로 진화하는 단계에 해당한다. 이 단계의 주요 목표는 성공적인 상업품의 출시를 통해 수익을 창출하고 비즈니스의 존재 자체를 입증하는 데 있다. 본 단계에서의 기업 활동은 이전의 기술개발 활동과 매우 다르다. 마케팅 전략을 수립하고, 고객 및 사용자들이 수용할 수 있는 지불 방법을 선택하고, 최적의 가격 정책을 수립해야 한다. 그리고 최상의 유통 경로를 확보하여 주요 공급 업체로부터 유리한 계약조건을 얻고, 마케팅 파트너와의 협력 관계를 쌓아야 한다.

이러한 활동은 앞서 설명한 아이디어 콘셉트 확인을 뛰어넘어 투자자에게 비즈니스의 상업적 가치를 실제로 확인시켜주기 위함이다. 잠재 투자자들이 스타트업 창업가에게 바라는 단 한 가지가 바로 '수익을 창출하라'이다. 이를 달성하는 데 가장 효과적인 방법은 전략적 파트너와 상호 이익 관계를 구축하고 고객들이 제품과 서비스를 소비하며 만족하도록 만드는 것이다.

시리즈 A는 모든 펀드레이징 단계 중에서 가장 중요하고 힘들다. 이전까지 조달한 자금은 막대한 수준이 아니었고, 투자자들도 창업가와의 개인적 신뢰를 바탕으로 사업자금을 제공했다. 시드 펀딩 단계에서 충분한 자금을 조성했다면, 이제부터 엄격한 투자 기준을 가진 투자자들로부터 생산 및 마케팅 등의 사업 활동에 소요되는 막대한 자금을 확보해야 한다. 그리고 이들 투자자는 대부분 창업가와 아무런 개인적 유대관계를 갖고 있지 않다. 시리즈 A 펀딩 단계에서 주요 재원은 벤처 캐피탈이다.

시리즈 B

시리즈 B 단계(Series B Stage)는 스타트업이 본격적으로 수익을 창출하고 비즈니스 규모를 확대하는 시기이다. 이 단계의 주요 목표는 지속 가능한 방식으로 자금을 조달하고 수익을 확대하는 데 있다. 테크스타트업(Technology-oriented Startups)일 경우라면, 이 단계에서 기술지원팀을 구성하고 사업 규모를 확장하여 새로운 시장으로 진입하기 위해 필요한 자금을 확보해야 한다. 시리즈 B 펀딩 단계에서 주요 재원으로는 사모펀드 투자기업 또는 사업상 관계를 맺은 전략적 파트너가 있다.

이 단계에서 창업가에게 주어진 가장 큰 과제는 성장을 관리하는 것이다. 벤처 비즈니스가 실패하는 주요 이유 중 하나가 바로 기업 성장 관리에 실패하는 것이다. 성공적인 스타트업은 폭발적인 성장의 기회를 자주 접하게 된다. 그러나 이를 잘 관리하지 못하면 성장 기회는 유익한 결과로 연결되지 못한다.

따라서 비즈니스 스케일과 인프라를 확장하고, 이를 운영 및 지원하는 인력을 고용할 때 필요한 자금을 확보해야 한다. 이는 기업 성장을 촉진하는 데 있어서 매우 중요한 활동이다. 이와 관련하여 4장에서는 스타트업의 후속 펀드레이징을 위한 최적 재무 계획 수립에 대해서 살펴본다.

위험과 수익

스타트업의 펀드레이징 활동에서 반드시 이해해야 할 중요한 개념이 바로 '위험-수익'의 상관관계이다. 일반적으로 기대수익이 커질수록 인지된 위험도 더불어 높아진다. 잠재 투자자들은 자신의 투자에 대한 위험을 증가 또는 감소시킬 수 있는 요인들은 평가한다. 이러한 요인에는 수익 창출까지의 소요 시간, 투자 금액, 목표시장의 성장 전망, 제품·서비스의 상업적 성공 잠재력, 그리고 경영진의 사업 역량에 대한 신뢰 수준 등이 포함된다.

펀드레이징 활동의 주된 목표는 벤처 비즈니스에 대한 투자 유치 가능성을 높이기 위해 잠재 투자자가 인식한 위험을 줄여주는 데 있다. 이를 통해 창업가는 가장 유리한 펀딩 조건을 확보할 수 있는 기회를 얻게 된다. 이 목표를 달성해갈수록 기업 가치, 즉 밸류에이션도 함께 높아져 특정 시점에서 기업 가치[주가] 상승 또는 자본비용 감소를 기대할 수 있다.

초기 펀딩 단계에서 필요한 적정량의 투자 자금을 유치할 수 있다면 수익 창출까지 소요되는 기간을 좀 더 단축할 수 있다. 그리고 해당 기간이 단축된 만큼 투자 위험은 더 낮아진다. 하지만 실제로는 많은 스타트업들이 수익 목표를 달성하는 데 필요한 금액보다 훨씬 더 많은 투자를 받길 원한다. 이 경우, 투자자 입장에서는 투자 위험이 증가할 뿐 아니라 앞서 설명한 적정 투자 규모에 따른 위험 완화의 기회를 잃게 된다. 그러므로 위험-수익의 관계에 대하여 보다 심도 있는 이해를 쌓은 후 궁극적으로 수익 극대화를 위한 펀드레이징 성공률과 효율성을 높이는 것이 무엇보다 중요하다.

위험-수익에서 고려해야 할 또 다른 주요 요소는 초기 투자자 혹은 창립 파트너의 상대적 위험과 수익이다. 앞서 언급했듯이, 후기 투자자와 비교할 때 초기 투자자는 상대적으로 높은 투자 위험을 감수하기 때문에 기대수익도 높은 편이다. 또한 이들은 투자수익 극대화를 위해 각별한 노력을 기울이는 만큼 실제로 투자한 금액에 비례하여 높은 투자수익을 올리는 것이 보통이다.

초기 투자자 혹은 창립 파트너가 감수하는 정량적 위험과 정성적 위험 요소를 다음과 같이 네 가지로 구분할 수 있다.

▎정량적 위험 요소

- **실제 투자 자금** 여기에는 스타트업의 벤처 비즈니스에 실제로 투자한 자금과 기타 자원 등이 포함된다.
- **재무적 기회비용** 이는 창립 파트너가 벤처 비즈니스를 위해 부담해야 할 재무적 희생을 의미한다. 스타트업 직원 채용에 연간 1억 원을 5년 동안 투자해야 할 창립 파트너의 기회비용은 총 5억 원을 다른 곳에 투자할 때 얻을 수 있는 수익이 될 것이다. 기회비용은 창립 파트너가 부담해야 할 가장 중요한 비용임에도 종종 간과되는 요소이다.

▎정성적 위험 요소

- **피와 땀** 개인적인 노력과 이로 인한 스트레스, 그리고 비재무적인 희생과 고난 역시 계산할 필요가 있다. 외부 투자자와 창업 파트너가 동시에 같은 금액을 투자했을지라도, 외부 투자자보다 창립 파트너의 높은 기업경영 기여도를 반드시 고려하여 투자회수 시 반영해야 한다.

- **관계적 자본** 창립 파트너는 창업가와의 관계 속에서 일정한 위험을 부담한다. 이는 개인적 관계에서 비롯된 다양한 의무와 책임 등을 포함한다. 결국, 이러한 요소는 창립 파트너의 높은 투자수익을 정당하게 만든다.

위와 같이 스타트업의 벤처 비즈니스에 대한 창립 파트너의 기여도는 재무적 차원을 뛰어넘는다. 창업가는 반드시 이들의 투자회수를 높이기 위한 성공적인 출구 전략(Exit Strategy)을 계획하고 실행하는 데 각별한 노력이 기울여야 한다. 그리고 창립 파트너가 부담해야 할 위험, 그리고 제공한 재무적 및 비재무적 자원과 노력에 상응하여 수익배분이 이루어져야 한다.

위험과 수익에 대한 이해를 기반으로 창립 파트너, 그리고 현재 및 미래 주주와의 상호 이익을 추구해야 한다. 이를 통해 후속 펀드레이징을 통해 필요한 자금을 추가로 조달·확보할 수 있다. 이에 대한 논의는 2장에서 스타트업 투자 위험을 완화할 수 있는 다양한 요소와 함께 살펴볼 것이다.

펀딩 유형

외부로부터 조달된 자금의 가장 기본적인 유형이 바로 자본과 부채이다. 각기 다른 장단점을 갖고 있는 자본과 부채를 활용하여 스타트업은 특정 상황에 적합한 이상적인 재무여건을 마련할 수 있다.

물론, 가능하다면 최선의 선택은 내부자금조달이 될 것이다. 내부 자금은 초기 펀딩 단계에서 창업가 개인이 출연한 자금과 창립 파트너의 투자 자금, 또는 비즈니스 활동에서 창출된 수익 중 일부를 축적된 자본잉여금 등으로 구성된다. 이러한 내부 자금은 외부 당사자와 어떠한 의무도 부과하지 않는다. 그리고 스타트업의 벤처 비즈니스가 실패할 때 발생할 개인 금융의 희생을 막기 위해서 창업가와 창립 파트너로 하여금 더욱 적극적이고 활발한 비즈니스 활동과 참여를 촉진한다.

이밖에도 기회비용, 실제 재정투자, 개인적 관계상의 위험, 전문성과 지식, 스트레스, 가족과의 시간 측면에서 희생이 뒤따른다. 적정 수준의 기대수익률을 결정할 때 이러한 희생 요인에 가치를 부여해야 한다. 그리고 향후 펀딩 활동에서 이러한 희생에 대한 가치를 인식하고, 잠재 투자자와의 협상 테이블에서 인식된 가치를 확립하는 것이 무엇보다 중요하다.

반면, 현실적으로 계획된 필요 자금을 특정 펀딩 단계에서 즉각적으로 조달하지 못하거나, 비즈니스 성장을 지원하기에 충분한 내부 자금을 보유하고 있지 못한 경우가 허다하다. 이때에는 외부 재원에 자금을 요청해야 한다. 외부 재원에서 확보할 수 있는 펀딩 유형에는 주식과 부채, 공공자금, 그리고 공적·사적 목적으로 운영되는 인큐베이터와 액셀러레이터 등이 있다.

[도표1.2] 펀딩 유형

펀딩 유형	가용성	통제수준	지분희석화 발생 가능성	이해관계자와의 적합성 수준	청산 의무	출구 시 창업자 투자수익률 (ROI)
내부조달	충분한 창업자 개인 자금 및 기업 이익잉여금 존재 여부	외부자에게 통제권 박탈 가능성이 전혀 없는 이상적 통제수준	전혀 없음	높은 적합성	전혀 없음	ROI에 미치는 영향이 전혀 없음
주식조달	잠재 지분투자자의 존재 여부	주주에게 의결권를 제공할 경우 발생하는 조건	발행 주식 수에 의해 발생	후속 투자일수록 높은 적합성	청산우선권이 설정된 우선주를 제외하고 보통 수준의 의무	발행 주식 수에 의한 ROI 변동
부채조달	충분한 현금흐름 및 담보 설정이 가능한 유형 자산의 존재 여부	제한적 통제수준: 부채 상황을 위한 현금흐름이 감소한 경우에 한하여 제한적 통제	전혀 없음	지분 투자자와 부채 투자자 간 이해 충돌 발생 가능	모든 유형의 지분 투자보다 우선하는 의무	출구 시점 이전까지의 상환총액에 의한 ROI 변동
전환사채	담보 설정이 가능한 유형 혹은 무형 자산의 존재 여부	주식조달과 부채조달의 중간 형태를 띤 조건적 통제수준	주식 전환 비율에 의해 발생	주식 전환 후 주식 투자자와 부채 투자자 간 이해 충돌 발생 가능	모든 유형의 지분 투자보다 우선하는 의무	주식 전환에 따른 지분희석화 수준에 의한 ROI 변동

펀딩 유형	가용성	통제수준	지분희석화 발생 가능성	이해관계자와의 적합성 수준	청산 의무	출구 시 창업자 투자수익률 (ROI)
팩토링	적격 매출채권에 대한 담보 설정 가능 여부	현금흐름과 매출채권 관리 여부에 따른 제한적 통제수준	전혀 없음	중립적 수준	전혀 없음	ROI에 미치는 영향이 전혀 없음
정부 보조금	스타트업 비즈니스 혹은 제품·서비스의 자금지원 심사기준 충족 여부	조건적 통제수준: 신청자격 및 자금사용 요건에 의한 조건적 통제수준	전혀 없음	기업이 제안한 사업 목표와 기관이 요구하는 핵심성과지표의 일치 정도에 따라 상이함	지원자금 회수조항에 따른 상이한 의무 수준	지원자금 회수조항 발효 시 ROI 변동
인큐베이터 및 액셀러레이터	경쟁적 선발을 위한 요건 및 자격 충족 여부	지원 기관별 상이한 통제수준: 일반적으로 엑셀러레이터 프로그램은 참가자에게 엄격한 활동 기준을 요구함	참가비용으로 최소한의 지분을 명목상 요구하는 경우에 발생	참가자들에게 즉각적 자금조달과 최종 출구를 준비하도록 설계된 경우 높은 적합적	명목상 제공된 지분율과 주식 유형에 따른 상이한 의무 수준	명목상 제공된 지분율에 의한 ROI 변동

주식

초기 단계의 스타트업이 적기에 충분한 자금을 내부적으로 확보할 수 있는 방법이 없다면, 주식을 활용하여 주주를 모집하는 지분투자를 받는 것이 가장 이상적인 대안이 될 것이다.

실제로 지분투자는 스타트업이 비즈니스 운영에 필요한 자금을 조달하는 가장 일반적인 방법이다. 특히, 엔젤이나 벤처 캐피탈, 사모펀드는 투자 대상이 되는 스타트업의 발행 주식을 취득하여 경영 활동에 영향을 미치고, 밸류에이션을 높여 투자 수익을 증진시킨다. 창업가는 이러한 외부 투자자를 비즈니스 파트너로 이끌어 안정적인 재원을 확보할 수 있다.

주식을 통한 펀딩 유형에는 장·단점이 있다. 우선, 즉각적으로 투입되는 자본을 활용하여 급속한 기업 성장을 위한 자금조달에 사용할 수 있다. 보통주를 받은 지분 투자자들은 문제가 발생할 경우 자신의 투자에 대한 법적 권리인 잔여재산 청구권을 보장받지 못한다. 대체로, 이들의 투자 목적은 창업가의 목표와 동일하다. 즉, 비즈니스의 경제적 성공이다. 이들은 스타트업의 벤처 비즈니스가 내포한 위험을 분담하고 그 수익을 함께 나눈다. 그리고 의결권을 갖기 때문에 스타트업 경영과 관련된 의사 결정에 적극적으로 개입한다. 비즈니스에 직접적으로 관여하지 않는 소극적 투자자가 경영 통제 측면에서 이상적이지만, 이런 경우는 매우 드물다. 외부 투자자의 지분비율이 높아질수록 창업가의 경영 통제력은 낮아지게 마련이다.

지분투자를 더 많이 수용할수록 창업가와 경영진의 지분율은 감소한다. 이 경우, 기업공개(Initial Public Offering, IPO)나 인수합병(Merger and Acquisition, M&A)과 같은 출구 전략 시 기대수익을 현저히 감소시킨다. 경영 통제와 관련된 문제와 스타트업 지분투자에서 반드시 알아야 할 지분희석화에 대해선 이후 장에서 여러 차례 논의할 것이다.

부채

보통 부채를 통한 자금조달은 시중 일반 은행이나 전문 투자 은행에서 가능하다. 채권자(대출기관)는 채무자(스타트업)의 부채상환능력을 확인하기 위해 최소한의 현금흐름을 증명하도록 한다. 따라서 스타트업은 초기 펀딩 단계에서 부채를 통한 자금조달이 어려울 수 있다. 지분 투자자와 달리 채권자는 창업가의 유·무형 자산을 담보로 설정하여 채무불이행에 대한 청산우선권을 갖는다.

만약 대차대조표 상 상당한 부채가 있다면 지분 투자자들로부터 자금조달이 훨씬 더 어려워질 수 있다. 이들은 스타트업에 대한 자신들의 투자 자금을 부채 상환이 아니라 기업 가치 증진에 기여하는 사업 목표 실현에 사용하길 바라기 때문이다. 특히 채권자가 스타트업의 경쟁우위 원천인 주요 지적 재산권과 같은 핵심 자산에 대하여 우선변제를 위한 선순위 담보권을 갖고 있다면,

잠재 투자자는 자신의 투자 결정에 신중할 수밖에 없다. 이 경우, 잠재 투자자들의 주요 관심은 창업가(채무자)의 채무불이행 위험에 있다. 창업가가 부채를 상환하지 못하면 투자자는 스타트업에 대한 경영 통제권을 잃기 때문이다.

채권자의 이익과 채무자의 이익은 서로 부합하지 않을 수 있다. 채무자들은 가능한 원금을 빨리 상환하려 하지만, 채권자는 적절한 기간 동안 대출을 유지하면서 이자를 받길 원하기 때문이다. 따라서 채권자는 채무

자인 스타트업의 장기적 성공을 위한 자본 지출보다는 대출 기간 동안의 단기 현금흐름과 같은 기업의 부채상환능력에 더 관심을 갖게 된다. 장기적 주주 이익을 위한 의사 결정에 반대하는 채권자가 있다면 창업가와 투자자들은 힘들 수밖에 없다. 부채를 통한 펀딩의 또 다른 단점으로는 채무불이행 사태가 발생하면 채권자에게 기업 통제권을 빼앗길 가능성이 있다는 점이다.

이상의 단점에도 불구하고 부채는 두 가지 분명한 장점을 갖고 있다. 우선, 주주와 달리 채권자는 기업에 대한 지배권과 의결권을 갖고 있지 않다. 그리고 부채를 통한 자금조달은 창립 파트너 및 여타 주주들의 지분을 희석시키지 않는다.

이러한 장점을 감안할 때, 초기 펀딩 단계에서 주식매각과 증자(신주발행)가 주요 펀드레이징 방식으로 훨씬 더 널리 활용되는 이유는 이해하기 어렵다. 스타트업이 부채를 활용하여 레버리지 효과를 통해 초과 수익을 달성하면 부도 위험은 현저히 감소하고 향후 증자할 필요도 없다. 즉, 부채를 활용하여 지분희석을 억제하는 것이 더 바람직한 상황도 있다는 사실을 명심하길 바란다.

다른 펀딩 유형

스타트업의 지분과 부채 비율을 변동시키는 네 가지 펀딩 유형으로서, 전환사채, 주식 워런트, 팩토링, 라이선스, 그리고 수익 공유 계약 등이 있다.

| 전환사채

주식과 부채의 장점을 경합한 전환사채(Convertible Debt)는 주식으로의 전환권을 인정하는 부채를 말한다. 창업가는 일반 채권과 똑같이 정해진 만기일까지 정기적으로 이자를 지급하고, 투자자는 이 기간 중 언제든지(또는 만기 시점에) 잔액 원금과 이자 수익에 상응하는 주식으로 전환할 수 있다. 전환사채를 발행한 기업은 전환에 의한 부채상환의 효과와 이자 비용 감소에 의한 자금조달 상의 편의를 누릴 수 있다.

전환사채는 투자자에게는 매우 유리하지만 창업가의 입장에서는 그렇지 않을 수 있다. 기본적으로 전환사채는 지분희석을 야기할 수 있는 채권이다. 이는 투자자에게 있어서는 최고이지만 창업가에게는 최악일 수 있다. 기업이 파산할 경우 투자자는 채무자의 권리가 부여하는 모든 법적 보호를 받을 수 있다. 그리고 기업이 성공하면 투자자는 주식전환과 시세차익을 통한 높은 수익을 기대할 수 있다. 하지만 채권을 주식으로 전환하기 전까지 대차대조표에는 부채로 기록되므로, 추가적으로 부채와 주식을 통한 자금조달에 어려움을 겪을 수 있다.

사실, 전환사채는 법적 및 비용 측면에서 다른 접근법보다 자금조달이 더 용이하기 때문에 많은 스타트업들이 초기 펀딩 단계에서 선호한 펀드레이징 방법이었다. 미국을 포함한 많은 국가에서 전환사채의 발행과 관련된 법적 수수료 및 서류 작업 비용은 주식 발행보다 현저히 낮다. 또한 주식 발행 과정에서 반드시 필요한 기업 가치 평가를 하지 않아도 되므로, 초기 단계의 스타트업들에 유용하였다.

하지만 창업가가 명심해야 할 점은 '쉬운 돈'이 아니라 '좋은 돈'을 추구해야 한다는 것이다. 쉽게 받은 투자는 후일 경영 부실화를 낳는 '나쁜 돈'으로 변질될 가능성이 크다. 이러한 돈을 쉽게 얻을수록, 미래의 자금 확보는 점점 더 어려워진다.

전환사채는 투자자로 하여금 창업가·경영진과 위험을 분담하는 주주가 아니라 채권자의 시각으로 벤처 비즈니스를 바라보고 기업경영활동에 간섭하도록 만든다. 꼭 필요한 경우가 아니라면, 전환사채는 스타트업의 장기적인 경영 안정화 측면에서 그리 현명한 선택이 아닐 수 있다.

경영 및 재무 목표를 성공적으로 달성하여 충분한 밸류에이션 기반을 쌓을 때까지 초기 투자자를 창립 파트너로서 대우하는 것이 올바르다. 그리고 앞서 '위험과 수익' 섹션에서 설명한 요소를 활용하여 이들의 지분율을 고려해야 한다.

분명 전환사채 발행은 초기 투자자들이 소외감을 느끼도록 만들고, 향후 펀딩 단계에서 잠재 투자자들에게 더욱 유리한 협상 카드를 제시하도록 만들 여지를 안고 있다. 더구나 이런 협상은 대개 오랜 시간이 소요되므로 적기에 투자를 유치하여 활용할 시기를 놓치게 된다. 그리고 불리한 협상 조건을 소화하려면 창업가는 값비싼 대가를 치러야 한다. 지적 재산권이 경쟁우위 원천으로 작용하는 테크스타트업의 경우엔 이 문제를 결코 간과해선 안 된다. 전환사채를 보유한 투자자들은 일반적으로 지적 재산권을 담보 조건으로 투자하는 경향을 보인다. 이는 후속 잠재 투자자에게는 결코 정당하지 못한, 불합리한 조건이다.

창업가가 먼저 전환사채와 같은 투자 유형을 제안해선 안 된다. 만약 초기 펀딩 단계에서 투자자들에게 전환사채를 제시해야 할 불가피한 상황이라면, 그 선택이 향후 기업과 주주들에게 어떠한 영향을 미칠지 반드시 검토하고 만전을 기해야 한다.

이와 관련하여 효율적 펀드레이징을 위한 재무 계획을 다루는 4장에서 적절한 펀딩 시기 결정 방법과 후속 투자에서 부채를 통한 자금조달을 보류해야 하는 이유를 살펴볼 것이다. 이는 후속 투자에 대한 초기 투자자들의 오해와 불신을 해소하는 데 도움이 될 것이다.

┃ 주식 워런트

대안적 자금조달의 두 번째 유형은 사모펀드의 한 종류인 주식 워런트(Equity Warrant)이다. 주식 워런트 보유자는 지정된 주식 수를 특별 행사 가격으로 구입할 수 있는 권리를 갖는다. 구입 시기를 지정할 수도 있다.

주식 워런트는 주식과 거의 모든 점에서 유사하지만, 한 가지 차이점이 있다. 주식 워런트를 행사할 때까지 보유자는 주주의 권리, 특히 의결권이 없다는 점이다. 물론, 워런트를 행사한 후에는 주주로서 의사 결정에 참여할 수 있는 권리를 갖는다. 이때 스타트업은 보유자의 워런트 행사가에 주식 수를 곱한 금액만큼 추가 자금을 조달할 수 있다.

결과적으로, 워런트 행사가가 높을수록 기업 입장에서는 유리하지만 주식 워런트 보유자에게는 그리 매력적인 투자 방식은 아니다. 이러한 이유로 실제로는 직접적인 자금조달 수단으로 주식 워런트를 발행하진 않는다. 주로 스타트업 직원과 자문단에게 인센티브로, 혹은 마케팅 파트너와 공급자에게 지불금 대신 주식 워런트를 제공하는 것이 일반적이다. 또한 경영 활동에 관여하지 않는 소극적 투자자를 끌어들이기 위한 수단으로도 활용한다. 주식 워런트 공모가는 현재 주가를 기준으로 경영진과 투자자 간 상호 합의하여 산정한다.

| 팩토링

부채를 통한 자금조달의 한 형태인 팩토링(Factoring, 채권매입)은 잘 알려져 있지 않지만, 특정 상황에서 매력적인 펀딩 옵션이 될 수 있다. 은행이나 개인에게 자금을 빌릴 때는 보통 유·무형자산 담보가 필요하지만, 팩토링은 은행이 스타트업이 보유한 채권 자체를 담보로 인정하는 중·단기 대출 방식이다. 예를 들어, 기업이 은행에서 사업자금 대출 후 설비 투자를 하고 제품과 서비스를 생산하여 구매자에게 외상 판매한다. 이때 구매자로부터 받은 매출채권을 대출 은행에게 할인가로 되파는 방식으로 부채를 상환하는 것이 가장 정형적인 팩토링 방식이다.

이처럼 팩토링은 신용을 기반으로 한다. 충분한 신용도를 확보하려면 정부기관 및 대기업과 같은 신용등급이 높은 클라이언트와 계약을 체결하고, 이들과 중·단기적 거래 이력(보통 6~12개월 정도)이 있어야 한다. 해당 사실을 확인한 대출기관은 스타트업의 팩토링 신용도를 평가하고 총 매출채권 또는 계약금액의 일정 비율로 사업자금을 제공한다. 그리고 나중에 구매자에게 매출채권을 행사하여 판매대금을 직접 회수한다. 따라서 팩토링 신용도를 평가할 때에는 스타트업의 신용도 보다는 계약을 체결한 클라이언트의 신용도를 더욱 많이 고려하게 된다.

팩토링의 장점은 핵심 자산을 담보수단으로 제공할 필요 없이 신용을 활용하여 자금을 조달할 수 있다는 점이다. 즉, 부채 조달의 단점보다는 장점을 더 많이 내포한 형태이다.

조직 규모가 큰 클라이언트와 새로운 사업 계약을 체결하거나 기존 계약을 연장하는 스타트업이 계약 의무를 이행하려면 설비 투자 및 원자재 구입을 위해 선행 사업자금이 필요하다. 이때, 팩토링을 활용하여 매력적인 성장 기회를 잡을 수 있다. 하지만 매출채권은 어디까지나 외상 판매이므로 판매대금 회수가 제대로 안 되면 대출기관은 큰 타격을 받게 된다. 팩터링을 활용하여 자금은 조달하면 빠르게 성장할 수 있지만, 사업 규모가 커진 후에도 이러한 방식을 지속하는 것은 바람직하지 않다.

| 라이선스 및 수익 공유 계약

라이선스(Licensing)는 투자기관 또는 타 기업에 지적 재산권의 전체 혹은 일부를 활용할 수 있는 권리를 양도하고, 그 대가로 선불 투자 자금 또는 창출된 이익 중 일부를 받는 것이다.

라이선스 계약에 관심이 있는 투자자가 있으면 두 가지 중요한 사항을 고려해봐야 한다. 바로 '투자자는 누구이며 어느 정도까지 권리를 양도할 수 있는가'이다. 분명히 직접적인 경쟁사나 자사의 전략적 지위를 손상시킬 수 있는 자에게 라이선스 권한을 부여하고 싶지 않을 것이다. 또한 지나친 사용 권리를 부여함으로써 잠재적 경쟁사를 만들고 싶지도 않을 것이다.

이러한 잠재적 위험에도 불구하고 라이선스로 발생한 수익은 자본구조에 긍정적인 영향을 미치며, 라이선스한 지적 재산권이 수익성 높은 무형 자산임을 확인하는 데 큰 도움이 된다. 더욱이 정부기관 혹은 대기업과 라이선스 계약을 체결하면 비즈니스의 신뢰성과 타당성을 증명할 수 있으므로 향후 펀드레이징 활동을 진행하는 데 큰 도움이 된다.

수익 공유 계약(Revenue Sharing Agreement)도 위와 유사한 이점을 갖고 있다. 수익 공유 계약을 체결한 투자자는 벤처 비즈니스의 현재 또는 미래 수익을 측정하고, 이에 상응하는 만큼 선행 투자를 실시한다. 라이선스 계약과 마찬가지로 스타트업의 자본구조에 아무런 영향을 미치지 않으며, 과도한 계약 체결이 전략적 열위로 작용할 위험은 거의 없다. 단지 기업의 향후 현금흐름 중 일부 수익을 투자자와 공유할 뿐이다. 수익 공유 계약 체결은 스타트업 투자 시장에서 이미 비즈니스에 대한 검증이 완료되었다는 사실을 의미하므로 후속 펀드레이징 협상에서 유리하게 작용할 수 있다.

공적 자금

'시장의 실패', 즉 스타트업에 대한 자금투입이 형평하게 이루어지지 않는 민간자본시장의 문제를 해결하기 위한 공적 자금은 스타트업에게 매력적인 펀딩 유형이다. 공적 자금은 정부기관이 특정 정책사업의 목적을 위해 스타트업에 지원하는 사업 자금을 일컫는다. 활용 가능한 대표적인 공적 자금으로는 매칭 펀드, 대출 보증 및 보조금의 세 가지 유형이 있다. 정부기관이 제공하는 모든 유형의 공적 자금은 수혜 즉시 스타트업의 대외적 신뢰성을 증진시키며, 민간자본시장에서 투자자를 모집할 때 유리하게 작용한다.

| 매칭 펀드

매칭 펀드는 가장 일반적인 공적 자금 지원 프로그램이다. 주로 정부의 지원기관이 사모펀드 투자자들과 공동으로 자금을 출자하여 스타트업에 투자한다. 지원 기관으로부터 매칭 펀드 투자확정을 받으면 이에 해당하는 만큼 개인 투자자로부터 주식 투자를 확보하는 데 큰 도움이 된다.

| 대출 보증

스타트업의 기술성과 사업성이 높은 경우, 정부기관이 심사를 통해 은행 대출액의 일부 또는 정부를 보증한다. 이러한 방식은 스타트업이 부채를 통한 자금조달 시 은행 입장의 대출 위험을 상당 부분 줄여주는데 기여한다. 하지만 업력이 짧고 현금흐름이 불규칙하며 담보 설정할 유·무형 자산이 부족한 기업은 정부기관의 대출 보증 가능 여부와 자격 조건을 사전에 면밀히 파악해야 한다.

| 보조금

다른 유형의 공적 자금과 비교하여 보조금은 한 가지 중요한 장점이 있다. 바로 지분희석이 발생하지 않는 점이다. 하지만 보조금을 받으려면 상당한 준비 시간과 노력이 필요하고, 이를 유지하려면 정기 사업 보고를 해야 한다.

조건 없이 지급되는 보조금도 있지만 조건부 보조금이 일반적이다. 사전 제시된 지원·유지 조건을 충족하지 못하면 정부기관으로부터 받은 보조금을 갚아야 하는 상황에 직면할 수 있다. 발생 비용에 대해서만 보상 형태로 제공하는 보조금도 있는데, 즉각적인 자금조달이 필요한 경우에는 거의 쓸모가 없다. 그러나 비용 보상을 목적으로 한 보조금은 대부분 상환 조건이 없으므로, 상황에 따라서 유용하게 활용할 수 있다.

인큐베이터 및 액셀러레이터 프로그램

최근 벤처 생태계 관점에서 매우 두드러진 발전이 이루어졌다. 바로 민간 부문에서 스타트업 인큐베이터 및 액셀러레이터 프로그램(Incubator and

Accelerator Programs)의 규모가 크게 증가했다는 점이다. 인큐베이터와 액셀러레이터는 모두 공동시설사용, 판로개척, 경영자문, 투자자 소개, 자금조달 활동지원 등의 다양한 비재무적 지원을 제공한다. 그 대신, 명목상 스타트업 지분을 요구하기도 한다.

인큐베이터와 액셀러레이터의 주요 차이점은 지속 시간과 지원 강도에 있다. 일반적으로 스타트업은 창업 후 1~2년의 기간 동안 인큐베이터의 창업 보육 프로그램을 활용할 수 있다. 여기서 기업 성장의 속도를 비교적 자유롭게 관리할 수 있다. 반면, 액셀러레이터는 선발한 참가자들을 대상으로 보통 3~4개월 동안 집중 펀드레이징 훈련 과정을 제공하는 데 그 목적을 두고 있다. 프로그램 종료 시점에서 창업가는 잠재 투자자들을 대상으로 피칭(pitching)—투자 유치를 위해 짧은 시간 동안 비즈니스를 소개하는 프레젠테이션, 5장 참조—을 실시한다.

두 프로그램은 대부분 사무실, 기술설비, 컴퓨터 및 인쇄와 같은 부가가치 시설을 무료로 제공하므로, 이와 관련된 초기 비용을 절약할 수 있다. 한 공간에서 다른 창업가들과 상호 교류하고 지원적 관계를 쌓으며 비즈니스를 발전시킬 수 있다는 점도 이점으로 작용한다. 선발 자격조건과 지원비용도 그리 높지 않다.

한편, 액셀러레이터 프로그램은 대게 경쟁방식으로 지원할 스타트업을 선발·모집한다. 최소 비용과 낮은 위험에 비하여 많은 혜택을 제공받을 수 있다는 점을 고려하면, 스타트업이 인큐베이터 및 액셀러레이터 프로그램에 참여할 기회를 활용하지 않을 이유가 없다. 따라서 벤처 비즈니스를 막 시작한 초기 단계의 창업가는 두 프로그램의 활용 여부를 가장 먼저 고려하는 것이 바람직하다.

자본구조

　한 기업의 자본구조는 사업 운영 및 유지에 필요한 자산을 확보하기 위해 사용된 자금의 원천을 보여준다. 즉, 기업이 실행한 모든 자금조달 유형을 요약한다. 자본구조가 내포한 정보를 활용하여 신주 발행 시 지분희석을 관찰할 수 있고, 기업을 둘러싼 이해관자들의 재무적 관계를 관리할 수 있으며, 경영권 이슈를 예측, 기업 가치를 고려한 주가 산정이 가능하다.

　펀드레이징 활동을 하는 동안 거의 모든 잠재 투자자는 자본구조에 관한 최신 정보를 요구할 것이다. 이들은 스타트업의 재무관리 상태를 보여주는 자본구조 정보를 상세히 분석한 후 투자 유형과 규모를 결정한다. 따라서 자본구조의 무결성과 건전성은 향후 펀드레이징 활동의 성패를 결정하는 핵심 요소이다.

　창업가는 자사의 자본구조를 참고하여 신주 발생과 주식 매각에 따라 지분이 희석되는 비율을 항시 계산해야 한다. 지분희석률(Rating of Equity Dilution)이라 불리는 이 비율에 대해선 재무 계획에 관한 4장에서 상세히 설명하겠다. 이대한 이해를 통해 주식 매각을 통한 투자 시기, 자금 규모 및 제안 주가를 효율적으로 결정할 수 있다.

　신규 투자 유치를 반가워하지 않는 이전 투자자들은 기업의 자본구조상 변화를 유심히 지켜볼 것이다. 후속 투자자는 이전 투자자보다 적은 위험을 안고서 더 나은 조건을 부여받기 때문이다. 4장과 7장에서 자본구조의 건전성 유지를 위한 다양한 접근법을 논의할 것이다.

　경영 과정 중에는 더 많은 통제력과 영향력을 행사하길 원하는 이해관계자 집단이 나타나기 마련이다. 이러한 상황은 경영 활동 전반에 불리하게 작용하므로 창업가는 여러 이해관계자들의 활동을 감시하고 그 의도를 분석해야 한다. 또한 이들의 대리인이 누구인지를 정확히 파악해야 한다.

대리인은 다른 주주들의 의결권을 대신 행사하도록 위임받은 이해관계 자이다. 특정 외부 개인 혹은 집단에게 기업 통제력이 집중되는 것은 반 드시 피해야 한다. 따라서 초기 사업 단계일수록 창업가는 완벽한 기업 통제력을 확보하고 유지해야 한다.

간략히 설명한 위와 같은 이유로 스타트업이 건전한 자본구조를 구축하 고 유지하는 것은 그 무엇보다 중요하다. 건전한 자본구조는 잠재 투자자 의 의사 결정에도 큰 도움이 된다. 이해관계가 상충하는 펀딩 유형을 통 해 수많은 원천으로부터 자금을 조달하면 자본구조가 오염된다. 앞서 설 명한 전환사채를 예로 들어보자. 변덕스러운 채권자가 자신의 전환사채를 주식으로 전환하기로 결정하면 부채는 감소하지만 지분희석이 발생한다. 즉, 자본구조가 불확실성을 내포하는 것이다. 벤처 비즈니스를 매력적인 투자 기회로 인식한 잠재 투자자에게 이러한 불확실성은 투자 재고 사유 로 작용할 것이다.

건전한 자본구조는 초기 투자자와 후속 투자자 모두에게 '공정성'을 제 안한다. 앞서 설명한 바와 같이, 후속 투자자는 초기 투자자보다 상대적 으로 낮은 투자 위험을 부담한다. 그리고 스타트업 투자에서 수익은 위험 에 상응한다. 따라서 가장 높은 위험을 부담한 초기 투자자에게 더 높은 투자수익을 보장하는 것이 바로 공정성이다. 이처럼 공정성이 확보된 자 본구조는 기업의 향후 펀드레이징 활동을 저해하지 않는다. 더욱이, 발생 주식의 총 합계를 보여주는 자본구조는 주식 매각 시 주가를 결정하는 직접적 요인이라는 사실을 명심해야 한다.

지적 재산권

'아이디어는 저렴하다.' 이 말은 아이디어를 창출하는 활동 자체는 아무런 돈이 들지 않는다는 점과 함께, 아이디어 자체는 아무런 경제적 가치가 없다는 이중적 의미를 지닌다. 물론 사업 계획 시 상업적 아이디어에 경제적 가치를 반영할 수 있지만, 이런 명목가치만으로는 잠재 투자자를 만족시킬 수 없으며, 이들의 의사 결정에 아무런 영향을 줄 수 없다.

투자자에게 비즈니스 아이디어 혹은 제품·서비스는 투자 대상이 아니다. 그에 관한 상업화를 위해 구체적이고 현실적인 사업 계획을 수립하고 실행하여 투자자의 기대치를 뛰어넘는 수익을 거둘 때 비로소 벤처 비즈니스의 부가가치가 실현된다. 그리고 투자자는 그 가치에 투자를 하는 것이다.

수많은 VC들이 '훌륭한 사업 계획의 성공적인 실행'에 스타트업의 성패가 달려 있다고 설명하지만, 아직도 많은 창업가는 훌륭한 아이디어와 제품만 갖고 있으면 충분한 투자를 유치할 수 있다는 잘못된 생각을 갖고 있다. 개발한 제품이 기술적으로 우수하더라도 경영관리 역량이 부족하여 잘못된 가격 전략을 시행하거나 확고한 재무 계획을 수립하지 않으면 스타트업의 벤처 비즈니스는 결국 난황을 겪게 된다. 오히려 기술성이 높은 제품은 아니지만 훌륭한 사업 계획을 갖추고 올바른 의사 결정을 통해 계획을 적시에 실행한다면 부가가치의 창출을 기대할 수 있다. 실제로 우리는 기존 업체의 비즈니스 모델을 발전시켜 엄청난 수익을 거두는 스타트업을 쉽게 찾아볼 수 있다. 이들은 화려한 서비스도, 혁신적인 제품도 아니지만 효과적인 사업 계획을 구상하고 효율적으로 실행했기에 성공할 수 있었다. 이들의 성공 스토리는 분명, '아이디어는 저렴하다'는 견해를 뒷받침한다.

우리의 삶을 혁신적으로 변화시킬만한 가공할 잠재적 가치를 지닌 아이디어와 제품·서비스에 초점을 맞춘 벤처 비즈니스는 투자를 유치할 가능성이 훨씬 더 높다. 현재로부터 십여 년 전에는 수익 창출이 어려웠던 아이디어를 현 시점의 지식과 결합·재활용하여 우리 삶을 변화시킨 비즈니스 혁신 사례를 무수히 찾아볼 수 있다. 이처럼 모든 스타트업, 특히 테크 스타트업에 가장 중요한 경쟁우위 원천은 바로 지식과 같은 무형자산이다. 그리고 그 무형자산의 결정체가 바로 지적 재산권이다.

지적 재산권은 발명가의 독창적인 사고와 실험의 혁신 프로세스를 통해 창안된 결과물 중 법적 재산권이 인정되는 것이다. 이 결과물은 물리적 실체가 존재하지 않으며, 본질적으로 전략적 평가가 어려운 비실체적 자산이다. 그리고 이를 활용하여 수익을 창출할 수 있는 제품·서비스의 개발 여부에 따라서 지적 재산권의 잠재적 가치가 결정된다. 지적 재산권의 상업적 실현 기회가 많을수록 그 잠재적 가치는 더욱 높아진다.

스타트업이 확보한 지적 재산권 중 상호 관련성 및 보완성이 높은 것들의 묶음을 IP 포트폴리오(Intellectual Property Portfolio)라고 부른다. 스타트업의 초기 펀드레이징 활동은 주로 IP 포트폴리오를 발전시키고 설계하는 데 초점을 맞추고 있다. 그리고 가능한 한 오랫동안 경쟁력 있는 IP 포트폴리오를 보호하고 유지·관리하는 것이 모든 스타트업의 주요 목표이다. 국가마다 지적 재산권에 대한 법률적 정의와 보호 범위 및 수단이 다르지만, 창업가는 보통 다음과 같은 방식으로 지적 재산권을 법적으로 보호할 수 있다.

- **특허권.** 특허(Patent)는 법적 기관이 특허권자에게 특정 기간 동안 인정한 지적 재산권의 공개 및 상업적 이용과 관련된 독점적·배타적 권리의 총체이다. 특허 신청자는 개발 기술의 독창성, 유용성 및 상업적 적용 가능성을 입증해야 한다. 특허권자는 법적 보호된 자신의 지적 재산권을 다른 당사자가 조건부로 이용할 수 있는 권리를 허락할 수 있다. 이는 공공 이익을 위해 개발 기술을 공개하도록 특허권자에게 재정적 동기를 부여하고, 국가적 차원에서 기술혁신을 장려하는 데 목적이 있다.

- **저작권.** 저작권(Copyright)은 복제 또는 대량 배포의 가능성이 있는 독창적 저작물의 저자 또는 소유자에게 법적으로 지정된 기간 동안 독점적 사용권을 보호한다. 저작권자는 자신의 저작물의 복제, 배포 및 개조할 권리를 갖는다. 특허권과 마찬가지로 저작권자는 자신의 저작권을 다른 당사자에게 조건부로 이용하도록 할 수 있다.

- **상표권.** 상표(Trademarks)란 고유 출처(회사, 제품, 서비스 등)를 쉽게 식별할 수 있는 고유 속성(기호, 로고 등)에 적용되는 일체의 수단을 총칭한다. 상표권자는 해당 상표를 독점적으로 활용할 수 있는 권리를 얻고, 이를 통해 대중에게 기업과 제품·서비스의 관계를 인식시킬 수 있다. 이러한 재산권은 혁신 제품과 서비스를 시장에 출시하고 브랜드 인지를 높일 때 매우 중요한 도구이다.

- **산업 디자인권.** 산업 디자인권(Industrial Design Right)은 미적 가치를 지닌 독창적이고 혁신적인 시각 디자인을 보호하기 위한 지적 재산권이다. 일반적으로 산업 디자인권은 제품 생산 시 경쟁사의 디자인 모방을 방지하기 위해 사용된다.

- **영업기밀.** 공식적으로 기밀 보호 계약서 또는 비공개 계약서 (Non-Disclosure Agreement, NDA)를 체결하지 않으면 법적으로 영업기밀 (Trade Secrets)은 보호를 받기 어렵다. 영업 기밀은 제삼자가 쉽게 이해하기 어렵지만 소유자에게 경제적 이익을 제공하므로 기밀 유지와 보호의 가치를 지닌다. 따라서 소유자 관점에서 생산 프로세스, 설계 공식, 운영 지침 등 상업적 가치를 지닌 모든 것들이 영업기밀로 보호될 수 있다. 그 이유는 영업기밀 자체가 제품·서비스의 개발 및 판매와 관련하여 상업적 가치를 창출하기 위한 모든 정신적·육체적 노력과 실험의 결과물이기 때문이다.

특허나 NDA 등을 활용하여 지적 재산권을 확보하는 이유는 스타트업이 개발한 결과물의 독창성과 경제적 가치를 보호하기 위함이다. 혁신의 결과물에 대하여 법적 보호를 설정하는 것뿐 아니라 그 자산을 상업적으로 이용할 수 있는 독보적 역량을 갖추는 것도 중요하다. 이를 통해 시장 및 산업에서 '그것'이 '누구의 것'이라는 보편적 인식을 확산시키는 것이 가장 강력한 보호 수단으로 작용하기 때문이다.

지적 재산권의 신청·취득·유지에는 많은 비용이 들기 때문에 스타트업은 이를 위해 투자를 받아야 한다. 적합한 잠재 투자자를 탐색하고 지적 재산권의 내용을 공개하기 전에 다음의 네 가지 문제를 고려해야 한다.

- 지적 재산권의 가치와 비용을 고려할 때 혁신의 모든 결과물을 보호할 필요는 없다. 창작물이 창출할 잠재적 수익과 내포한 전략적 가치 측면에서 과연 보호해야 할 충분한 이유가 있는지를 판단해야 한다.

만약 혁신이 제품과 서비스의 잠재적 수익 기반이거나 혹은 시장과 산업에서 차별화된 경쟁우위를 구축하는 데 중요하다면 높은 전략적 가치를 지니므로 법적 보호를 진지하게 고려해야 한다.

- 펀드레이징 협상에 관한 6장에서 상세히 다루겠지만, 지적 재산권은 협상 과정에서 스타트업의 교섭력을 높이는 레버리지가 될 것이다. 지적 재산권은 경쟁사의 모방을 방지하고 진입장벽을 구축하는 등 경쟁사에 대한 선제 방어 측면에서 유리하기 때문에 잠재 투자자의 입장에서는 투자 위험을 완화하는 요인으로 작용한다.

- 창업가는 종종 지적 재산권이 내포한 비용과 위험을 간과한다. 우선, 비용, 시간 및 노력을 고려하라. 지적 재산권 신청은 대개 비용이 많이 든다. 예를 들어, 우리나라에서 특허 출원은 경우에 따라 수백만 원에 달한다. 신청서를 작성하고 등록 확정까지 소요되는 시간과 노력도 기회비용을 고려해야 한다. 신청 완료했다고 반드시 승인될 것이라는 보장도 없다.

- 법적 방어 비용을 고려하라. 지적 재산권은 어디까지나 법적으로 인정되는 범위에서만 보호를 받을 수 있다. 지적 재산권을 설정했다면, 이는 혁신을 위해 개발·축적한 기술과 노하우를 공개하는 것이다. 창업가(또는 개발자)가 허용한 일부 사람들만 정보 접근이 필요한 상황에서 기술 공개는 큰 문제를 일으킬 수 있다. 지적 재산권의 도용 행위를 원천적으로 차단할 수 있는 방법은 없다. 이러한 위법 행위에 대해선 신고와 소송을 제기할 수 있지만, 스타트업은 대개 이러한 법적 방어에 취약할 뿐 아니라 법적 대응 비용도 부담스럽다.

밸류에이션

밸류에이션은 기업이 보유한 가치를 분석하는 활동이다. 평가된 기업 가치를 의미하는 밸류에이션은 잠재 구매자가 한 비즈니스를 인수하기 위해 기꺼이 지불할 금액에 상응한다. 물론 그 금액은 창업가, 투자자 및 인수자 간 협상에 의해서 결정된다.

투자자에게 밸류에이션은 투자 이전에 결정해야 할 가장 중요한 요소 중 하나이다. 기업과 상호 협의한 가치평가에 따라서 투자자의 주식 매입 시점의 주당 가격과 투자 수익률(Return on Investment, ROI)의 기준이 결정된다. 밸류에이션이 지나치게 높으면 잠재 투자자는 투자 기회의 매력을 느끼지 못하고, 너무 낮으면 최종 실현될 투자 수익이 감소할 여지가 높아진다.

주식 매입가를 낮추어 ROI를 높이려는 잠재 투자자라면 기업 가치를 평가 절하하기 위한 모든 방법을 동원할 것이다. 주가를 낮추면 스타트업이 필요한 사업자금을 충분히 조달하기 어려울뿐더러 예상보다 높은 주식희석이 발생한다. 이에 대해선 6장에서 상세히 다룰 것이다. 따라서 창업가는 가장 적확하고 유리한 가치평가모형을 선택하여 필요한 사업자금을 충분히 조달하는 데 주력해야 한다.

다양한 가치평가모형이 있지만, 주로 사용하는 모형에는 네 가지가 있다. 평가한 가치가 낮은 모형에서 높은 모형으로 나열해보면, 자산기반, 재무기반, 경쟁기반, 전략기반의 가치평가모형이다. 여기에선 이들 가치평가모형의 이론적 근거와 공식을 상세히 살펴보지 않을 것이다. 스타트업의 펀드레이징 상황에 따라서 적합하고 유리한 평가모형을 이해하는 데 목적이 있다. 따라서 각 모형에 대한 상세 설명은 관련 문헌을 참고하길 바란다.

자산기반 평가모형

자산기반 평가모형(Asset-based Valuation)은 기업이 보유한 유·무형 자산을 기준으로 가치평가를 하며, 주로 부도 시 자산의 청산가치를 계산하는 데 사용한다. 무형자산에 대한 불완전 평가를 제외하고, 기업의 과거 및 미래성과에 대해선 어떠한 가치도 산정하지 않는다. 이처럼 유·무형 자산의 가치평가는 자산담보를 요구하는 부채를 통한 자금조달 시에는 유용하지만, 자산을 활용하여 창출한 부가가치는 반영되지 않으므로 주식을 통한 자금조달에는 적합하지 않다.

따라서 자산기반 평가모형으로 산출한 밸류에이션은 다른 모형보다 낮은 편이다. 이러한 이유로 많은 창업가들이 스타트업이 향후 창출할 부가가치가 아니라 단순히 현 보유 자산의 총합으로 기업 가치가 평가되길 원치 않는다. 잠재 투자자와 자산기준평가에 합의했다면 스타트업이 달성한 어떠한 과거의 성과는 물론 창출할 미래의 성과를 기업 가치에 반영하지 않겠다고 동의하는 것이다.

재무기반 평가모형

재무기반 평가모형(Pro forma-based valuation)은 유의미한 사업성과가 없거나 부족한 초기 단계의 스타트업에서 일반적으로 적용하는 모형이다. 이때에는 벤처 비즈니스의 추정 재무성과를 추정하는데, 보통 향후 3~5년간 스타트업의 수익과 현금흐름을 산정하고, 예상 수익의 배수 또는 미래 현금흐름의 할인을 통해 밸류에이션을 계산한다.

수익 배수법은 EBITDA(Earnings Before Interest, Taxes, Depreciation, and Amortization – 법인세·이자·감가상각비 차감 전 영업이익)를 기반으로 한다. 이는 기업이 영업 활동

을 통해 벌어들이는 실질 현금 창출 능력을 반영하기 위함이다. 이 방식을 활용하여 펀드레이징을 하려면 산정된 EBITDA와 배수에 대하여 투자자 동의를 받아야 한다.

다음으로, 현금흐름 할인법은 미래에 예상된 현금흐름을 순현재가치로 할인한다. 이때 적용하는 할인율이 가치평가에서 중요한 역할을 하며, 이는 투자자가 기대하는 투자 수익률 혹은 내부 수익률(Internal Rate of Return, IRR)과 깊이 관련되어 있다. 여기서 유의할 점은 기업에서 예측한 수익 및 현금흐름 수준이 합리적이어야 하고, 해당 평가모형을 선택한 타당성을 마련하여 투자자가 해당 모형의 적용하도록 설득하는 것이다. 따라서 동일한 추정재무지표를 기반으로 다양한 모형을 적용하여 가치평가를 실시한 후 어떤 모형이 자사의 자금조달에 유리하고 적합한지를 확인해야 한다.

경쟁기반 평가모형

경쟁기반 평가모형(Comparable-based Valuation)은 평가 대상 기업과 동종 및 유사 산업에 속한 다른 비교 기업의 기존 재무정보를 토대로 밸류에이션을 평가하는 방법이다. 주가 수익률(Price-earnings Ratio)과 같은 핵심 재무지표가 비교기준으로 활용된다. 그리고 대상 기업과 비교 기업의 비즈니스 차이점을 고려하여 평가된 가치를 조정한다.

사실, 이 방식은 많은 문제를 안고 있다. 우선, 새로운 비즈니스를 시작하려는 초기 단계의 스타트업과 다년간 기존 비즈니스를 지속한 기업의 재무지표를 비교하는 것 자체에 무리가 있다. 스타트업의 추정 재무지표와 기존 기업의 실제 재무지표를 비교하려면 많은 가정이 필요한데, 그러한 가정이 평가가치와 실제가치 간 차이를 발생시킨다. 스타트업과 같은 비상장기업과 공개 재무제표를 갖고 있는 상장기업의 비교는 더 큰 문제를 낳는다. 상장기업의 시장가치는 이미 상당한 프리미엄이 반영되어 있으므로, 직접적인 비교평가가 어렵다.

기업이 속한 산업 및 시장에서 동일한 비즈니스 개발 단계에 있는 기업 집단과 비교하는 것이 보다 현실적이고 합리적인 평가방법이다. 이러한 비교기업 집단의 평균 주가수익률이 10배이고 잠재 투자자들이 이 지수를 신뢰한다면, 평가 대상 기업의 EBITDA에 10배를 곱하여 밸류에이션을 산정하는 데 아무런 문제가 없다. 따라서 경쟁기반 평가모형은 투자하려는 벤처 비즈니스가 속한 산업 및 시장을 잘 알고 있는 잠재 투자자에게 활용하면 보다 정확한 평가가 가능하다. 그리고 본 모형으로 산출한 평가가치가 앞서 기술한 재무기반 평가모형의 가치보다 높을수록 펀드레이징 협상에서 유리하다.

전략기반 평가모형

다른 모형과 달리, 전략기반 평가모형(Strategic-based Valuation)은 정형화된 공식이 없다. 잠재 투자자의 전략적 의도가 가치평가의 기준이 되기 때문이다. 따라서 정량적 방식이 아닌 다소 정성적 방식으로 평가가 이루어진다.

평가 대상 기업이 보유한 기술, 제품과 서비스, 그리고 비즈니스 간 상호 지원성 및 보완성이 높을수록 전략 투자자(Strategic Investors)는 스타트업에 높은 관심을 갖는다. 이들 전략 투자자의 관심을 끌 수만 있다면 매우 높은 가치평가가 이루어질 수 있다. 실제로 이들에게 보유 자산 규모는 추정 재무지표는 사후적 고려사항일 뿐이다.

앞서 한 기업의 가치는 잠재 인수자가 해당 기업을 구매하기 위해 기꺼이 지불하려는 금액에 상응한다고 설명했다. 2006년 동영상 공유사이트인 유튜브를 16.5억 달러에 인수한 구글 사례를 살펴보자. 이처럼 높은 인수가는 어떻게 결정되었을까? 과연 유튜브는 그만한 가치를 지녔을까?

사실, 구글이 유튜브의 밸류에이션을 산정할 때 적용한 평가모형은 자산기반법 혹은 재무기반법도 아닌 전략기반법이다. 구글은 유튜브가 자사의 미디어 플랫폼에서 중축이 될 것이며, 전 세계에 산재한 정보를 보다 쉽게 관리하는 데 유용할 것으로 판단했다. 다시 말해, 유튜브는 구글에게 전략적 가치가 매우 높았지만 마이크로소프트에게는 그렇지 않았다. 구글의 유튜브 인수는 자사 비즈니스의 보완 및 강화라는 전략적 목표에 근거한 인수 사례로서, 기존 유튜브 주주들에게 큰 이익을 안겨주었다.

최근 유망 스타트업들이 이러한 전략적 투자를 통해 핵심 기술을 개발하고 독점하는 사례가 급증하고 있다. 이렇게 개발한 기술은 전략 투자자들에게 많은 이점을 제공한다. 예를 들어, 개발 기술이 스타트업이 보유한 다른 기술의 상업적 활용과 시장 수요를 촉진하는 요소가 될 수 있다. 이 경우, 기술 자체가 수익원이 된다.

또한 현재 시장에 제공하는 제품과 서비스의 기술적 성능 및 기능을 향상시켜 부가가치를 창출하는 데 기여한다. 전략적으로 개발된 기술은 출시 예정인 제품과 서비스의 마케팅 요소를 강화하고, 새로운 시장에 진입하는 수단이 될 수 있다. 이처럼 신중한 기술 포지셔닝 전략은 스타트업의 가치를 증대시키고, 비즈니스 초기 단계에서 자금조달과 투자 유치에 결정적인 역할을 수행한다.

잠재 투자자가 누구인지를 정확히 이해하고 이들의 전략적 의도를 파악하는 능력이 높은 기업은 보다 유리한 평가모형을 선택할 수 있다. 앞서 설명한 대로 자산기반 평가모형은 가급적 피해야 한다. 일반적으로 활용하는 재무기반 평가모형은 사업에 대한 투자자의 이해를 돕는 근거를 마련할 때 사용한다.

경쟁기반 평가모형은 합리적인 비교 기업이 존재할 때 적용하는 것이 유리하며, 재무기반 평가모형에서 산출된 기업 가치보다 높을 때에만 잠재 투자자에게 공개하는 것이 좋다. 만약 스타트업의 벤처 비즈니스를 정확히 이해하고 그 가치를 높게 평가하는 전략 투자자가 존재한다면 전략기반 평가모형을 적용해볼 만하다.

무엇보다 중요한 가치평가의 목적과 과제는 창업가가 비즈니스 특성을 토대로 기술 포지셔닝 전략을 구상하고, 이를 근거로 적합하고 유용한 투자자를 탐색하는 것이다. 2장에서는 전략 투자자를 식별하고 이들에게 접근하는 방법에 대해서 설명한다.

출구 전략

출구 전략(Exit Strategy)은 경영진을 포함한 내·외부 이해관계집단이 언제 어떻게 얼마큼 수익을 얻는가와 깊이 관련되어 있다. 창업가가 잠재 투자 자를 대면할 때에는 이들이 향후 기업공개 또는 사업매각을 통해 투자 위험에 상응하는 수익 보상을 기대하고 있다는 사실을 명심해야 한다. 특히 본질적으로 투자 위험이 높은 테크스타트업이 명확한 출구 전략을 세우지 않고 펀드레이징을 하면 마치 이유와 목적이 없는 전쟁을 치르는 것과 다름없다. 무엇보다 필요한 사업자금을 충분히 조달하기 어렵다.

만약 폭발적인 성장 기회가 거의 없는 비즈니스라면 배당금이나 수익 공유와 같은 반복적 이익을 추구하는 잠재 투자자에게 펀드레이징 활동을 집중하는 것이 좋겠지만, 실제로 이런 유형의 투자자는 거의 없다. 민간 자본 시장에는 벤처 투자보다 훨씬 더 적은 위험으로 안정적인 수익을 제공하는 투자 기회가 무수히 많기 때문이다. 따라서 고위험-고수익의 벤처 비즈니스를 추구하는 스타트업은 잠재 투자자들에게 출구 방법과 시점, 그리고 투자 수익 규모를 명확히 보여주는 출구 전략을 수립해야 한다.

몇 가지 타당한 스타트업 출구 전략이 있다. 우선, 타 기업에 사업을 매각하는 방법(M&A)과 공개적 주식 증권 거래를 목적으로 기업공개(IPO)를 하는 방법, 두 가지가 있다. 출구 전략으로 사업 매각을 제안하는 경우에는 잠재 인수자가 누구인지를 밝히고, 왜 이들이 사업 매각에 관심을 보일지에 대하여 충분한 근거를 제시해야 한다. 잠재 인수자가 전략 투자자라면 스타트업이 제시한 출구 전략이 훨씬 더 매력적으로 보일 것이다.

예상 출구 시기는 기업공개 또는 사업매각을 언제 실시할 것인지를 의미한다. 출구 시기가 **빠를**수록 잠재 투자자에게는 매력적이다. 출구 시기는 현실적어야 한다. 매력적인, 즉 높은 수익을 창출할 출구 전략을 실행할 유리한 위치에 오르기까지 성과 목표를 달성하는 데 필요한 충분한 시간을 고려해야 한다. 그리고 고위험의 벤처 비즈니스일수록 출구 전략 수립 시 잠재 투자자에게 제공되는 예상 투자 수익을 반드시 제시해야 한다.

일반적으로 수익 규모는 예상한 투자 수익률 또는 연간 내부 수익률로 제시한다. 투자자들은 투자 시점과 출구 시점 간 기간(투자 거치 기간)이 길수록 투자 위험을 높게 인지하며, 이 인지된 위험이 높을수록 예상 투자 수익률(또는 내부 수익률)도 높아진다.

출구 전략은 벤처 비즈니스의 마지막 관문이다. 어떤 출구 전략을 세우느냐에 따라서 잠재 투자자의 유형, 이들의 투자 및 수익 규모, 사업 및 재무 계획이 결정된다. 투자자의 관심은 자신이 얼마나 투자해서 얼마나 수익을 얻느냐에 있다. 출구 전략은 이들의 관심과 목표가 어떻게 성취될 수 있는지 보여줘야 한다.

워크포인트

1장에서는 이 책의 주제인 스타트업 펀드레이징 전략의 기초를 쌓았다. 구체적으로 펀딩 단계, 위험-수익, 펀딩 유형, 자본구조, 지적재산, 밸류에이션, 출구 전략을 다루었다. 펀딩 단계는 사업 성장 단계에 따라서 프리펀딩, 시드머니, 시리즈 A 및 시리즈 B 단계로 구분된다. 이러한 펀딩 단계는 제품·서비스의 프로토타입 개발, 출시 및 상용화, 그리고 사업 확장에 필요한 자금조달과 깊이 관련되어있다. 또한, 각 단계에서 스타트업이 직면한 다양한 문제와 해결해야 할 과제들에 대해서 살펴봤다.

잠재 투자자의 기대와 목적, 그리고 동기를 이해하고 펀드레이징 활동을 관리하고 밸류에이션을 평가하며 출구 전략을 수립하려면 반드시 위험-수익의 상관관계를 이해해야 한다. 각 펀딩 단계에서 필요한 사업자금을 조달할 때 가장 적합하고 유리한 자금조달 방식을 결정하는 데 도움이 되는 다양한 펀딩 유형과 각각의 재무적 및 비재무적 장·단점에 대해서도 살펴봤다. 자본구조에 대한 개념을 이해하고, 잠재 투자자들이 투자 여부와 규모를 결정할 때 자본구조가 왜, 어떻게 중요한 참고기준이 되는지에 대해서 논의하였다.

스타트업에 지적재산은 매우 중요한 자산이다. 지적재산을 보호할 수 있는 몇 가지 방법을 살펴보고, 과연 지적재산을 보호할 가치가 있는지 검토할 필요성에 대하여 설명하였다. 지적 재산권을 수익 원천으로 활용하는 몇 가지 방법에 대해서도 논의하였다. 다음으로 기업 가치를 의미하는 밸류에이션에 대해서 살펴봤다. 가치평가방법을 이해함으로써 현실적인 투자 목표를 세울 수 있고 효과적인 펀드레이징 계획을 수립할 수 있다.

이상의 스타트업 펀드레이징 전략 기초를 충분히 이해했다면, 현재 및 미래의 모든 투자자에게 합리적인 투자 수익을 제공하는 방법과 시점에 관한 출구 전략을 수립해야 한다. 모든 투자자의 궁극적인 목적은 투자를 통해 만족할만한 수익을 얻는 것이다. 책 전반을 통해 설명할 여러 원칙을 숙지하고, 잠재 투자자의 기대와 목적을 정확히 파악함으로써 성공적인 출구 전략을 마련할 수 있다. 다음 장에서는 투자자를 파악하는 방법, 즉 투자자의 유형을 구분하고 서로 다른 기대와 역량을 가진 각 투자자 유형이 선호하는 펀딩 방법 등에 대해서 알아본다.

Chapter 2

투자자 파악하기

스타트업의 펀드레이징 활동 전반에서 투자자를 아는 것(Know Your Investors, KYI)보다 중요한 활동은 없다. 펀드레이징과 관련된 모든 활동이 KYI에서 출발하기 때문이다. 투자자의 성향, 그리고 이들의 예상 투자 조건을 파악하면, 이들의 관심을 끌 매력적인 사업 계획서를 작성할 수 있고 보다 유리한 협상 조건을 이끌어낼 가능성이 비약적으로 높아진다.

이번 장에서는 다양한 투자자 유형과 이들의 특성을 살펴본다. 그리고 이들의 일반적인 투자 동기는 무엇이고, 이에 어떻게 대처해야 하는지 알아본다. KYI를 이해함으로써 창업가는 다음과 같은 이점을 누릴 수 있다.

- 스타트업의 성공적인 펀드레이징을 위해 최상의 협상조건을 이끌어 낼 가능성을 높일 수 있다.
- 가장 높은 재무적 및 비재무적 이점을 제공할 수 있는 잠재 투자자를 식별하고 비즈니스 파트너로 이끌 수 있다.
- 새로운 비즈니스 파트너인 투자자와 생산적이고 가치 있는 관계를 형성할 수 있다.

KYI 제1요소 : 모든 투자자는 이윤을 추구한다

투자자는 창업가의 개인적 취미에 자금을 지원하는 것도, 혹은 과학 박람회에서 우승하기 위해 투자하는 것도 아니다. 본래 창업가는 자신의 일에 애착과 열정을 갖고 있으며, 창작물의 완벽성을 추구하려는 경향을 갖고 있다. 이 모든 것이 창업가의 훌륭한 자질이지만, 이에 따른 결과물의 상업적 및 수익적 가치를 적절히 관리하지 않으면 잠재 투자자와의 협상과 거래를 진행할 수 없다.

잠재 투자자는 창업가의 취미를 재정적으로 지원하기 위한 기회를 찾고 있는 것이 아니다. 물론 투자자는 자신의 일에 열정을 갖고 있는 창업가를 높이 평가한다. 하지만 잠재 투자자와 비즈니스 파트너로서 교류할 때에는 무엇보다 수익성 있는 투자 기회임을 명확히 보여주는 매력적인 사업 계획을 수립해야 한다.

미숙한 창업가일수록 주로 자신의 비즈니스에 대한 열정을 설명하는 데에만 열중한다. 그리고 자기 일에 아무도 투자하지 않는다고 하소연한다. 효과적인 펀드레이징을 위해선 '일'이 아니라 '투자'에 집중해야 한다. 연구개발 전문기관이나 자선단체가 아닌 이상, 투자자는 수익성 없는 일에 절대로 관심을 갖지 않는다.

사례 1. 파산에 직면한 대형 영어학원에 투자한 적이 있다. 사실, 나는 학원경영에 무지했기 때문에 기존 원장이 향후 3년 동안 학원관리를 담당하는 조건으로 투자를 했다. 그는 교육기관의 행정과 운영에 있어서 높은 역량이 있었다. 40년이 넘는 교육 경력과 학원 설립 및 유지에 필요한 모든 면허와 자격을 갖고 있었다. 그리고 설립 후 몇 년 동안 학원은 화려한 수상경력을 바탕으로 큰 성공을 거두고 빠르게 성장했다.

급격한 성장에 공간이 부족해지자 교육 활동에 적합한 새로운 부지를 매입하고 모든 시설을 이전했다. 교육여건은 좋았지만, 교통과 접근이 매우 나쁜 부지였다. 학생 등록이 급감하고, 핵심 강사들이 떠나기 시작하면서 학원 이사진들의 퇴진요구가 빗발쳤다. 해당 부지를 매입하느라 내부유보금을 모두 사용했기 때문에, 학생 유치에 적합한 새로운 부지를 구입하려면 투자가 필요했다. 여기까지가 투자 전 상황이었다.

문제는 투자 이후에 발생했다. 원장은 매출의 대부분을 학원경영에 사용했다. 오로지

학생들에게 최상의 교육 프로그램을 제공하고, 강사와 직원들에게 최고의 복지혜택을 주는데 집중할 뿐, 좀처럼 투자자의 이익 증진에는 관심이 없었다. 아무리 교육기관이라도 이윤을 추구해야 새로운 투자 유치가 가능하다고 설득했지만, 상황이 호전될 기미가 안 보였다. 투자자는 자신의 투자 수익을 극대화하기 위해 움직인다는 사실을 간과한 원장 때문에 학원은 사업성장에 필요한 투자 유치 기회를 놓쳐버리고 결국 파산하고 말았다.

사례 2. 투자자를 파악하고 경쟁사의 실패를 인식한 결과, 우리는 혁신적이고 효과적인 옥외 홍보 간판을 개발할 수 있었다. 우리 회사와 경쟁사는 고수익 틈새시장인 이동식 홍보 간판을 개발하고 제품 기능 강화에 주력하고 있었다. 모든 기술제품이 그러하듯 많은 기능을 추가할수록 비용과 단가가 높아진다. 우리 회사는 기술개발 도중 잠재고객 분석을 실시하였다. 그 결과는 고객들의 주요 관심은 다양한 기능이 아니라, 사람들의 눈을 사로잡는 매력적인 디자인이라는 사실을 보여주었다. 기능 추가가 수익 창출 요소가 아님을 확인하고 곧바로 개발 방향을 수정하여 디자인에 집중했다. 개발비용이 대폭 줄어들면서 필요한 사업자금도 1/3로 감소했다.

우리가 개발한 저가 제품에 큰 관심을 보인 잠재 투자자들은 앞으로도 이러한 저비용의 고부가가치 제품을 개발하길 원했다. 한편, 기술개발에 집착한 경쟁사에서 출시한 제품 가격은 우리 제품의 6배에 달했다. 또한 기술개발에 상당한 시간을 들인 만큼 제품 출시 시기가 지연되어 투자 이익을 보장하기에 충분한 광고 수익을 올릴 수 없었다. 우리는 경쟁사와 같은 수준의 광고 수익을 올렸지만 훨씬 더 높은 이윤을 남겼고, 이를 활용하여 고객들에게 지속적으로 새로운 가치를 제공했다. 지금은 파산하여 사라진 경쟁사가 과학기술 경진대회에 참가했다면 최우수상을 받았으리라 확신한다.

투자자는 결코 과학기술대회에서 우승하려는 스타트업에 투자하려는 것이 아니다. 자연과학 혹은 엔지니어 교육 배경을 가진 창업가일수록 자신의 기술개발에만 매진하는 경향을 보인다. 이런 '미친 과학자 증후군 (Mad Scientist Syndrome)'을 창업가는 반드시 극복해야 한다. 이 증후군은 화려한 기술혁신으로 투자자에게 깊은 인상을 심어 주고 기술적으로 모든 경쟁사를 압도할 수 있다면, 쉽게 투자를 유치할 수 있다는 잘못된 믿음에 근거한다.

하지만 기술혁신이 매우 훌륭하고 흥미로워도 투자자는 결국 자신의 이익에 더 관심이 있다. 1990년대 닷컴버블을 통해서 투자자들은 더 이상 기술이 아니라 '비즈니스'에 투자해야 한다는 교훈을 얻었다. 투자자에게 보여줄 성공적이고 매력적인 출구 전략을 수립하고 비즈니스 수익성과 이들에게 안겨줄 이익을 현실화해야 한다. 더욱이, 기술개발 활동을 너무 즐기다 보면 정작 비즈니스 관리의 중요성을 간과하게 된다. 결국, 적시에 시장에 진출할 기회를 포착하지 못하고 수익 창출에 어려움을 겪게 된다.

스타트업 비즈니스에서 가장 즐거운 활동이 바로 기술개발이지만, 이는 비수익창출 활동에 해당한다. 즉, 무조건적인 기술개발은 투자 자금의 불균형 지출을 야기한다. 따라서 펀드레이징을 위한 사업 계획서 또는 프레젠테이션에서는 스타트업이 개발한 경이로운 기술에 대한 상세한 설명은 일단 금물이다. KYI 제1요소의 중요성은 개발한 기술 요소의 작동 방법에 대한 설명보다는, 해당 기술이 반영된 제품과 서비스가 어떠한 경제적 부가가치를 내포하고 있는지, 즉 비즈니스가 어떻게 작동하여 수익을 창출하는지를 입증하는 데 펀드레이징 초점을 맞춰야함을 상기시켜준다.

KYI 제2요소 : 투자자는 각자 다른 기대와 역량을 갖고 있다

투자자 유형

투자자는 아래와 같이 여섯 가지 유형으로 분류할 수 있다. 창업가는 시간 흐름에 따라서 초기에서 후기 펀딩 단계로 나아가는 동안 이들을 모두 마주할 것이다.

- 엔젤 투자자
- 공공지원기관
- 벤처 캐피탈
- 사모펀드 회사
- 전략 투자자
- 은행

잠재 투자자는 개인일 수도 혹은 기관일 수도 있다. 기관 투자자는 투자 및 대출에 관한 모든 의사 결정 과정에서 합법적 투자 기준을 준수하는 모든 집단을 의미한다. 벤처 캐피탈, 사모펀드 회사 및 은행은 창업가가 대면할 가능성이 가장 높은 주요 기관 투자자이다. 각 투자자 유형은 장·단점이 있으며 스타트업에게 기대하는 성과와 제공하는 지원이 상이하다. 창업가는 각 유형의 차이점을 이해하고 현 상황에서 가장 적합한 투자자에게 접근할 방법과 시기를 결정해야 한다. 투자자 유형을 이해하면 자금조달 후 새롭게 관계를 맺은 비즈니스 파트너, 즉 투자자가 무엇을 원할지 정확히 알 수 있다. 이들에 대해서 자세히 알아보자.

| 엔젤 투자자

엔젤 투자자(Angel Investors)는 초기 단계의 벤처 비즈니스가 내포한 높은 위험에 기꺼이 투자하는 개인들을 일컫는다. 이들은 보통 자신이 투자하려는 사업 분야에서 성공 경험을 갖고 있다. 엔젤 투자자가 스타트업에 투자하려는 동기는 단순하다. 창업가로서 고단한 삶을 살고 싶진 않지만 자신들이 이전에 성공한 비즈니스 영역에서 여전히 활동하고 싶은 욕구 때문이다.

따라서 이들은 소극적 투자자로서 스타트업의 벤처 비즈니스에 유용한 조언을 제공하고 개인적 경험을 공유하는 데 적극적이다. 그리고 창업가의 결정과 행동을 이해하고, 결실을 맺기까지 침착하게 기다려준다. 엔젤의 투자 자본 규모는 다른 유형의 투자자에 비해 제한적인 편이다. 하지만 투자 위험 감수 의지가 높고 특정 산업 및 시장에 관하여 많은 지식과 노하우를 갖고 있기 때문에 초기 펀딩 단계에 매우 적합한 유형이다.

따라서 투자 금액과 시기로 엔젤 투자자의 가치를 매길 수 없다. 노련한 엔젤 투자자는 상당한 인적 네트워크를 갖고 있으며, 이를 기반으로 귀중한 경영 조언을 제공하고 다양한 비즈니스 관계를 쌓도록 도와준다. 이들을 잘 활용하는 스타트업일수록 향후 펀드레이징 활동을 수월하게 진행할 수 있다.

| 공공지원기관

벤처 비즈니스의 초기 펀딩 단계에서 훌륭한 재원이 바로 공공지원기관이다. 이들은 정책 입안자들이 정한 경제개발, 환경, 문화 및 사회적 목표를 달성하고자 스타트업에게 사업자금을 지원한다. 엔젤 투자자와 마찬가지로, 지원자금 규모가 크지 않지만 유용한 비즈니스 네트워크를 형성하는 데 도움이 될 뿐 아니라 기업의 대외 신뢰성을 높이는 데 기여한다.

공공지원기관은 마케팅·홍보, 자문·컨설팅, 영업·판로개척 및 연구시설 활용 등과 같은 다양한 비재무적 지원을 제공하기도 한다. 이들은 수혜 기업이 정책 목적에 부합하여 공적 자금을 사용하도록 한 특정 조건을 제외하고, 사업 및 경영 활동을 제약하는 조건은 거의 제시하지 않는다. 또한 수동적 투자자로서 투자 수익의 배분을 요구하지 않으므로, 스타트업의 자본 구조 및 기업 통제에 아무런 영향을 미치지 않는다. 따라서 공공지원기관은 앞서 설명한 KYI 제1요소에서 제외된다. 이는 스타트업에 공적 자금을 투입한 이유가 사적 이익 추구가 아니라 기업 활동 지원을 통해 공공 정책 목표를 달성하기 위한 목적을 갖고 있기 때문이다.

그 대신, 도덕적 해이를 방지하고자 수혜 기업이 달성해야 할 핵심성과지표(Key Performance Indicator)를 제시하고, 공적 자금의 지원 효과성을 측정한다. 핵심성과지표는 지원 프로그램의 기저를 이루는 공공 정책 목표를 정의하고, 해당 목표의 달성도를 측정하는 기준이 된다.

예를 들어, 지역경제 활성화에 정책 목표를 둔 중앙정부기관이 지방자치단체를 통해 소프트웨어 산업 특구를 지정했다고 생각해보자. 이 기관은 해당 지역 내 소프트웨어 산업 활성화를 위해 정부 예산을 활용하여 벤처 비즈니스에 투자할 수 있는 권한을 부여받았다. 이들은 공적 자금을 지원받은 수혜 기업들의 경제적 성과, 즉 수익에 대해선 큰 관심을 두지 않는다. 그보다는 기업들이 얼마나 많은 소프트웨어 개발자를 고용했는지를 핵심성과지표로 설정할 것이다.

엔젤 투자자와 달리, 공적 자금을 받고자 공공지원기관을 마주한 창업가는 대게 큰 좌절을 느낀다. 일단, 공무원인 지원·심사 담당자들 대부분이 기업경영 및 창업경험이 거의 없기 때문에 스타트업 현실을 잘 알지 못한다. 또한 기업이 개발하려는 제품과 서비스의 혁신성과 상업성을 완벽히 이해하고 평가하기에 충분한 산업 및 기술 지식을 갖추고 있지 않다. 대체로 공무원들의 개인 성향이 창업가와는 정반대인 경우가 많아 사업 성공을 향한 열정을 공유하기가 쉽지 않다. 매력적인 사업 계획서에도 쉽게 놀라거나 흥분하지 않는다. 사실, 공공지원기관의 담당자와 관계자를 고무시키려는 노력 자체가 비생산적이다. 오히려 벤처 비즈니스가 내포한 높은 위험은 이들의 공무 경력에 누를 끼칠 수 있는 위험 요인으로 작용한다. 공적 자금을 투입한 스타트업이 성공했다고 인사고과가 오르진 않지만, 실패한 경우에는 반드시 책임을 져야 한다. 이 때문에 심사 담당자들은 대체로 위험 회피적 성향을 갖고 있다. 따라서 창업가가 공무원을 대면할 때에는 인내와 끈기가 필요하다.

┃벤처 캐피탈

벤처 캐피탈(Venture Capital)은 잠재적으로 높은 수익을 제공하는 고위험 벤처 비즈니스에 특화된 투자기관이다. 여기서 투자 심사를 담당하는 벤처 캐피탈리스트(Venture Capitalists, VC)는 투자 펀드를 조성하기 위해 자금을 모집하고 펀드를 관리하며 기대 수준에 적합한 투자 기회를 탐색한다.

기업경영 및 창업경험이 부족한 VC는 엔젤 투자자보다 제품 및 시장에 대한 지식과 기술적 이해가 낮은 편이다. 하지만 다년간의 자금 모집 및 운용 경력을 바탕으로 투자 펀드를 관리하고 투자 심사를 진행하는 데 남다른 전문성을 갖추고 있으며, 비즈니스 성장에 유용한 여러 비재무적 지원을 제공한다.

앞 장에서 설명한 시리즈 A 단계에 속한 스타트업이 주로 만날 기관 투자자가 바로 벤처 캐피탈이다. 이전 단계인 시드머니에서는 벤처 비즈니스의 높은 위험을 감수하면서도 개인적 신뢰와 공감 혹은 정책적 목적을 이유로 지인, 엔젤 투자자 및 공공지원관이 사업자금을 제공했다. 사실, 이 단계에서 투자 유치가 가능했던 결정적인 이유는 필요한 사업자금 규모가 그리 크지 않았기 때문이다. 하지만 시리즈 A 단계에서는 개발한 제품·서비스의 상업적 출시와 시장 개척(마케팅, 홍보, 유통채널 개발 등)에 대규모 자금 투입이 필요하다.

그러한 대규모 사업자금을 제공할 여력을 갖고 있는 기관 투자자 중에서 벤처 캐피탈을 제외하면 시리즈 A에 속한 스타트업의 높은 투자 위험을 껴안을 투자기관은 거의 없다. 이 단계에서 벤처 캐피탈은 스타트업의 자금 격차(현재 보유한 자금과 향후 필요한 자금의 차이)를 줄이는 데 중요한 역할을 한다. 이러한 이유로 많은 창업가들이 벤처 캐피탈의 좁은 문을 두드리지만, 이들로부터 펀드레이징 협상 기회를 얻기란 결코 쉬운 일이 아니다.

한편, 이제까지 설명한 VC가 아닌 벌쳐 캐피탈리스트(Vulture Capitalist)는 비교적 쉽게 만날 수 있다. 독수리를 의미하는 '벌쳐'는 다른 뜻으로 '남의 불행을 이용해 먹는 자'를 지칭하기도 한다. 그 의미대로, 벌쳐 캐피탈리스트들은 경영관리에 취약한 유망 스타트업에 기회주의적 투자를 실시하여 자신의 먹잇감으로 삼는다.

그렇다면 벌쳐 캐피탈리스트를 피하는 방법은 무엇인가? 이 질문에 답하기 전, 이들이 어떻게 먹잇감을 선별하는지 살펴봐야 한다. 독수리가 죽음의 냄새를 맡고 달려오듯, 벌쳐 캐피탈리스트는 창업가가 풍기는 절망의 냄새를 포착한다. 투자 유치의 기회를 잃고 자금조달에 어려움을 겪는 창업가가 절망의 늪에서 허우적거릴 때 벌쳐 캐피탈리스트는 본능적으로 허기를 느낀다. 만약 창업가가 기업 부도를 막고자 펀드레이징을 하고 있다는 태도를 내비치면, 이들의 훌륭한 저녁 식사 요리가 될 것이다. 좀 더 자세히 살펴보자.

우선, 영악한 벌쳐 캐피탈리스트는 레버리지를 활용한다. 이들의 레버리지는 창업가가 매력적으로 느낄만한 자원을 보여주는 것이다. 그 자원을 빌미로, 이전 포획물에서 얻은 사적 이익을 공적 이익처럼 포장하여 자랑스럽게 떠벌리고, 부당한 협상 조건을 창업가가 짊어지도록 만든다. 이를 통해 스타트업의 내·외부 이해관계자를 모두 기만하는 것이 이들의 작업방식이다. 어찌 되었건 이들은 자신만의 이익을 위해 공격적으로 창업가와 경영진을 물어뜯고 포만감을 느낀다.

일부는 숫자 게임을 좋아한다. 주로 신생 스타트업에 접근하여 자발적으로 투자 제안을 하는 것이 이들의 작업방식이다. 그리고 뒤에서는 복잡한 투자 안전장치를 설계하여, 자신이 부담해야 할 위험을 창업가에게 전가한다.

가장 위험한 유형은 스타트업의 후속 펀드레이징 활동 자체를 가로막는 벌쳐 캐피탈리스트이다. 목마른 자가 스스로 우물을 파지 못하도록 만드는 것이다. 자신이 투자한 스타트업이 출구하기 전 직면하는 가장 어려운 경영 문제를 해결하는 데 필요한 자금을 제공한다. 언뜻 호의적으로 보이겠지만, '제한적 유동성'과 '인맥 대리인'의 두 가지 작업방식을 통해 사적 이익을 극대화한다.

제한적 유동성은 기업을 파산 직전까지 몰고 가기 위해 생존에 필요한 최소한의 자금만을 제공하는 것이다. 이런 방식으로 창업가들이 자신들에게 점점 더 의존을 하도록 만든다. 추가 협상 과정에서 보다 저렴한 가격에 주식을 매입하려는 의도를 감추고, 투자 여력이 높더라도 비즈니스 성공에 필요한 사업자금을 충분히 제공하지 않는다. 결국, 창업가는 평가절하된 가격으로 주식을 매각하고 나서야 이들이 얼마나 많은 자금을 갖고 있는지 알아챈다. 이처럼 펀드레이징 활동 전반에서 단일 투자자에게 전적으로 의존하는 상황은 결코 바람직하지 않다.

벌쳐 캐피탈리스트는 인맥 대리인을 통해 자신의 이익을 대변할 우호 지분 투자자로부터 스타트업이 자금을 받도록 만든다. 그 목적은 우호 지분을 활용하여 다수의 의결권을 확보한 후 완벽한 기업 통제를 실현하여 사적 이익을 극대화하는 데 있다. 이런 독창적인 방식으로 과반수 주식을 확보하여 지배력을 행사하고, 유리한 시기에 기업을 장악한다. 이들은 일반적인 상황에서는 납득하기 어려운 투자 조건·제안을 창업가가 거절할 수 없도록 만드는데 탁월하다. 이렇게 조달한 자금은 스타트업에 전혀 득이 될게 없는, 소위 '나쁜 돈'에 해당한다. 제한적 유동성과 인맥 대리인에 대해선 7장에서 다시 살펴볼 것이다.

벌쳐 캐피탈리스트의 행동 전술을 분석하면, 이들의 파놓은 함정을 보다 쉽게 피할 수 있다. 우선, 투자 위험을 거의 부담하지 않거나 투자 손실이 전혀 발행하지 않는 텀시트(Term Sheet)를 작성한다. 투자 원금을 보장하거나 투자 손실을 현물로 보상하는 조항을 붙인다. 비현실적 투자 수익 기준을 제시하거나, 현금흐름 위기 시에만 자금을 제공한다는 조항도 전형적이다.

투자자가 투자 위험을 창업가에게 전가하고 희생을 강요한 체 정작 자신은 아무것도 잃을 것이 없이 이득만 취하려 한다면, 이들과의 수익 배분 공평성에 대하여 진지하게 고민해볼 필요가 있다. 보상은 언제나 부담해야 할 위험에 상응해야 한다. 또 다른 전술은 투자자 본인 이외에는 어느 누구로부터 투자 유치를 불가능하게 만드는 텀시트이다. 협상 진행 시 창업가는 반드시 후속 펀드레이징 활동을 가로막는 조항이 있는지 검토해야 한다.

다시 강조하지만, 매력적인 벤처 비즈니스의 성공과 공동의 이익을 위해 노력하는, 합리적이고 호혜로운 VC들이 훨씬 더 많다. 이들은 사적 이익 추구를 위해 창업가와 경영진, 그리고 기존 주주들에게 불리한 투자 조건을 제안할 가능성이 현저히 낮다. 이들을 비즈니스 파트너로서 이끌 수 있다면 사업 목표를 달성하는 데 큰 도움이 될 뿐 아니라, 향후 벌처 캐피탈리스트의 접근을 저지할 수 있는 엄청난 이점을 누릴 수 있다. 현재 대면한 VC가 먹잇감을 찾아 헤매는 독수리는 아닌지, 그렇다면 공동의 목표를 이해하고 합리적 의도로 상호 위험을 최소화하며 공동 이익을 극대화하는 데 관심이 있는지를 파악해야 한다. 이에 대한 보다 상세한 접근법은 6장에서 살펴볼 것이다.

| 사모펀드 회사

사모펀드 회사(Private Equity Firm, PEF)는 적당한 재무 및 운영 실적을 보유한 비교적 성숙 단계의 스타트업을 대상으로 보통 1~5년의 기간 동안 매력적인 조건으로 투자를 제공한다. 기업 성장과 비즈니스 확대를 위해 자금이 필요한 시리즈 B 펀딩 단계에서 PEF를 만날 수 있다. 벤처 캐피탈과 마찬가지로 PEF는 개인·기관투자자로부터 투자 자금을 모집하고 관리한다.

한편, VC와 달리 PEF에서는 주로 성공한 창업가 혹은 훌륭한 기업경영 경력을 보유한 파트너가 투자 결정과 관련된 의사 결정을 한다. PEF는 보통 하나 또는 소수의 산업에 전문적으로 투자하는 경향이 있다. 일단 이들의 관심을 끌었다면, 이미 벤처 비즈니스는 해당 산업과 기술 시장에서 정상적으로 운영되고 있다는 사실을 증명한 것이다. 이처럼 PEF는 전략적 기업경영 측면에서 귀중한 조언과 지원을 제공할 수 있는 훌륭한 지원군이 될 것이다.

| 전략 투자자

1장에서 설명한 바와 같이, 전략 투자자의 경우에는 다른 어떤 요인보다 투자 동기를 먼저 파악하는 게 중요하다. 앞서 논의한 여러 유형 중 한 명이 전략 투자자일 수 있지만, 대개 투자 대상 기업과 동일한 업종에 속하거나 보완적 사업을 운영하는 대기업이 해당한다.

스타트업에 대한 이들의 주요 투자 목적은 자사의 '전략적 가치'를 증진하는 데 있다. 전략적 가치란 기존의 운영방식을 전수하여 스타트업의 시장진입 및 정착을 지원함으로써 특정 시장 또는 산업을 지배하거나 경쟁 우위를 확보하는 것이다.

전략 투자자는 부가가치 창출에 초점을 맞춘 사업 목표, 특히 창업가의 야심찬 이상적 목표에 큰 관심을 보인다는 점에서 바람직한 투자자 유형이다. 이러한 이유로 이 책은 본문 전반에서 전략 투자자의 관심을 끌고, 이들의 투자를 유치하기 위한 준비 과정에 관한 내용 일체를 다루고 있다.

| 은행

은행으로부터 부채 조달이 가능한 포지션을 갖고 있다면, 스타트업은 이미 안정적 재정 및 운영 성과를 달성한 상태일 것이다. 즉, "은행은 돈이 필요하지 않을 때 돈을 빌려준다"라는 격언이 은행의 특성을 정확히 대변한다. 시중 은행에서 신용한도를 확인하고 모든 대출조건을 충족시킨 후 원금 및 이자 상환 기간을 조정하면 본격적으로 비즈니스 성숙 단계로 나아간 것이다. 그렇다고 스타트업이 낮은 금융비용(저금리)으로 대출이 가능한 포지션에 도달하기 전까지 사업자금의 원천으로 은행을 고려할 필요가 전혀 없을까?

절대 그렇지 않다. 은행은 잘 알려지지 않았지만 스타트업에 매우 호의적이고 유리한 자금을 제공하는 재원이다. 예를 들어, 스타트업이 신용도가 높은 고객과 거래한다면 앞 장에서 소개한 팩토링을 통해 보다 유리한 조건(저금리)으로 자금을 조달할 수 있다. 스타트업 펀드를 독자적으로 운용하거나, 때로는 공공지원기관과 매칭 펀드를 조성하는 은행과 신뢰 관계를 형성하면 스타트업의 지속 가능한 성장과 성공에 도움이 되는 자금을 확보할 수 있다.

뿐만 아니라, 위험 회피적인 은행에서 스타트업이 사업자금을 확보했다는 점은 높은 기업 신용도를 대변하므로, 향후 펀드레이징 활동의 원활한 진행에 도움이 된다. 이렇게 쌓은 금융관계는 장기적으로 스타트업의 은행업무 효율성을 높이데 기여한다. 실제로, 은행이 스타트업을 지원하는 목적 중 하나가 장기 고객을 개발하는 것이다.

4장에서 상세 논의할 펀딩라운드에서 부채와 주식 등의 다양한 펀딩 유형을 조합하여 투자 포트폴리오를 만들어야 한다. 투자 포트폴리오는 스타트업 경영진의 입장에서 투자 위험을 줄이고, 필요한 자금을 충분히 확보하는 동시에 불필요한 지분희석을 줄이는데 활용할 수 있다.

투자 기준

잠재 투자자로부터 사업자금을 조달하기 위해 충족해야 할 모든 조건의 집합을 '투자 기준'이라 한다. 기관 투자자는 보통 웹사이트나 홍보자료에 투자 기준을 공개적으로 명시하고 있다. 창업가는 우선 이러한 투자 기준을 면밀히 검토하여 잠재 투자자의 투자 동기와 목적을 파악한 후 이들에 대한 접근 여부를 판단할 수 있다. 그리고 잠재 투자자가 제시한 투자 기준을 활용하여 이들이 얼마나 비즈니스 파트너로서 적합한지를 검토할 수 있다.

다양한 투자 기준이 존재하고 투자자마다 상이한 기준을 제시하고 있지만, 일반적으로 산업, 사업 성장 단계, 투자 규모 및 방식, 그리고 출구 전략에 대한 선호도가 중요한 기준이 된다. 각 기준에 대해서 살펴보자.

| 산업 선호도

스타트업의 산업은 잠재 투자자에게 중요한 기준이다. 투자자의 특정 산업에 대한 지식과 투자 경험, 산업에 대한 전망, 운영 투자 펀드의 목적, 공공 기금의 특성 등에 의해서 산업 선호도가 결정된다. 엔젤 투자자와 사모펀드 회사, 그리고 공공지원기관은 대개 확실한 산업 선호도를 갖고 있다.

| 사업 성장 단계 선호도

투자자들이 스타트업의 사업 성장 단계를 투자 기준으로 삼는 이유는 각자 추구하는 허용 투자 위험, 기대 수익률 및 통제 비용 등이 상이하기 때문이다.

우리는 앞 장에서 스타트업의 사업 성장 단계에 따라서 펀딩 단계를 구분하였다. 여기서 엔젤 투자자와 공공지원기관은 주로 초기 사업 단계의 스타트업을, 그리고 VC는 시리즈 A 단계, PEF는 시리즈 B 단계에 속한 스타트업을 선호한다고 설명했다. 고위험을 감수하고 고수익을 바라보는 투자자라면 초기 사업 단계의 스타트업에 대한 투자를 선호할 것이다. 기업 경영에 적극 개입하고 영향력을 행사하려는 투자자 역시 초기 단계에 속한 스타트업의 지분을 많이 확보하고 싶어 할 것이다.

┃투자 규모 선호도

투자 규모란 잠재 투자자가 투자 대상 기업에 기꺼이 투자하려는 금액을 일컫는다. 투자 규모를 결정할 때에는 창업가가 요청한 자금 수준이 현 사업 성장 단계에 적합한지, 위험 분산이 가능한지, 그리고 투자에 따른 거래 비용이 어느 정도인지를 분석한다.

일반적으로 투자 규모는 산업 및 사업 성장 단계에 따라 스타트업이 필요한 사업 자금 규모와 밀접히 관련되어있다. 그런데 창업가가 요청한 자금 규모와 투자자가 지원 가능한 투자 규모의 차이가 너무 크면 펀드레이징 활동이 어렵다. 창업가가 요청한 자금이 지나치게 많아도 문제이지만, 그 반대의 경우도 마찬가지다. 예를 들어, 현 펀딩 단계에서 필요한 사업 자금이 5억 원인 창업가가 한 기업에 50억 원을 투자하려는 투자자에게 접근한다면, 이 투자자는 절대로 투자 매력을 느끼지 못할 것이다.

| 투자 방식 선호도

기업청산 위험(Liquidation Risk)에도 불구하고 높은 투자 수익을 달성하고자 주주 권리를 확보하려는 투자자는 주식 투자 방식을 선호한다. 이와 달리 보증과 담보를 통해 투자 위험을 낮추려는 투자자는 융자 혹은 대출 방식의 자금 지원을 선호한다. 두 방식의 이점을 동시에 누리려는 투자자는 전환사채를 제안할 가능성이 높다. 투자 기회의 특성과 상황을 고려하여 높은 투자 수익을 보장하면서도 위험을 최소화하는 대안적 투자 방식을 제안하는 투자자들도 있다.

투자자 유형별로 살펴보면, 우선 엔젤 투자자는 다른 어떤 방식보다 직접 주식 매입을 선택할 여지가 높다. 기관 투자자의 경우에는 보다 복잡한 투자 방식을 제안하는 경향이 있다. 구체적으로 투자 수익의 극대화와 청산 위험의 헤지(Hedge)를 동시 추구하는 VC는 스타트업에 대한 영향력과 통제력을 최대 확보하기 위해 복잡한 투자 방식을 제안한다. 경영 개입을 통해 출구의 효과성을 높이려는 PEF 역시 청산 위험에서 자유롭지 않은 이유로 부채와 주식 등을 조합한 대안적 투자 방식을 선호한다. 창업가는 투자 방식이 기업경영에 대한 투자자의 영향력과 그 성격을 결정한다는 사실을 명심해야 한다.

| 출구 전략 선호도

스타트업의 출구 전략은 주로 세 가지 방식, 즉 투자자의 기대 투자 수익률(공적 자금 지원을 경우엔 핵심성과지표)을 달성하거나, 기업공개 혹은 인수합병으로 이루어진다.

출구 전략 선호도는 투자자가 기대하는 출구 방식뿐 아니라 예상 출구 시점까지의 기간^(투자 거치 기간)도 포함된다. 예를 들어, "우리 회사는 x년 동안 기업에 투자할 예정이다" 혹은 "본 지원 프로그램은 x년 이내에 융자를 상환해야 한다"는 조건을 붙이는 경우이다. "우리는 x배의 투자 수익을 기대한다"라고 직접적으로 기대 투자 수익률을 명시하는 경우도 있다. 공적자금일 경우에는 "본 지원 사업은 수혜 기간 동안 x명 이상의 소프트웨어 개발자를 고용해야 한다"고 제시하기도 한다.

창업가는 투자자가 기대하는 출구 전략을 직접 명시하지 않더라도 공개 자료를 통해 충분히 추론할 수 있다. 예를 들어, 웹사이트 혹은 언론 매체에 게재된 "우리 사모펀드는 지난 3년 동안 투자 포트폴리오 중 총 12개 기업을 상장시켰다"라는 진술을 통해서, 본 투자 회사가 출구 전략으로써 기업공개를 선호한다는 사실을 간접적으로 파악할 수 있다. 그리고 기업공개와 관련된 경력과 경험이 풍부한 만큼 스타트업 주식을 매수할 인수단^(Underwriter)과 긴밀한 네트워크를 갖고 있으리라 유추할 수 있다. 또한, "우리는 플랫폼 비즈니스 기업들을 성공적으로 매각한 경험이 있습니다"라는 진술을 찾았다면, 이는 투자기관이 플랫폼 비즈니스에 관심이 있는 전략 투자자^(잠재 인수자)와 협력하고 있다는 사실을 보여준다.

잠재 투자자가 선호하는 출구 전략은 사업 성장 단계, 그리고 투자 방식 선호도와 밀접하게 연관되어 있다. 이는 모두 투자자의 투자 위험 허용 수준을 결정하는 요소이다. 우선, 사업 성장 단계 측면에서 투자자는 초기 단계에 속한 스타트업일수록 투자 거치 기간을 길게 설정한다. 그리고 투자 방식과 관련하여, 지분 투자를 선호하면 기대 ROI가 높으며, 부채를 선호하면 ROI보다는 반복적 현금흐름에 관심이 많다는 점을 암시한다.

창업가는 이상의 투자 기준을 적용하여 잠재 투자자가 스타트업의 비즈니스 파트너로서 적합한지를 판단해야 한다. 구체적으로, 투자자의 위험 수용 수준(사업 성장 단계 선호도), 전문분야(산업 선호도), 경영개입 여부와 영향력 수준(투자 규모 및 방식 선호도)이 중요한 판단 기준이 된다. 그리고 창업가와 투자자가 추구하는 궁극적인 목표(출구 전략)의 일치 여부도 검토해야 한다. 이제까지 다양한 투자자 유형과 각 유형이 선호하는 투자 기준에 대해서 살펴봤다. 다음으로 우리는 잠재 투자자가 투자 결정 시 고려하는 요소에 대해서 살펴본다.

KYI 제3요소 : 투자자는 기업의 성공 요인을 분석한다

잠재 투자자는 투자 대상 기업의 무엇을 평가하는가? 투자 자금 회수 여부를 파악하려는 투자자는 제품·서비스의 혁신성, 창업가의 경영능력, 효과적·효율적 사업 계획, 유리한 경영조건, 전략적 비즈니스 네트워크의 존재 여부 등을 포함한 수많은 요소를 고려한다.

잠재 투자자는 창업가의 투자 요청이 과연 신뢰할만하고 타당한지를 면밀히 검토한 후 투자 여부를 결정할 것이다. 창업가의 입장에서는 투자 결정의 기저를 이루는 투자자의 가정과 가설들을 모두 수긍하기 어려울 것이다. 그럼에도 자신의 사업에 대한 투자가 상대에게 매력적인 기회라는 사실을 각인시켜야 한다. 이를 위해선 아래의 요소들과 관련하여 매우 설득력 있고 부인하기 어려운 사실 정보를 제시해야 한다.

- 승부의 책임
- 혁신
- 목표시장
- 가치제안
- 상업적 타당성
- 위험 완화 요인
- 번레이트
- 경영 강점
- 자금 사용
- 견인력

승부의 책임

승부의 책임(Skin in the Game)은 투자자로부터 자금을 조달한 창업가가 부담해야 할 개인적 위험 수준을 의미한다. 즉, 펀드레이징 활동에 임하면서 발생하는 비용과 결과에 대하여 창업가가 책임을 지는 것이다. 창업가가 인지한 개인적 위험이 클수록 비즈니스 성공에 대한 동기부여가 높아지고, 그 결과 수많은 역경과 고난을 극복하여 비즈니스를 성공시킬 가능성이 커진다.

투자자에게 승부의 책임이 막중하다는 사실을 알리는 방법으로는 두 가지가 있다. 우선, 창업 후 현재까지 창업가가 쏟은 설립 자금과 독력(Bootstrapping, 獨力)을 강조하는 것이다. 설립 자금은 창업가가 기업 설립을 위해 벤처 비즈니스에 투자한 자금을 의미한다. 독력이란, 외부의 도움 없이 비즈니스 운영과 관리를 수행하려는 자생적 노력을 뜻한다. 재정적으로 어려운 상황에서도 독창적인 방식으로 현재까지 사업을 운영해온 개인적 노력을 구체적인 스토리로 제시하면 좋다. 이를 통해 투자자는 검소, 자원 동원력 및 투지와 같은 창업가의 필수 자질을 평가한다.

승부의 책임을 제시하는 또 다른 방법으로는 기회비용을 인식시키는 것이다. 여기서 기회비용은 창업가가 창업을 선택한 결과로 포기해야 했던 가장 큰 잠재적 이익을 의미한다. 아마도 창업가의 입장에서는 안정적으로 급여를 받을 수 있는 고용기회를 포기하고 창업을 선택한 것이 기회비용이 될 수 있다. 만약 이전 근무처에서 받은 급여 수준과 직급이 상당히 높았다면 투자자가 인식하는 창업가의 기회비용은 높아질 것이다.

단순히 금전 측면뿐 아니라 가치 측면도 고려해야 한다. 고위험의 모험적 사업을 관리하는 데 따른 스트레스 증가, 개인 시간 단축, 그리고 경력 전환에 따른 위험도 기회비용과 함께 고려해야 할 비용 요소이다. 이전 근무처에서 쌓은 명성과 평판이 높고, 귀중한 인적 네트워크를 보유할수록 투자자는 창업가의 경력 전환 비용을 높게 인지한다.

혁신

혁신(Innovation)은 스타트업의 가치창출에 기여하는 비즈니스의 산출물로, 인간의 사고방식에 근본적인 변화를 일으키는 새로운 아이디어의 실행 및 실현 능력을 의미한다. 혁신을 통해 스타트업은 기존과 다른 기술과 프로세스를 개발하고, 우수한 고객가치를 내포한 비즈니스 모델을 구축할 수 있다. 혁신은 새로움, 그 이상의 것이 필요하며, 현재의 시장 경쟁 구도를 재편할 수 있을 정도의 파괴력과 미래의 사업 발전 방향을 선도할 수 있는 독창적 비전을 담고 있어야 한다. 그리고 개발한 제품·서비스를 통해 제안하는 비즈니스의 고객가치가 경쟁사의 것과 차별화되어야 한다.

이러한 혁신적 특성을 스타트업의 벤처 비즈니스가 갖고 있지 않으면, 잠재 투자자는 경제적 가치를 인식하지 못한다. 기업이 혁신을 통해 경쟁 우위를 창출하기 어렵고 모방 가능성도 현저히 높다고 판단하기 때문이다. 물론 본질적으로 혁신을 통해 과거에 도전하고 새로운 변화를 일으키는 것은 위험을 수반한다.

하지만 투자자 입장에서는 인지한 위험이 높을수록 기대 투자 수익도 높아진다. 특정 산업 및 시장을 역동적으로 변화시키는 파괴적 혁신(Disruptive Innovation)의 잠재력을 제시할 수 있다면, 투자자는 창업가의 스타트업을 가장 매력적인 투자 대상으로 느낄 것이다.

목표시장

산업 및 시장 전반에 파장을 일으킬만한 혁신성을 확인했다면, 이제 투자자는 벤처 비즈니스의 목표시장(Target Market)에 대해서 검토할 것이다. 이때 투자자는 시장 규모는 어느 정도인지, 틈새시장(Niche Market)이 존재하며 진입 가능한지를 알고 싶어 한다. 이러한 정보를 통해 수익과 마진, 시장 점유율 등을 추정할 수 있기 때문이다.

스타트업은 시장을 '규명'해야 한다고 많은 사람이 주장한다. 하지만 이 말에 동의하긴 어렵다. '벤처'라는 단어가 의미하듯이, 벤처 비즈니스의 궁극적인 목표는 새로운 고객 수요를 발굴하여 시장 수익성을 검증하는 데 있다.

이를 위해선 '시장의 규명'이 아닌 '시장에 대한 정의'가 필요하다. 창업가는 자신에게는 보이지만 다른 사람에게는 안 보이는, 그리고 확보한 경쟁우위를 구축할 수 있는 틈새시장이 무엇인지 정의해야 한다. 이 시장은 잠재 투자자가 매력적으로 느낄 정도로 충분히 규모가 커야 한다.

수익적인 시장 규모와 경쟁우위의 확보, 이 두 가지 요소에서 적절한 균형을 추구하는 것이 창업가가 집중해야 할 핵심 포인트이다. 예를 들어, 1000억 원 규모의 시장에서 5%의 시장 점유율과 100억 원 규모의 시장에서 50%의 시장 점유율 중 무엇이 더 좋을까?

두 시나리오 모두 50억 원의 수익 잠재력을 갖고 있다. 하지만 앞 상황보다 뒤 상황이 훨씬 더 매력적이다. 잠재 투자자, 특히 전략 투자자는 시장을 선도할 수 있는 마켓 플레이어(Market Player)로의 성장 잠재력이 높은 스타트업에 투자하기 때문이다. 마켓 플레이어는 시장 수요를 결정하는 주요 고객들에게 제품과 서비스를 제공하고, 제품과 서비스의 시장 가격을 결정하며, 산업표준을 제시하고, 유통채널에 영향력을 행사할 수 있는 역량을 갖춘 기업을 뜻한다. 이런 기업들은 당연히 경쟁사, 공급사 및 고객 등과 같은 여러 시장 참가자로부터 주목을 받는다.

전략 투자자가 마켓 플레이어의 성장 잠재력을 가진 스타트업에 매력을 느끼는 이유는 다음과 같다.

- 높은 수익성과 고성장 잠재력을 가진 마켓 세그먼트를 포착할 수 있다.
- 현재 진행 중인 제품 및 시장 개발, 그리고 펀드레이징 활동의 가치를 극대화할 수 있다.
- 기존 및 잠재적 경쟁사를 압도하는 우월한 경쟁우위를 구축할 수 있다.
- 수익성 높은 매력적인 시장에 지대한 영향을 미칠 수 있다.

스타트업을 마켓 플레이어로 성장시키는 것이 잠재 투자자를 매료시키는 가장 효과적인 방법이다. 하지만 목표시장의 정의는 보통 일이 아니다. 정확한 시장 예측과 사업 계획을 뒷받침하는 신뢰 가능한 정보를 수집하고 분석해야 한다. 많은 노력과 시간, 그리고 비용이 투입될 것이다. 그리고 기업 가치의 증대라는 결과로 투입한 자원을 보상받게 될 것이다.

가치제안

기업 목표를 입증할 혁신적 제품·서비스를 개발하고 목표시장을 정의했다면, 비즈니스가 내포한 고객가치를 제시해야 한다.

이를 위해선 사용자 또는 구매자가 해당 제품·서비스로부터 어떠한 가치를 얻는지, 그 가치를 위해 기꺼이 지불할 의사가 있는지, 대체제와 비교하여 무엇이 우수하며, 과연 고객 문제를 효과적으로 해결하는 솔루션으로 작용하는지 등을 파악해야 한다. 이러한 일련의 프로세스를 가치제안(Value Proposition)이라고 한다.

이때 적용할 가치제안 분석기법이 카노 분석(Kano Analysis)이다. 한 제품을 기획할 때 제품의 구성요소들에 대하여 고객의 기대 수준과 충족 가능한 수준 간 차이를 주관적으로 평가함으로써 고객 니즈에 대한 제품의 만족 및 불만족 수준을 객관적으로 분석할 수 있다. 유의할 점은 제품과 서비스의 기능 및 속성에 관한 구성요소를 분류할 때 고객이 느낀 '필수요건(Must-Have)'과 '충족요건(Nice-to-Have)'을 구분하여 파악하고 고객 유형별로 상대적 가치를 도출한다. 그 결과로 얻은 정보를 투자자에게 제시하면 개발하려는 제품·서비스의 차별성을 쉽게 이해시킬 수 있다.

잠재 고객들이 고통을 겪고 있는 문제를 해결할 수 있는 솔루션을 제시한다면, 투자자가 더 큰 관심을 보일 것이다. 이런 제품·서비스에 대해선 프리미엄 가격을 책정하는 것도 펀드레이징에 유용한 전략이다. 신생 스타트업은 기존 경쟁사와의 가격경쟁에서 원가우위를 점하기 어렵다. 따라서 고객들이 제품·서비스에 대하여 인지한 가치 수준에 따라서 차별화된 가격전략을 책정하여 마진율을 높일 수 있다면, 투자자에게 환영받을 수 있다.

고객가치는 비즈니스의 지속 가능성을 결정한다. 분명 스타트업의 목표시장은 규모의 경제를 확보한 대기업과 중소기업이 난립하는 전쟁터일 것이다. 이런 시장일수록 혁신을 도입하고 가치를 제안하여 고객에게 없어서는 안 될 필수 사업으로 성장하는 전략이 과당경쟁(過當競爭) 속에서 스타트업의 생존을 보장하는 방법이다.

테크스타트업이 가치제안을 이루지 못하면, 기술성은 높지만 사업성 및 수익성이 낮은 제품·서비스를 개발할 여지가 높다. 사업 계획에 관한 3장에서 가치제안 방법을 상세히 설명할 것이다.

상업적 생존력

지금까지 목표시장을 정의하고 혁신을 통해 가치를 창출하는 것이 왜 펀드레이징 활동에서 중요한지에 대해 설명했다. 이제 목표시장에서 비즈니스의 수익 잠재력을 확립할 차례이다. 벤처 비즈니스의 상업적 타당성 (Commercial Viability)을 파악하려면 목표시장의 역동성과 경쟁구도를 조사해야 한다. 잠재 구매자 또는 사용자가 스타트업의 제품·서비스를 좋아하게 만드는 것으로는 충분하지 않다. 이들이 제품·서비스를 구매할 강력한 동기를 제공해야 한다.

강력한 상업적 타당성을 투자자에게 명료하게 설명하려면 다음 질문에 답해야 한다.

- 투자자가 매력을 느낄만한 시장에서 수익 목표를 달성하기에 충분할 정도로 시장이 성장하고 있는가? 사양 산업 혹은 포화 시장에 출시한 제품은 패색이 완연하다. 설령 고객이 스타트업 비즈니스의 혁신과 가치를 느끼더라도, 이런 저성장 시장에서는 수익 목표를 달성하기 어렵다.
- 시장, 경쟁 및 규제 환경은 비즈니스에 호의적이고 유리한가? 만약 그렇다면, 안정적이고 높은 수익을 보장하는 가격 책정이 가능한가? 포화 시장에서는 제품 차별화가 어렵기 때문에 혁신 제품·서비스에 프

리미엄 가격을 책정하기 어렵다. 그리고 정부 규제가 엄격하면, 이를 준수하는 데 많은 비용이 소요되어 수익 예측을 불확실하게 만든다.

• 진입장벽, 모방 가능성, 지적 재산권 보호 강도 측면에서 지속 가능한 시장 수요를 창출할 수 있는가? 쉽게 복제되거나 곧 쓸모없어질 제품과 서비스를 출시하면 비즈니스 실패를 야기할 수 있다. 특히 현재 급속한 기술혁신이 이루어지는 시장에서는 이러한 요소들이 매우 중요한 기준이 된다. 비즈니스의 지속 가능한 성장과 경쟁우위를 유지할 수 있는 전략적 방법을 수립함으로써 벤처 비즈니스의 상업적 생존력을 높일 수 있다.

따라서 매력적인 투자 수익률을 달성하기 위한 구체적인 사례를 만들고, 지속 가능한 시장 수요를 뒷받침하는 충분한 근거를 입증해야 한다. 이 모든 과정은 잠재 투자자에게 비즈니스의 수익 잠재력을 보여주는 데 목적이 있다는 사실을 절대로 잊어선 안 된다.

위험 완화 요인

우리는 1장에서 잠재 투자자가 인지하는 위험-수익의 상관관계에 대해서 살펴봤다. 투자자가 인지한 위험을 줄일 수 있다면 보다 유리한 조건으로 투자를 유치할 확률이 높아진다. 이를 위해 펀드레이징 활동에서는 반드시 위험 완화 요인(Risk Mitigation Factors, RMF)을 투자자에게 제시해야 한다.

RMF는 벤처 비즈니스가 내포한 위험을 감소시키는 비즈니스 자체의 특성을 지칭한다. 목표시장과 관련하여 어떠한 특성들이 비즈니스 및 투자 위험을 완화시키는지 분석함으로써 독특한 RMF 조합을 만들 수 있다.

가장 일반적인 RMF는 수익 원천의 다각화를 통해 위험을 감소하는 것이다. SNS 관련 사업을 예로 들어보자. 변동이 심한 광고 수익에 전적으로 의존하는 SNS 관련 사업은 실패 위험이 높다. 광고 수익뿐 아니라, 구독 수익, 전자 상거래 및 프리미엄 서비스와 같은 다각적 수익원이 가능한 비즈니스라면 투자자의 강한 흥미를 유발할 수 있다.

또 다른 주요 RMF로는 제품·서비스의 적용성(Applicability)과 적응성(Adaptability)을 높이는 것이다. 그 결과, 특정 시장이나 일부 고객에게 제품·서비스의 상업적 판매를 집중할 필요가 없어진다. 최소한의 변경 혹은 개조를 통해서 제품·서비스를 다양한 시장에 출시할 수 있거나 서로 상이한 고객 문제를 해결할 수 있는 솔루션이 될 수 있다면, 투자자가 인지한 위험을 줄일 수 있다. 설령 경쟁사가 자사보다 우월한 솔루션을 제안했다고 해서 절망할 이유가 전혀 없다.

세 번째 RMF은 캡티브 마켓(Captive Market - 잠재 고객들이 제한된 공급자만을 만날 수 있는 전속시장)을 구축하는 것이다. 강력한 정부규제가 존재하거나, 독점계약이 필요한 경우 또는 전략적 제휴가 경쟁우위로 작용할 때 폐쇄시장을 형성할 수 있다. 이러한 시장에서는 잠재 경쟁사의 진입을 억제할 수 있다. 진입장벽이 높은 폐쇄시장을 구축할 수 있다면 강력한 RMF로 작용한다. 지적 재산권, 정부의 인허가 또는 규제 장벽의 문제를 해결하면, 경쟁사로부터 벤처 비즈니스의 수익성을 보호할 수 있기 때문이다.

앞으로 여러 장에 걸쳐 다양한 RMF를 제시하고, 각각의 중요성에 대해서 설명하였다. 모든 요소를 정확히 이해하길 바란다. 그리고 RMF 리스트를 작성하고 주기적으로 새로운 요인을 규명하여 리스트를 최신화해야 한다. 이 리스트를 적극 활용하여 기업경영 전반에서 위험관리(Risk

Management)를 수행해야 한다. 스타트업 펀드레이징에서 잠재 투자자의 관심은 수익보다 위험에 맞추어져 있기 때문이다.

번레이트

번레이트(Burn Rate)는 비즈니스 운영에 필요한 최소 고정비용의 합계로, 스타트업의 경비지출 속도를 의미한다. 기업을 존속하는 데 소요되는 최소한의 필수 비용인 최소 고정비용에는 주로 급여, 경비 및 세금 등이 포함된다. 이런 비용은 사업유지에 반드시 필요하지만 부가가치 창출에는 기여하지 않으므로 '현금을 태우는 속도'라는 의미로 번레이트라 표현한다. 번레이트를 통해 창업가는 캐시번(Cash Burn), 즉 현금 고갈 상태를 주기적으로 파악할 수 있다.

잠재 투자자를 대면할 때에는 종종 스타트업의 번레이트에 대해서 질문한다. 이는 창업가가 투자 자금을 얼마나 오랫동안 사용할지, 그리고 캐시번 후 후속 투자는 언제, 얼마나 필요한지를 파악하기 위함이다. 즉, 번레이트는 스타트업 경영진의 효율적 기업 관리에 관한 정보를 제공한다. 어느 누구도 부가가치 창출에 기여하지 않는 기업 활동에 자신의 투자 자금이 사용되길 원치 않는다. 따라서 초기 사업 성장 단계일수록 번레이트를 정확히 이해하고 관리하며, 후속 펀드레이징을 준비해야 한다.

투자자의 입장에서 스타트업의 번레이트가 불필요하게 높다고 판단되면, 사업유지를 위한 최소한의 노력이 결여되었다고 생각하고 투자 위험을 높게 인지한다. 하지만 번레이트가 높더라도 이를 충당하는 수익을 충분히 창출하고 있다면 인지한 위험이 낮아진다. 이는 강력한 RMF로 작용한다. 이때는 벤처 비즈니스가 생존 모드에서 성과 모드로 전환하는 시점일 것이므로, 자신감과 인내심을 갖고 협상 테이블에 앉으면 된다.

경영 강점

투자자는 경영진이 사업상 어떠한 강점과 우위를 지니고 있는지 평가한다. 실제로 다차원적 심사 기준을 설정하고 경영진에 대한 평가가 이루어진다. 경영진의 교육 배경, 기술 경력 및 경영관리 경험과 같은 일반적인 평가 요소가 포함된다.

한편, 창업가는 종종 간과하거나 과소평가를 하지만 투자자에게는 매우 중요한 평가 요소들이 있다. 예를 들어, 창업가의 정서·심리적 상태를 측정하는가 하면, 열정·동기 및 결단력은 물론 라이프 스타일까지 평가하기도 한다. 창업가가 얼마나 많은 심리적 부담감을 느끼는지를 정확히 이해하고 있는 투자자의 입장에서는 창업가가 그 스트레스를 얼마나 잘 관리하는지도 중요한 평가 요소이기 때문이다. 성공을 향한 험난한 여정을 앞둔 선수 중에서 남들보다 훨씬 더 멀리 나아갈 준비가 자에게 배팅하는 것은 당연하다.

팀워크와 기업 지배 구조 역시 종종 간과하는 요소이다. 경영진은 얼마나 생산적인가? 상호 보완적 경력과 노하우를 갖고 있는가? 효과적인 업무분담과 명확한 결정·책임 권한이 설정되었는가? 하나의 유기체처럼 움직이는 경영진의 모습을 투자자에게 보여준다면, 기업 성장 과정 중에도 생산적인 의사 결정이 이루어질 것이라는 확신을 심어줄 수 있다. 창업가는 스타트업의 경영진이 담당 분야에서 충분한 경력, 풍부한 실무경험과 전문지식을 갖추고 있을 뿐 아니라 향후 예상치 못한 난관을 해결할 역량이 있다는 사실을 투자자에게 확인시켜줘야 한다.

경영진 구성도 중요하다. 주로 기술·과학적 배경을 가진 경영진으로 구성된 테크스타트업에서는 CEO(최고경영자)와 CTO(최고기술경영자)를 지정하는데 큰 문제가 없다. 하지만 투자자는 마케팅, 판매, 재무 및 운영 관리 등의 필수 경영활동을 담당할 전문가가 포함된, 완벽한 경영진 구성을 선호한다. 초기 스타트업은 경영활동에 능숙한 전문가를 임원으로 고용하기에 충분한 자원을 갖고 있지 않다. 따라서 해당 기능을 담당할 인재를 탐색하고, 이들의 의중을 확인한 후 잠재 투자자에게 채용·인건비를 반영한 투자 자금을 제안해야 한다. 이러한 적극적 자세와 사전적 행동을 통해서 투자자와 강한 신뢰를 형성할 수 있다.

간혹 투자자는 경영진에서 핵심 인재의 이탈·퇴사를 우려하기도 한다. 이 우려를 잠식시키려면, 창업가와 수년간 신뢰를 쌓은 친구와 동료가 경영진일지라도 고용계약을 맺는 것이 좋다. 이러한 법적 결속력을 사전에 확보하면, 설령 스타트업의 재정적 위기 상황 속에서도 경영진의 퇴사를 방지할 수 있다. 또한 경영진의 권리와 의무를 명시적으로 설정함으로써 이들의 몰입과 헌신을 이끌어낼 수 있다. 실제로 투자자가 주요 경영진의 고용계약 체결을 투자 조건으로 요구한 사례를 종종 찾아볼 수 있다.

자금 사용

자금 사용 내역서(Fund Usage Statement)는 한 펀딩라운드에서 유치한 투자 자금을 어떻게 활용할 것인지를 상세 항목별로 보여준다. 투자자들에게 제시할 사업 계획서의 재무 섹션에서 자금 사용 내역서가 반드시 포함되어야 한다. 이에 대해선 3장에서 자세히 살펴보도록 한다.

잠재 투자자는 자신의 투자 자금이 기업 성장을 위해 어떻게 활용되고 있는지 보고 싶어 한다. 일반적으로 기대보다 높은 수익 목표를 달성하는 데 도움이 되는 부가가치 창출 활동에 투자 자금이 사용되길 바란다. 새로운 시장에서 제품·서비스의 상업적 출시 혹은 고객 수요를 자극하는 기능 및 디자인 요소의 강화 등이 부가가치 활동에 해당한다. 시드머니 펀딩 단계를 졸업한 스타트업이 아직도 기술개발에 사용하거나 혹은 부채 상환에 투자 자금을 사용하려 한다면, 이런 비부가가치 활동을 허락할 투자자는 존재할 리 만무하다.

이 사실을 명심하고, 앞서 설명한 미친 과학자 증후군을 경계해야 한다. 기술혁신의 함정에 빠진 창업가는 유치한 투자 자금 중 상당 부분을 기술개발에 지출하곤 한다. 스타트업 비즈니스 활동 중에서 기술혁신이 가장 즐겁긴 하지만 제품 및 기능 개발을 위한 기술혁신을 초기 사업 단계에서 이미 완료해야 한다.

하지만 지나친 기술혁신은 고객에게 불필요한 기능을 개발하도록 만들어 비용 측면에서 '밑 빠진 독에 물 붓기'가 될 수 여지가 높다. 성장 단계에서는 본격적으로 제품·서비스의 상용화에 집중하여 수익 증대에 자금을 활용해야 한다. 경영진 중 한 명이라도 이 증후군을 앓고 있으면, 조직 전체에 빠르게 전파되므로 사전에 감염 예방책을 마련해두는 것이 좋다.

견인력

훌륭한 레버리지 도구가 바로 견인력(Tractions)이다. 레버리지(Leverage)는 시장에서 스타트업의 성공과 평판에 견주어도 예상 수준을 훨씬 뛰어넘어 시장 영향력을 발휘·행사할 수 있는 능력을 의미한다. 즉, 견인력이 높을수록 시장 영향력이 커진다.

수상 경력과 언론 홍보를 통해 얻은 대중들의 기업 인식, 확고한 마켓 포지션의 확립, 정부의 인허가, 성공적인 지적 재산권 등록, 유명 전략 파트너와의 협력 관계 등을 통해서 견인력을 확보할 수 있다. 이러한 견인력은 잠재 투자자가 인식한 벤처 비즈니스의 가치를 증가시킨다.

전략 파트너(Strategic Partners)란 스타트업과의 사업 관계 체계에 대하여 전략적 동기가 있는 기업을 말한다. 스타트업에 원자재를 납품하는 공급업체는 사적 이익 추구가 목적이므로 전략 파트너로 보기 어렵다. 하지만 상호 협력이 향후 자사의 비즈니스에 도움이 된다고 판단하여 비재무적 동기에 따라 사업 관계를 맺은 공급업체는 전략 파트너로 볼 수 있다.

대표적인 전략 파트너는 마케팅 협력사이다. 자사 제품을 홍보할 때 스타트업의 제품을 공동 마케팅하면서 상호 이익을 추구한다. 한 기업이 제조한 하드웨어에서 구동하는 소프트웨어를 스타트업이 개발한 경우, 이 두 회사는 마케팅 파트너십을 체결하여 상호 이익을 극대화할 수 있다. 하드웨어 제조 기업은 매력적인 프리미엄 기능과 서비스를 제공할 소프트웨어를 사전 설치한 후 판매함으로써 잠재고객을 유인할 수 있다. 소프트웨어를 개발하는 스타트업은 잠재고객에게 접근성을 확보하고 시장 점유율을 확대할 수 있다.

공동 개발사는 또 다른 유형의 전략 파트너이다. 두 회사가 동일 혹은 유사 기술이 적용된 제품을 개발할 때 개발 협력을 체결하는 것이다. 기술개발과 관련된 전문지식과 노하우를 공유하는 두 회사는 상호작용 과정에서 기술개발 상 강·약점을 기반으로 분업함으로써 생산성과 혁신성을 높일 수 있다. 협력을 통해 연구개발 기간과 비용을 줄이고, 제품 출시를 앞당길 수 있으며, 파트너가 보유한 전문지식과 기술을 학습할 기회를 얻을 수 있다.

라이선스 사용자 역시 주요 전략 파트너로서의 잠재력을 갖고 있다. 스타트업은 개발 기술의 라이선스를 통해 창출한 수익을 추가 기술혁신에 투입할 수 있다. 그 결과, 혁신의 '폭'을 확대하여 고객 인지도를 개발할 수 있다. 또한 라이선스를 통해 수익 원천의 다양화, 시장 적응력·친화력의 강화 및 가치제안의 검증 등이 가능하다. 이러한 요소를 통합하여 다채로운 RMF 조합을 개발할 수 있다.

마지막으로 고려해야 할 전략 파트너로 유통업체가 있다. 이들은 스타트업이 개발한 제품의 시장 판매를 대신하여 사적 이익을 얻지만, 제품 홍보를 담당하는 마케팅 담당자로서 고객 접점을 개발하는 데 큰 도움을 준다. 제품 판촉이 가능한 새로운 유통채널을 잘 알고 있는 유통업체를 통해 새로운 시장 개척을 위한 교두보를 마련할 수 있다.

만약 앞서 설명한 RMF가 산업·시장과 관련된 요소라면 자사의 사업을 지원하는 전략 파트너를 더 많이 확보할 수 있다. 예를 들어, 높은 적응성, 즉 다양한 고객 문제에 효과적인 솔루션으로 작용하는 제품·서비스를 보유하면 관련 산업에 속한 잠재적 전략 파트너의 가치제안을 강화시킬 수 있다.

벤처투자에서 투자자들은 투자 위험의 감소와 투자 수익의 증대에 기여하는 강력한 전략 파트너의 존재 여부를 확인하고 싶어 한다. 이를 통해 투자 대상 기업의 가치뿐 아니라 향후 사업에 유리한 전략 파트너를 식별할 수 있는 경영 역량을 평가할 수 있기 때문이다. 투자자는 전략 파트너의 존재 여부를 통해 다음의 가치를 인식한다.

- **혁신성 검증.** 전략 파트너가 스타트업의 가치를 인식하고 파트너십을 맺길 원한다면 투자자도 충분히 그 가치를 인식할 것이다. 앞서 언급했듯이, 기술 및 산업 지식이 부족한 특정 투자자 유형은 스타트업의 제품·서비스가 내포한 혁신성을 파악하는 데 어려울 수 있다. 혁신성을 입증할 타당한 객관적 근거가 필요한 투자자는 제삼자 기술실사를 요청하기도 한다. 이때 전략 파트너와 라이선스 계약 체결 시 수행한 기술실사 자료를 제출하면 추가 노력과 비용을 줄이고 투자자를 만족시킬 수 있다. 이처럼 혁신성을 보장하는 전략 파트너의 존재 여부는 잠재 투자자의 결정에 긍정적인 영향을 미친다.
- **상업적 생존력 검증.** 확고하고 광범위한 유통채널로 제품과 서비스의 시장 접근성이 확보되었다면, 투자자는 벤처 비즈니스의 상업적 생존력을 높이 평가할 것이다. 고객 접점을 제공하는 유통업체는 투자자가 스타트업의 제품·서비스가 내포한 혁신성과 상업성, 그리고 고객 의견을 검토하는 데 효과적인 수단이 된다.
- **신뢰성 강화.** 협력 마케팅 및 기술개발 파트너가 유명 대기업인 사실을 알았다면, 투자자는 스타트업에 강한 신뢰를 즉각적으로 표명할 것이다.
- **전략 파트너의 브랜드 인지도 활용.** 전략 파트너가 강력한 브랜드 인지도를 갖고 있다면 투자자의 스타트업 사업 전망은 매우 긍정적이다. 이들의 브랜드를 활용할 수 있다면 벤처 비즈니스의 수익성 강화에 큰 도움이 되기 때문이다.
- **비용 절감.** 위와 비슷한 이유로 전략 파트너와의 협력 마케팅 및 기술개발은 관련 비용의 절감과 제품 출시 시기의 단축에 도움이 된다.

이는 투자자를 만족시킬 확실한 견인력으로 작용한다.

모든 투자자는 스타트업이 사업 성공을 이끌만한 특징, 즉 투지, 역량 및 지식을 갖추고 있는지 확인하고 싶어 한다. 스타트업이 강력한 시장 영향력을 행사할 마켓 플레이어로 성장할 가능성이 높을수록, 그리고 스타트업과 동반 성장을 추구하는 전략 파트너가 많을수록 투자자에게 확신을 심어줄 수 있다.

이제까지 잠재 투자자가 스타트업에게 바라는 성공 요인에 대해서 상세히 살펴봤다. 이제는 창업가가 비즈니스 파트너인 잠재 투자자에게 무엇을 요구해야 하는지 살펴볼 차례다.

KYI 제4요소: 돈은 충분 요건이 아니다

스타트업에 대한 잠재 투자자의 일방적 평가는 바람직하지 않다. 창업가 역시 잠재 투자자가 과연 벤처 비즈니스의 성공과 성장을 지원하는 훌륭한 파트너로서 적합한지를 판별해야 한다.

창업가의 주요 목표인 펀드레이징 활동에서 '돈'은 절대로 충분요건이 될 수 없다. 이 말이 의미하는 바를 보다 정확히 이해하려면 '좋은 돈'과 '나쁜 돈'의 차이를 알아야 한다.

좋은 돈이란, 시장과 사업 특성을 정확히 이해하고 투자자와 창업가 간 공동 목표를 상호 공유하며, 이를 달성하고자 다양한 재무적 및 비재무적 지원을 아끼지 않으며, 어떠한 방식으로든 사업 계획의 실행을 방해하지 않을 투자자로부터 조달한 투자 자금을 뜻한다. 이와 반대되는 투자 자금이 바로 나쁜 돈에 해당한다. 최악의 경우, 나쁜 돈은 사업 실패를 불러온다. 즉, 좋은 돈 혹은 나쁜 돈을 받았는지에 따라서 스타트업의 성공과 실패가 판가름 난다.

조달하려는 투자 자금이 좋은 돈 혹은 나쁜 돈인지를 어떻게 판단할 수 있을까? 투자자가 처음 제안한 투자 조건을 살펴보면 쉽게 판단할 수 있다. 비즈니스 파트너로서 적합한 '좋은 투자자'는 창업가가 사업 위험을 줄일 수 있도록 지원함으로써 자신의 투자 위험을 낮추고자 한다. 나쁜 투자자는 사업에 추가 위험을 가중하는 투자 조건을 서슴없이 제안하며, 다른 이해관계자와 비교하여 자신에게 상대적으로 유리한 조건만을 강요하는 방식으로 투자 위험을 회피한다.

위험 감소에 도움이 되는 좋은 돈인지 혹은 위험 증대를 야기하는 나쁜 돈인지를 판별하려면 다음 네 가지 질문에 답해야 한다.

- 투자자는 비즈니스 스페이스를 충분히 이해하는가?
- 투자자가 비재무적 이점을 제공하는가?
- 투자자와 창업가의 관심과 목표가 일치하는가?
- 투자자가 기업 통제상 문제를 일으키는가?

비즈니스 스페이스에 대한 이해

사업, 기술, 산업, 시장 및 고객 등 스타트업의 벤처 비즈니스를 구성하는 내·외부 환경요소의 집합을 비즈니스 스페이스(Business Space)라고 한다.

스타트업을 둘러싼 비즈니스 스페이스에 대하여 전반적 이해와 지식이 높은 투자자일수록 창업가의 열정과 노력을 높이 평가하고, 실제 성과가 창출될 때까지 인내심을 보이며, 사업 성공에 유익한 네트워크를 연결하고, 자금제공을 넘어서 귀중한 조언을 아끼지 않는다.

이런 투자자는 훌륭한 비즈니스 파트너로서 스타트업에 가치 높은 통찰력을 제시한다. 대개 기술 지식에 정통한 창업가일수록 산업 및 시장 이해도가 낮거나 사업 운영 경험이 부족한 경우가 많다. 이때 제품·서비스의 성공적 출시를 돕고자 투자자는 비즈니스 스페이스에서 쌓은 자신의 경력을 활용하여 다양한 업계 종사자와 시장 참여자를 소개해준다. 그리고 시장의 경쟁관계, 주요 경쟁사의 예상반응, 시장 동향 및 이에 대한 결정요소 등과 관련하여 귀중한 통찰을 제공한다. 다년간의 실무 활동을 통해서만 이러한 통찰력을 얻을 수 있으므로, 그 가치를 절대 간과해선 안 된다.

투자 결정을 보류한 잠재 투자자 중에서도 비즈니스 스페이스에 정통한 자가 있을지도 모른다. 이들에게 재무적 지원을 받지 않았어도 비재무적 지원을 요청해보자. 실제로 이들의 조언과 통찰을 구하여 사업 계획 전략을 유리한 방향으로 수정한 사례가 무수히 많다. 그리고 자신의 의견과 생각을 적극적으로 반영한 창업가에게 흥미를 느낀 잠재 투자자는 이제까지 보류한 투자 결정을 확정하는 경우가 많다. 비즈니스 스페이스에 정통한 잠재 투자자일수록 도움을 요청한 스타트업에게 별도의 보상 없이 비재무적 지원을 적극적으로 제공한다. 이를 통해 창업가는 잠정적 비즈니스 파트너를 개발할 수 있다.

비재무적 이점의 제공

비즈니스 스페이스에 대한 이해도와 무관하게, 앞서 설명한 좋은 돈을 제공할 잠재 투자자는 비즈니스 파트너로서 많은 이점을 갖고 있다. 예를 들어, 잠재 투자자가 변호사일 경우 비싼 법률 상담을 저렴하게 또는 무료로 받을 수 있다. 전문경영자라면 경영관리에 관한 전문지식과 노하우를 학습할 기회를 얻을 수 있다. 마케팅 및 재무 관리자에게선 비즈니스 마케팅 전략을 수립할 때 도움을 받고 검토를 부탁할 수 있다.

이처럼 훌륭한 비즈니스 파트너로서 충분한 자격을 갖춘 투자자로부터 자금을 유치할 수 있다면, 다양한 상황에 적합한 조언과 지원을 적시에 받을 수 있는 경영능력을 확보한 것과 다름없다.

사업상 가치 높은 인적 네트워크를 보유한 투자자를 가리켜 영향력자(Center of Influence)라고 부른다. 영향력자는 자신의 활동 영역에서 광범위한 인적 네트워크를 형성하고 활발히 움직인다. 이들은 자신이 보유한 개인적 인맥과 친분, 유리한 지위를 동원하여 각계각층의 사람들을 서로 소개, 추천 및 연결한다. 이를 통해 창업가는 이상적인 출구 실행에 도움이 되는 전략 투자자, 유리한 조건으로 중간재를 공급할 수 있는 공급업체 또는 제품과 서비스를 구매할 잠재 고객을 만날 수 있다.

투자자가 제공할 수 있는 이상의 모든 비재무적 지원은 벤처 비즈니스의 성공 잠재력을 증진하는 데 도움이 되고, 확실한 RMF로 작용한다. 훌륭한 전략 투자자와 마찬가지로, 좋은 투자자와 신뢰 관계를 형성하면 스타트업에 대한 대외 신뢰성이 높아진다. 더욱이 스타트업의 성공과 성과에 지원을 아끼지 않는 투자자의 평판이 좋다면, 향후 펀드레이징 활동에 많은 도움이 된다.

이해관계의 조정

투자자와 경영진 간 이해관계의 조정 초점은 두 가지 범주로 나눌 수 있다. 바로, 기대의 차이(Differences of Expectations)와 이해의 상충(Conflicts of Interest)이다. 이 차이와 상충이 심화될 수록 사업 계획 실행 시 심각한 문제를 야기하며, 최악의 경우 투자자와의 비즈니스 파트너십을 와해하는 결과를 불러온다.

적절한 KYI 조사를 통해 투자자의 기대를 파악하면, 투자자와 경영진 간 기대 차이를 쉽게 발견하고 해결할 수 있다. 주로 출구 전략의 방식, 시점 및 규모 측면에서 기대 차이가 발생한다. 경영진이 바라는 출구 전략을 제안서에 명확히 제시했을지라도, 투자자가 해당 전략의 현실성과 합리성을 다르게 판단할 수도 있다.

또 다른 기대 차이는 단기이익 추구와 장기이익 추구 간의 갈등이다. 이와 같은 상황은 자본구조상 주주와 채권자가 동시 존재할 때 발생할 여지가 높다. 1장에서 간략히 언급했듯이, 주주와 채권자의 위험 감수 수준은 서로 다르다. 채권자는 자신이 빌려준 부채를 정기적으로 상환하고 담보로 설정한 자산 가치를 보존할 능력을 대변하는 단기이익(현금 흐름)에 더 많은 관심을 갖고 있다. 주주 대부분은 인내심을 갖고 투자회수가 이루어질 때까지 투자 수익률을 높이고자 기꺼이 단기이익의 희생을 감내한다. 마찬가지로 상당 지분을 소유한 경영진들도 스타트업의 장기이익을 추구하지만, 이해관계가 상이한 주주와 채권자의 사이에서 조정의 어려움을 겪는다.

보다 구체적인 예를 들어보자. 한 스타트업 경영진은 현재 자사가 개발한 소프트웨어의 출시 시기를 결정하려 한다. 즉각 출시하면 신속히 수익을 창출할 수 있다. 그러나 아직 프리미엄 기능이 포함되지 않았기 때문에 높은 이윤을 달성하기 어렵다. 이 기능은 유저들이 겪고 있는 기술적 문제를 효과적으로 해결하는 솔루션인데, 추가 기술개발이 필요하다. 수익이 즉각 창출되면 부채(원금과 이자)를 안정적으로 상환할 수 있으므로, 채권자는 신속한 출시와 상용화를 요구한다. 이는 장기적 관점에서 투자 수익률을 감소할 수 있기 때문에 주주는 프리미엄 기능이 포함되지 않은 현재 버전의 소프트웨어 출시를 단호하게 반대할 것이다.

이런 난감한 상황이 경영진의 사업 활동을 마비시키기 때문에 유사 상황에 처하지 않고자 채권자를 주주로 전환한 사례도 있다. 창업가에게 유용한 펀드레이징 전략 중 하나는 펀드레이징 시 다양한 이해관계자의 기대를 정확히 파악하고 조정하는 것이다. 그렇지 않으면, 좋은 돈이 될 수 있었던 투자금이 나쁜 돈으로 변질 될 수 있다.

창업가는 경영진과 잠재 투자자 간 이해 상충을 겪지 않도록 주의해야 한다. 이는 주로 투자자가 창업가에게 전문 서비스를 지원하거나 공급업체를 소개할 때 빈번하게 발생한다. 예를 들어, 변호사인 투자자는 더 많은 법률 자문료를 받고자 창업가를 설득할 여지가 높다. 때로는 지인 중 한 명이 운영하는 공급업체를 창업가에게 추천하고 중개 수수료를 받는 경우도 있다.

따라서 스타트업의 비즈니스 파트너가 되기로 결정한 잠재 투자자의 숨은 동기를 파악해야 한다.

기관 투자자로부터 자금을 유치한 스타트업의 연간 재무제표와 법인 소득세 환급을 준비할 때였다. 이 기관은 나에게 수익을 마이너스로 보고하라고 압력을 가했다. 기업 가치를 대변하는 수익이 높을수록 향후 금융비용을 낮출 수 있고 잠재 투자자로부터 많은 관심을 끌 수 있기 때문에, 이들의 요구를 선뜻 이해하기 어려웠다. 그러던 중 우연히 이 기관이 다른 곳에서 불로소득으로 분류되는 투자를 진행하고 있다는 사실을 들었다. 우리가 보고할 수익 역시 과세대상 불로소득이다. 만약 우리가 손실을 보고할 경우 이 투자기관은 다른 곳에서 얻은 불로소득에 대한 세금을 낮출 수 있다. 이들은 투자회수 시점까지 우리가 손실을 보고하길 바란 것이다.

드물지만 또 다른 숨은 동기도 있다. 투자를 통해 스타트업의 지적 재산권을 독점적으로 사용하거나, 스타트업의 전략 파트너를 자기 사업에 활용하여 사적 이익을 얻는 것이다. 극단적으로 이런 동기를 갖고 있는 투자자는 스타트업의 잠재경쟁사 혹은 이들의 대리인일 경우가 많다.

기존의 시장 구도를 바꿀만한 혁신적인 제품을 개발했고, 이를 성공적으로 출시하기 위해 펀드레이징을 했다. 이에 위협을 느낀 대기업 경쟁사는 자기들에게 우호적인 투자자들을 모아 우리 앞에 데려왔다. 물론 우리 경영진 중 아무도 이들 투자자가 경쟁사와 관련되어있다고 생각하지 않았다. 이들에게 투자 심사를 받던 중 기존 투자자 한 명이 찾아와 이 사실을 알려줬다. 우리가 경쟁사의 이익을 대변하는 투자자들의 자금을 받았더라면, 제품 출시를 지연 혹은 무산시키고자 어떠한 영향력을 행사했을지 생각하면 끔찍하다.

투자 동기를 숨기는 잠재 투자자들이 무조건 나쁘다고 간주하면 큰 오해이다. 제안한 출구 전략보다 훨씬 더 높은 투자 수익률이 있다고 판단하는 경우에도 충분히 투자 동기를 숨길 수 있기 때문이다. 뒤에서 더 자세히 다루겠지만, 창업가는 현재 펀딩라운드에서 필요한 사업자금만 모집하면 된다. 좋은 투자자가 말하지 않은 투자 동기는 향후 사업 성공에 긍정적인 영향을 미친다.

기업 통제 이슈

통제란, 직·간접적으로 기업경영에 관한 의사 결정에 영향을 미치는 능력을 말한다. 사업 계획, 재무 계획, 펀드레이징 활동, 기업 운영, 생산 활동, 기술 개발, 마케팅 및 출구 전략에 이르기까지, 모든 경영 활동이 통제의 대상이 된다.

초기 창업 활동에 직접적으로 참여하지 않은 외부자도 투자를 통해서 경영 통제권을 확보할 수 있고, 이 경우 의도적 혹은 비의도적으로 기업경영에 영향력을 행사할 수 있다. 이처럼 경영진 또는 자문단과 같은 내부 이해관계자가 아닌 외부인이 투자를 통해 기업에 행사하는 영향력을 통틀어 외부 통제(External Control)라고 한다.

창업가가 통제, 특히 외부통제에 주의를 기울여야 하는 이유는 무엇인가? 일관성 있는 계획 실행, 재무적 결정의 유연성, 명확한 사업 방향 설정, 창업가의 비전 유지, 기술개발 활동의 연속성 등의 활동 목표를 달성하려면, 경영진이 기업을 효과적으로 통제할 수 있어야 한다. 하지만 스타트업 경영진이 자신들의 통제권을 계속 유지하기란 매우 어렵다. 주기적이고 지속적인 펀드레이징 활동에서 기업 통제권 확보가 투자 자체를 가로막기 때문이다.

그렇다고 창업가와 창업 파트너(창업 자금을 제공한 투자자)가 통제권을 포기하면 기업 주인이 아닌 단순 직원으로 전락하는 신세를 면치 못한다. 보유 주식 수로 대변되는 통제율에 불균형이 발생하면, 경영진은 다수의 통제권을 확보한 투자자를 위해 일하는 직원이 된다. 누구보다 높은 위험과 희생을 감내하며, 이에 상응하는 보상을 바라는 창업가와 경영진은 아무런 이의를 제기할 수 없다.

일련의 펀드레이징 활동을 성공적으로 수행하고 본격적으로 수익 창출을 시작하기 전까지, 어느 누구도 창업가보다 스타트업을 잘 관리할 수 없다. 이러한 사실에 견주어보면, 창업가와 창업 파트너를 포함한 주요 경영진으로부터 통제권을 빼앗고 사적 이익을 추구하는 행위는 결국 사업 실패를 불러올 수 있다. 창업가와 투자자 모두 자멸하는 길이다.

전략 투자자, 주주, 채권자 및 공공지원기관은 모두 스타트업의 전략적 의사 결정에 의도적 혹은 비의도적으로 통제력을 행사한다. 각 투자자 유형별로 고유한 통제 메커니즘에 대해서 상세히 알아보자.

| 전략 투자자

전략 투자자와 일정 구속력이 있는 계약을 체결할 때 통제문제에 특히 주의해야 한다. 전략 투자자는 다른 이해관계자의 목표와 상충하는 전략적 동기를 갖고 있다. 주로, 투표권과 이사회 참석을 통해서 기업운영에 대한 영향력을 행사하는데, 간혹 다른 이해관계자가 환영하기 어려운 전략 투자자의 기업 통제가 이루어지는 경우가 있다. 기업 지배 구조상 영향력이 높은 전략 투자자일수록 출구 시 사적 이익 추구를 위한 도구로 통제권을 활용할 여지가 높기 때문이다.

이때에는 출구 전략의 다각화를 추진해야 한다. 단일 전략이 매력적이라도 지나치게 집착하면, 전략 투자자가 통제력을 발휘하여 출구 전략을 수정하도록 압력을 가할 수 있기 때문이다. 만약 M&A가 주요 출구 전략이라면, 인수기업^(전략 투자자)에게 사전 지분 양도를 해선 안 되고, 종속성이 높은 독점계약의 체결 또는 핵심 기술의 공동 개발도 가급적 피하는 것이 좋다. 이러한 행동은 스타트업의^(피인수기업)의 유일한 출구가 해당 인수기업이라는 사실을 인지하도록 만들고, 결국 교섭력 약화를 불러온다. 그 결과, 스타트업은 여러 이해관계자의 이익에 상충하는 결정을 내릴 수밖에 없다.

| 지분 투자자

지분 투자자도 다른 이해관계자에게 불리한 투자 조항을 활용하여 의결권_(Voting Right)과 이사회를 통해 직접적으로 기업을 통제할 수 있다. 잘 알고 있겠지만, 지분율과 통제력은 비례한다. 지분율이 높은 주주들은 경영진에게 자신의 의견을 관철시키고자 새로운 이사회를 구성하기도 한다.

이사회의 결정은 경영 전반에 영향을 미칠 뿐 아니라 다른 이해관계자들도 무시할 수 없는 엄청난 힘을 갖고 있다. 실제로 5%에 못 미치는 지분율에도 스타트업 내부의 전략적 의사 결정 프로세스에 대한 접근과 참여를 위해 이사직을 요구하는 투자자를 쉽게 볼 수 있다. 지분율 20%를 보유한 주주는 반드시 임원직 혹은 이사직을 기대한다고 볼 수 있다.

지분 투자자와 체결한 투자 계약에 어떠한 통제 조항이 포함되었는지 확인해야 한다. 의사 결정 사항에 대한 거부권을 행사할 수 있는 권리 혹은 지분희석화를 야기할 신주 발행을 제한·불허할 권리 등이 포함되어 있을지도 모른다. 향후 재정 계획에 비추어 해당 조건을 다시 고려해보길 바란다.

특히 희석 방지 조항(Anti-dilution Provisions)은 어떠한 상황에서도 세심한 주의를 기울여야 한다. 이는 지분희석화를 제한하는 조항으로써, 신주 발행 자체를 제한하는 권리 혹은 신주 발생 시 기존 투자자가 할인된 가격으로 추가 주식을 매입할 권리를 보장한다. 희석 방지 조항을 활용하여 지분 투자자는 현 수준과 동일하거나 혹은 더 많은 의결권을 유지할 수 있다. 우리는 6장에서 여러 유형의 희석 방지 조항을 자세히 살펴볼 것이다.

희석 방지 조항의 설정은 주주 권익의 보호 측면에서 기존의 지분 투자자에게 유리하지만, 기업 입장에서는 훌륭한 잠재 투자자를 확보하기 어려워진다. 신주 발행을 통한 추가 자금조달에 불리하게 작용할 수 있기 때문이다.

기존의 지분 투자자를 위해 희석 방지 조항을 설정하면 후속 펀드레이징 활동이 비생산적으로 변질되고 투자 계획에 차질을 빚게 된다. 모든 펀딩라운드에서 창업가가 대면할 지분 투자자 중 대다수는 지분율 유지를 위해 희석 방지 조항을 요구할 가능성이 크다. 물론 추가 자금조달을 위한 신주 발행 시 경영진의 보유 지분도 희석되므로, 이 조항이 무조건 나쁜 것은 아니다.

하지만 희석 방지 조항은 최후의 수단이다. 이것이 창업가 본인을 포함한 모든 이해관계자에게 어떠한 영향을 미치며, 성공적인 출구 전략을 달성하는 데 과연 도움이 될 것인지를 면밀히 분석해야 한다.

이전 투자 계약에서 희석 방지 조항을 제거하느라 몇 달을 허비했다. 이 조항 때문에 후속 펀드레이징을 위한 모든 노력과 활동이 무의미해졌다. 기존 투자자들을 일일이 찾아다니며 설득하느라 제대로 사업관리를 할 수 없었다. 이로 인해 우리가 입은 손실과 놓쳐버린 잠재적 투자 기회를 어떻게 만회해야 할지 참으로 걱정스럽다.

엄격한 투자자는 기존 계약에 희석 방지 조항이 있으면 단호히 투자 의사를 철회한다. 이는 신주 발행을 억제하는 방식으로 신규 투자자의 주식 매입가를 높여왔다는 분명한 증거이기 때문이다. 잠재 투자자가 다운라운드(Down-round – 신규 투자 유치 시 이전 투자보다 밸류에이션을 낮게 평가하는 것)를 요구할지도 모른다.

단언컨대, 다운라운드는 후속 펀드레이징에서 불리하게 작용한다. 밸류에이션이 이전보다 낮아지면 창업가 입장에서 유리한 협상 조건을 제안하기 어렵기 때문이다. 이 연속적인 악순환에서 벗어나질 못한다.

초기 사업 성장 단계에서 희석 방지 조항을 전제로 받은 투자 자금이 바로 나쁜 돈의 대표적인 예이다. 이 조항은 오직 다운라운드에서 잠재 투자자에게 충분한 보상을 제공할 수 있을 때 혹은 기존 투자자와 잠재 투자자 간 지분율 변동이 없을 때만 적용해야 한다. 지나친 희석 방지 조항은 후속 펀딩라운드에서 창업가의 펀드레이징 잠재력을 감소시킨다는 사실을 명심하길 바란다.

매 펀딩라운드에서 밸류에이션과 주가가 지속 상승하여 희석 방지를 통한 투자 보호가 불필요한 상황이 가장 이상적이다. 최적 재정 계획의 수립에 관한 4장에서 다운라운드의 발생을 막고, 희석 방지 조항을 합리적으로 수용할 수 있는 방법을 자세히 살펴보자.

| 채권자

부도 및 파산 위험과 같은 심각한 경영상 문제가 발생하면, 주주와 채권자 간 이해관계에 큰 이슈가 발생한다. 채무불이행이 예상되면 채권자는 담보 설정한 기업 자산에 대하여 소유·처분권을 갖게 되기 때문에 더 이상의 기업경영이 불가능하기 때문이다.

지분 투자자와 마찬가지로 채권자 역시 특정 대출 조항을 요구하는데, 주로 정기적인 부채 상환 및 이자 지불의 의무에 관한 것이다. 창업가가 지불 우선순위를 결정할 때 부채 상환금의 우선순위가 높은 이유는 부도 위험시 사업 전체를 잃을 수 있기 때문이다. 상환 부채 액수가 클수록 부가가치 창출활동에 투입할 금액이 적어져 전략적 의사 결정의 유연성을 방해한다.

대부분의 채권자는 사업자금을 빌려줄 때 선순위 변제권의 설정을 요구한다. 사업정리, 즉 기업청산(Liquidation) 시, 선순위 변제권을 확보한 채권자는 기업 자산에 대한 우선 소유권을 주장할 수 있기 때문이다. 이러한 이유로 부채를 통한 자금조달은 지분 투자자에게 불리할 수밖에 없다.

특히, 보통주(Common Shares)와 달리 의결권은 없지만 선순위 변제권을 갖는 우선주(Preferred Shares)를 선호하는 투자자에게 더욱 불리하다. 주로 벤처 캐피탈과 같은 기관 투자자가 투자 위험을 줄이기 위해 선순위 변제권을 갖는 우선주를 선호하며, 이런 상황을 주로 시리즈 A에서 겪게 된다.

앞서 설명했듯이, 시드머니 단계에서는 주로 창업가 자신과 친구 및 가족으로부터 자금을 조달하며, 이들 창립 파트너에게 투자 대가로 보통주를 발행한다. 따라서 시리즈 A 펀딩라운드에서 자본구조를 살펴보면 대개 보통주로 조달한 자금으로 구성되어 있다. 시리즈 A에서는 최대주주 지분율을 고려하여 보통주와 달리 의결권이 없는 우선주가 기업 통제 측면에서 좋은 옵션이 될 수 있다.

우선주는 보통주보다 가치가 낮지만, 선순위 변제권을 갖는다. 하지만 자진 청산의 경우를 제외하면 실제로 기업 파산 시 채권자들도 손해를 입게 되므로 우선주의 변제권은 실질적 효과가 없다. 만약 시리즈 A 펀딩라운드 이전에 이미 은행대출을 통해 상당한 부채를 조달했다면, 변제 순위가 밀려난 우선주 발행을 통한 자금조달이 어려울 수 있다는 점을 기억하자.

거의 예외 없이, 대출기관은 유·무형 자산을 담보로 사업자금을 빌려준다. 담보 대출에 대한 채무불이행은 결국 담보 자산의 소유권 상실을 의미한다. 담보 자산이 지적 재산권처럼 사업 운영상 필요한 핵심 자산이면, 스타트업의 생존 자체를 위험에 빠뜨릴 수 있다. 어떤 투자자라도 채무불이행 위험이 높고 핵심 자산을 잃을 가능성이 조금이라도 있다면 투자 결정을 주저할 것이다.

조기상환 위약금(Prepayment Penalty)은 기업 통제 측면에 잠재적으로 유해한 부채 조항이다. 채무자가 상환 만기일 전에 상환하려 한다면, 채권자가 나머지 기간의 이자 수익을 상실한 대가로 부과하는 일종의 위약금이다. 창업가는 이러한 조기상환을 통해 금융비용(이자총액)을 낮출 수 있지만, 대출기관은 위약금 설정을 통해 조기상환을 억제하고자 한다.

사실, 스타트업의 수익성과가 높을수록 여러 재원을 통한 자금조달 기회가 많아진다. 그러면 채무불이행의 위험이 현저히 낮아지기 때문에 채권자는 보다 낮은 이율에 자금을 제공할 용의가 있고, 그 결과 창업가는 보다 낮은 금융비용으로 부채를 활용할 수 있다. 따라서 사업 성장 시에는 더 낮은 이율을 제시한 다른 대출기관으로 옮기기 위해 기존 부채를 상환하는 것이 자본구조 개선에 큰 도움이 된다. 하지만 조기상환 위약금 조항은 원천적으로 창업가의 선택권을 빼앗으며, 결국 자본구조에 대한 창업가의 통제력 상실을 불러온다.

그렇다고 조기상환 위약금 조항이 나쁜 것만은 아니다. 조기상환 기회 자체가 없기 때문에, 상환 만료 시점까지 부채를 통한 추가 자금조달이 불가능하다. 무담보대출을 제공할 은행은 거의 없기 때문이다.

스타트업의 채무불이행 위험을 염려하는 대출기관은 성과 트리거(Performance Trigger)를 대출조건으로 설정하기도 한다. 성과 트리거란, 창업가가 신청한 전액 대출을 유보하고, 특정 목표 성과를 달성했을 때 나머지 금액을 제공하는 것이다. 예를 들어, '출시 제품의 목표 판매량 도달 시 추가 5억 원의 대출금을 채무자에게 제공한다'와 같은 조항이다.

성과 트리거는 강력한 통제 도구이다. 제시한 목표 성과를 기업이 달성하지 못하면 채권자는 즉각 상환을 요청하기도 한다. 결국, 경영진은 장기적 성과 목표를 포기하고, 오직 단기 수익을 창출하는 데 전념하게 된다. 전략적 관점에서 벤처 비즈니스의 지속 가능한 성장과 부가가치 창출에 아무런 도움이 안 된다는 사실을 알고 있지만, 결국 제품 가격을 낮추고 판매율을 높이는 방식으로 말이다.

| 공적 자금

주식과 부채를 통한 자금조달에서 발생할 수 있는, 이상의 통제 문제가 공적 자금에선 찾아보기 어렵다. 하지만 때때로 공공지원기관이 이행 불가능하고 충족하기 어려운 조건을 제시하곤 한다. 자금 수혜 후 이들의 요구조건이 통제 메커니즘으로 작용할 수 있다. 엄격한 자금 용도 제한이 가장 일반적인 통제 방식인데, 이 경우 유연한 자금 활용이 어렵다. 이러한 이유로 공적 자금 신청 전에는 반드시 조건 충족을 위한 시간과 노력이 충분한 가치가 있는지를 판단해야 한다.

공공지원기관이 제공하는 공적 자금의 또 다른 문제는 지원 대상 사업을 한정하는 것이다. 실제로 공적 자금이 유일한 재원인 스타트업들을 살펴보면, 지원기관의 요구조건을 맞추고자 의도적으로 초기 제품 개발 계획을 수정하는 모습을 발견할 수 있다. 혁신적인 스타트업이 단순히 공적 자금의 수혜 기준에 부합하려고 본연의 비전과 목표, 가치를 포기하면, 결국 스스로 나쁜 돈을 추구하는 것과 진배없다.

정부의 공적 자금 지원 프로그램은 이들의 정책적 목적을 스타트업이 대신 달성하는 것이며, 이를 위해 지원기관의 명령과 통제를 받는 것임을 명심해야 한다. 창업가의 목표는 기업을 둘러싼 내·외부 이해관계자의 공동 목표를 달성하는 데 있음을 잊어선 안 된다. 아래의 사례와 같이, 지원기관의 요구조건을 이행할 때 향후 펀드레이징 활동상 심각한 문제를 겪을 수 있다.

얼마 전, 한 공공 지원 사업을 살펴봤다. 정부가 정책적으로 성장시키려는 소프트웨어 산업에서 혁신 제품을 개발할 스타트업에게 아무 조건 없이 사업 자금을 지원한다는 것이다. 소위 말하는, '공짜 돈'이다. 하지만 해당 지원 사업을 면밀히 검토한 결과 심각한 문제를 발견했다. 지원기관에 소프트웨어 산업에 관한 전문지식과 경험을 갖춘 자가 아무도 없다는 점이 첫 번째 문제이다. 대체 신청서를 심사할 자가 누구란 말인가? 해당 기관이 소프트웨어 사업과 관련하여 올바른 비재무적 지원을 제공할 수 있을지 의문스러웠다. 자금 용도를 엄격히 제한하고 있다는 점이 더 심각한 문제였다. 너무 까다로워서, 오히려 신청서조차 제출하지 말라고 권고하는 것처럼 느껴졌다. 우선, 공적 자금을 장비 임대료로 사용할 수 있지만 자산 구입비로 사용해선 안 된다. 수혜자가 공공 기금으로 자산 소유를 방지하여, 기업 파산 시 자산 소유권 분쟁을 막기 위함일 것이다. 이 정도의 조건은 충분히 이해할 수 있다. 그런데, 업체 계약대금으로 자금을 사용할 수 있지만 직원 급여로 사용해선 안 된다. 아마도 이 조건은 창업가가 자기 급여 수준을 높이고자 자금을 활용하지 못하도록 방지하기 위함일 것이다. 그런데 소프트웨어 개발 업체에서 가장 큰 비용 항목이 무엇인가? 다름 아닌 개발자 급여다. 이 공적 자금을 받으면, 개발자 모두를 해고하고 하청 개발업체와 계약을 맺어야 한다.

만약 위와 같은 스타트업 지원 사업에 참여한 기업은 사업 성장에 필요한 인적 자원을 고용하고 물적 자원을 구입하고자 또 다른 펀드레이징 활동을 진행해야 할 것이다. 하지만 투자자는 기업이 우수한 인적·물적 자원을 이미 확보한 상태에서, 자금만 투입하면 곧바로 사업 활동이 일어나길 바란다. 이 모순적인 상황을 완벽히 해결할 대안을 가진 스타트업이 과연 있을까?

워크포인트

이번 장에서는 투자자 유형을 구분하고 각 유형의 특징에 대해서 상세히 설명했다. 창업가와 스타트업에 대한 이들의 요구사항과 조건도 알아봤다. 아래와 같은 KYI 요소에 대한 이해는 펀드레이징 활동에서 투자자가 파놓은 함정을 피하고, 스타트업에 최대 가치와 지원을 제공할 투자자를 비즈니스 파트너로서 식별하는 데 도움이 된다.

- KYI 제1요소 : 모든 투자자는 이윤을 추구한다.
- KYI 제2요소 : 투자자는 각자 다른 기대와 역량을 갖고 있다.
- KYI 제3요소 : 투자자는 기업의 성공 요인을 분석한다.
- KYI 제4요소 : 돈은 충분 요건이 아니다.

창업가는 앞으로 대면할 투자자가 과연 기업 성공에 유익하고 가치 있는 비즈니스 파트너로서 적합한지를 평가해야 하다. 스타트업 비즈니스에서 투자자를 파악하는 것은 시장과 고객을 이해하는 것만큼 중요한 일이다. 1장에서 쌓은 펀드레이징 기초와 본 장에서 설명한 KYI 요소는 이후의 모든 장에서 소개한 스타트업 펀드레이징 전략을 이해하는 데 중요한 밑거름이 된다. 따라서 정독을 재차 권유하는 바이다.

Chapter 3

전략적 관점에서 사업 계획서 작성하기

이번 장에서는 사업 계획서(Business Plan)의 역할과 그 가치에 대해서 설명한다. 사업 계획서 작성 시 창업가가 추구해야 할 스타트업의 내·외부 주요 목표들은 무엇이며, 사업 계획서의 각 항목에서 충족해야 할 핵심 요소들에 대해서 살펴볼 것이다. 또한 앞 장에서 설명한 각 투자자 유형에 적합한 맞춤형 사업 계획의 작성 방법과 원칙에 대해서도 논의할 것이다.

사업 계획서의 가치

성공한 사업가일수록 사업 계획서의 중요성과 가치를 정확히 파악하고 있다. 훌륭한 사업 계획은 스타트업의 펀드레이징 전 과정에서 잠재 투자자에게 벤처 비즈니스의 시장성과 상업성을 정확히 전달하고, 이들의 투자 결정에 중요한 근거를 제공한다. 또한 주기적인 사업 활동 업데이트에 필요한 기초 자료로써 사업 계획서를 반드시 작성해야 한다. 즉, 사업 계획서는 단순히 미래의 사업 활동을 계획하고 구성하는 데 그치는 것이 절대로 아니다. 잠재 투자자에 관한 KYI 요소를 통합적으로 고려하여 벤처 비즈니스를 구성하는 내·외부 환경요소에 대한 암묵적 지식을 명시적 형태로 전환하는 사업 계획서를 작성하는 과정에서 투자자에게 기업 가치를 어떻게 입증할 것인지 고민하게 된다. 즉, 이러한 사업 계획서의 초안 작성이 전략적 펀드레이징 활동을 개시하는 첫걸음이다.

우선, 사업 계획서 작성의 '가치'에 대하여 살펴보자. 사업 계획서를 작성하는 동안 경영진은 비즈니스에 대한 자신의 생각, 목표, 방향, 우선순위 및 전략을 공유하고, 이에 관하여 일관된 계획을 세울 수 있다. 경영진이 KYI 조사를 통해 얻은 투자자 분석 결과와 벤처 비즈니스에 대한 브레인 스토밍 과정에서 얻은 새로운 발견(Discoveries)을 근거로 비즈니스 목표, 우선순위 및 전략 등을 도출할 수 있다. 사업 계획서 및 관련 문서를 작성할 때 새로운 핵심 발견이 이루어지면, 비즈니스 목표 달성과 전략적 우선순위가 가능하도록 기존 계획을 수정·보완·삭제·구성할 수 있다. 따라서 사업 계획서 작성의 주요 목적은 바로 그 작성 과정에서 이루어지는 새로운 발견을 통해 보다 현실적이고 효과적인 계획을 수립하는 데 있다.

펀드레이징 활동과 무관하게, 사업 계획서 초안을 반드시 작성해야 한다. 설령 외부 재원으로부터 자금을 조달해야 할 필요가 없더라도 말이다. 사실, 모든 것이 명확하지 않은 초기 성장 단계에 속한 스타트업일수록 어떤 문제를 어떻게 수정하고 보완할지를 잘 모른다. 우선, 가상의 잠재적 투자 기회를 상상하여 사업 계획서에 창업가의 생각과 목표를 반영·투영하고 초점을 맞추어 가면서, 불확실한 사업 전략을 가시화시킬 수 있다.

즉, 기업을 둘러싼 상황이 불확실할수록 사업 계획서를 작성해야 한다. 이를 통해 사업 초점을 명확히 하고, 경영진이 수립한 전략이 내포한 문제점과 이슈를 발견할 수 있다. 이를 해결하기 위한 고민의 과정에서 보다 효과적이고 현실적인 사업 전략을 수립할 수 있다. 경영진은 사업 계획서 작성을 통해 위험과 불확실성을 내포한 벤처 비즈니스와 관련된 모든 요소를 고려하여, 투자자 관점에서 가치 있는 사업 성공 요인을 보다 발전시킬 수 있다.

이러한 사업 계획서 초안을 작성하는 과정을 통해 창업가는 비즈니스에 대한 자신의 생각을 명확하고 일관성 있게 정리할 수 있다. 하지만 대부분의 창업가는 필요에 따라 사업 계획서의 각 섹션을 개별적으로 작성·수정하는 경향을 보인다. 이런 계획서는 대개 그 내용이 비연속적이고 단절되어 있다. 섹션 간 내용이 심각한 불일치를 보이는 사업 계획서는 펀드레이징 활동에 대한 창업가의 불성실성을 대변하며, 최악의 경우 사업 계획서를 신뢰하지 않는 투자자는 더 이상 펀딩 기회를 제공하지 않을 것이다.

사업 계획서에서는 고객 문제를 정확히 규명하고, 이에 대한 솔루션(해결·충족되지 않은 고객 문제 및 니즈에 대하여 효과적으로 가치를 제공할 수 있는 방법)을 제시해야 한다. 그리고 솔루션이 내포한 가치제안을 고객에 전달하기 위한 마케팅 계획을 수립해야 한다. 물론 경쟁사 식별을 위해서 시장과 제품을 명확히 정의해야 한다. 추정 마케팅 비용과 자금 사용 진술서를 기반으로 효과적인 재무 계획을 수립하고, 현실적인 출구 전략을 구체화하여 투자 수익 극대화를 실현하기 위한 방법을 설명해야 한다. 이렇게 사업 계획서를 투자자에게 제시할 만큼 체계와 구성을 갖추면 비로소 기초 준비가 완료된 것이다.

사업 계획서는 가장 기본적이자 매우 중요한 투자 심사 요소이다. 향후 펀딩라운드에서 만날 여러 투자자 유형에 따라서 시장 상황, 전략, 재정 상태, 제품 기능 수정 등의 변화를 사업 계획서에 주기적으로 반영하고 업데이트해야 한다. 당연히 사업 초점, 전략 및 목표를 자주 변경하는 것은 바람직하지 않지만, 돌판 위에 새긴 절대불변의 사업 계획서는 더 큰 문제가 있다. 시간 흐름에 따라 시장과 고객 니즈는 항상 변하고, 이에 따라 필요한 기술 속성도 변하게 마련이다. 경쟁 환경의 변화에 민첩히 대응하려면 반드시 사업 계획서의 수정·보완이 필요하다.

진화하지 않는 경직된 사업 계획서는 아무 쓸모가 없다. 투자자는 사업 계획서가 급변하고 예측 불가능한 현실의 일부를 보여주는 청사진일 뿐이라는 사실을 잘 알고 있다. 하지만 유연하고 탄력적인 사업 계획서를 작성하여, 환경 변화에 신속히 대응하는 전략적 경영관리를 위한 지침서로 활용하길 바란다. 마치 소프트웨어 개발 시 새로운 코드가 기존 코드를 손상하지 않도록 항상 테스트하고 검증하듯이, 사업 계획서에 대한 새로운 수정·보완 역시 일관성을 유지하도록 초점을 맞춰야 한다. 만약 일관성 확보가 어려운 경우에는 사업 계획서를 새롭게 작성해야 한다. 이러한 사업 계획서상 일관성 확보 검증은 스타트업 비즈니스를 둘러싼 여러 요소 간 상호관계를 파악하는 귀중한 기회를 제공하기도 한다.

위와 같은 조직 내부 목적과 함께, 투자자로부터 필요한 사업자금을 조달하는 것이 사업 계획서 작성의 외부 목적에 해당한다. 그렇다면 사업 계획서를 요구하지 않는 잠재 투자자를 위해서도 사업 계획서를 작성해야 하는가? 이에 대한 대답은 '그렇다'이다. 설령 투자자가 사업 계획서를 검토하지 않더라도(실제로 이런 상황은 없다), 창업가는 투자자의 질문, 특히 사업 및 출구 전략에 관한 주요 질문에 답한다. 이때 사업 계획서에 제시된 합리적 근거를 기반으로 보다 현명히 답변해야 한다. 항상 다음과 같은 시나리오를 염두에 두라.

사업 계획서 중 사업 개요만 검토하는 투자자에게 유망 창업가를 소개해준 적이 있다. 급하게 사업자금이 필요한 창업가는 핵심 요약서만 들고 투자자를 만났다. 한 시간도 지나지 않아 두 사람은 서로 크게 실망했다. 투자자는 창업가의 비즈니스 모델을 완벽히 이해하지 못해 많은 질문을 했고, 당연히 창업가는 투자자의 질문에 만족스러운 대답을 못했다. '사업 계획서의 부재'가 문제의 원인이었다. 결국, 투자자가 창업가에게 무수히 많은 질문이 적힌 리스트를 주는 것으로 회의가 끝났다. 창업가는 자신의 비즈니스를 제대로 이해하지 못하는 투자자에게 실망감을 느끼고, 투자자는 완벽한 준비 없이 섣불리 펀드라운드를 진행한 창업가에게 불만을 토로했다. 이 협상 테이블에서 가장 많이 나온 말이 '(성과예측에) 아무런 근거가 없다' '(위험 요소를) 하나도 고려하지 않았다' '도대체 (목표시장이) 이해가 안 된다'이었다. 제대로 된 사업 계획서 한 부만 테이블에 놓여 있어도, 이런 절망적인 상황은 절대 일어나지 않는다.

투자자는 창업가의 비논리적 계획 사항을 집요하게 파고들어 질문 공세를 퍼부을 것이다. 이런 상황에 효과적으로 대처하려면 사업 계획서를 작성하는 가운데 투자자의 질문을 예상하고 적절한 답변을 마련해야 한다. 그 결과, 창업가는 실제 협상 테이블에서 투자자의 질문에 논리적이고 설득력 있는 답변을 제공할 수 있다.

5장에서 설명하겠지만, 펀드레이징 프레젠테이션의 주요 목적은 사업 목표를 어떻게 달성하고 수익을 어떻게 창출할 것인지를 명확히 보여주는 데 있다. 이에 관한 논리성과 합리성, 그리고 현실성이 바로 사업 계획서에서 나오는 것이다.

사업 계획서의 구성

사업 계획서의 목적은 잠재 투자자의 투자 기준이 충족되었고 추구하는 성공 요인이 존재한다는 사실을 입증하는 것이다. 따라서 앞 장에서 기술한 KYI 분석 활동의 일환인 사업 계획서 작성은 잠재 투자자의 특성을 파악하는 것부터 시작한다.

사업 계획서의 필수 구성요소는 다음과 같은 순서로 이루어져 있다. 각 섹션에서 펀드레이징과 관련된 KYI 요소를 어떻게 적용하는지 설명할 것이다.

- 사업 개요
- 문제 정의 및 솔루션
- 제품·서비스 설명
- 가치제안
- 마케팅 계획
- 경영진
- 전략 파트너 소개
- 사업 운영 및 확장 계획
- 기업목표
- 마켓 포지션 및 견인력
- 위험 요소
- 재정 상태
- 출구 전략

사업 개요

두꺼운 사업 계획서를 간결하게 정리한 사업 개요(Executive Summary)를 통해 잠재 투자자는 벤처 비즈니스를 개괄적으로 이해할 수 있다. 즉, 사업 개요는 기업의 이력서와 같다. 보통 이력서는 예비 고용주로부터 면접기회를 얻기 위해서 이들의 관심을 불러일으키는 것이다. 사업 개요의 목적도 잠재 투자자에게 매력적인 투자 기회를 인식시키고 프레젠테이션 기회를 얻거나 추가 정보를 요청하도록 만드는 데 있다.

사업 개요는 사업 계획서의 첫 번째 섹션이지만, 다른 모든 섹션의 작성이 완료된 후에 맨 마지막으로 별도로 작성되는 게 일반적이다. 사업 개요를 간단하고 효과적으로 작성하는 방식은 사업 계획서의 각 섹션을 한 단락 정도로 요약한 후 동일한 순서로 구성하여 정리하는 것이다. 사업 개요에서는 사업 계획서의 모든 섹션을 상세하게 다룰 필요는 없다. 주로 문제 정의와 솔루션, 가치제안, 시장분석, 경쟁업체 및 차별화 요소, 시장진입전략, 경영진, 전략 파트너 및 견인요소, 재무요약 및 출구 전략의 핵심 내용만 간추려 보고하고, 보완 및 추가내용에 대해선 투자자가 직접 해당 섹션을 찾아보도록 만들어야 한다. 이처럼 명확하고 간결하게 작성된 사업 개요는 사전에 파악된 투자자의 특성을 모두 반영하고 있어야 한다.

대체로 두세 페이지에 불과한 사업 개요에서는 반드시 벤처 비즈니스가 매력적인 투자 기회로서 보다 심도 깊은 검토가 필요하다는 사실을 느끼도록 만들어야 한다. 불과 몇 페이지의 사업 개요를 읽고 스타트업의 벤처 비즈니스와 관련된 모든 사항을 이해하기란 불가능하다. 따라서 잠재 투자자의 개괄적이지만 명확한 이해를 도모하고, 궁극적으로 어떠한 방법으로 목표 성과를 달성할 것인지에 대하여 의구심을 갖도록 만들어야 한다. 약간의 의구심이 있어야 투자자는 사업 계획서 본문을 본격적으로 읽고, 창업가는 보다 상세한 계획에 대한 추가요청을 받을 수 있다.

문제 정의 및 솔루션

사업 계획서의 문제 정의 및 솔루션(Defined Problem and Solution)에서는 아직 해결되지 않은 고객 문제를 정의하고, 자사의 제품과 서비스가 어떻게 이에 대한 솔루션으로 작동할 수 있는지 설명해야 한다. 문제를 정의할 때는 왜 이것이 중요하고 반드시 해결해야 하는지를 설명하여, 제안된 솔루션의 정당성을 확보해야 한다. 잠재 투자자는 '왜 테이블에 놓인 사업 계획서를 읽어야 하는가'에 대해 정당한 이유가 필요하다.

솔루션의 가치가 높다는 것은 해당 제품과 서비스의 잠재수요가 높다는 점을 의미한다. 만약 솔루션의 수요를 충분히 입증하지 않으면 목표시장, 가치제안, 견인력, 잠재 전략 파트너 및 출구 전략에 관한 후속 논의의 타당성이 결여된 것과 마찬가지다. 따라서 문제 정의와 솔루션 제시는 앞서 논의한 사업 개요의 다음 섹션으로 배치하는 것이 올바르다. 이 섹션은 종종 시장 기회(Market Opportunity)라 불린다.

2장에서 KYI 제3요소에 대한 논의 중 가치제안에 대해서 설명할 때 다음과 같은 질문을 언급했다. "제품·서비스로부터 혜택을 얻을 이는 누구인가?" 이 질문은 다음과 같이 바꿔 말할 수 있다. "과연 우리는 고객 문제를 어떻게 해결할 수 있는가?"

시장조사 및 고객 설문조사 등을 통해 사업 타당성 분석을 실시하면 이 질문에 대한 답을 구할 수 있다. 시장조사는 비교 가능한 타 비즈니스의 고객들이 제시한 피드백과 해당 사업 분야에서 유명조사기관이 수행한 시장보고서를 토대로 제품과 서비스의 잠재적 수요 정도를 평가하는 방식으로 진행되어야 한다. 설문조사는 잠재고객이 겪고 있는 문제가 무엇인지를 파악하고, 응답자에게 해결책을 제안할 수 있는 기회를 제공해야 한다.

그러나 잠재고객을 대상으로 한 설문조사결과를 사업 계획서에서 과장해선 안 된다. 본 섹션에서 제시한 설문조사결과는 사업 계획서의 나머지 섹션에서 제시된 내용을 뒷받침해야 한다. 마찬가지로 시장과 고객에 대한 초기 가정·가설의 수정하면, 사업 계획서의 나머지 섹션에도 영향을 미친다. 앞서 설명한 가치 있는 발견 중 하나로써, 이러한 가정과 가설의 문제점을 확인하고 올바르게 수정할 수 있는 기회를 얻을 수 있다.

잠재고객의 행동 분석과 측정은 창업가, 특히 기술적 관점에서 사업을 이해하는 기술기반 창업가에게 어려운 일이다. 그 이유는 고객 행동이 주로 이성적 차원이 아니라 감성적 차원에 이루어지기 때문이다. 이성적 사고에서 논리적이고 타당한 수요예측이 제품과 서비스에 대한 고객수요를 확신하도록 이끈다. 하지만 고객 행동(예 : 소비자의 구매예정 및 결정 의사)은 결코 이성적 사고에 근거하지 않는다. 감성적 요인 및 다른 비논리적 요인이 소비자 행동에 강력한 영향을 미친다. 따라서 고객 문제 정의 시에는 이러한 비이성적 및 감성적 요인을 파악하여 기술하는 것이 바람직하다.

펀딩 단계 이전에 수행된 알파 및 베타 테스트 결과는 잠재수요와 관련된 투자자의 질문에 대한 답변으로 사용될 수 있다. 프로토타입에 대한 사용자 테스트 의견을 제시하여 해당 제품·서비스가 고객 문제의 솔루션으로 훌륭히 작용한다는 창업가의 주장을 뒷받침한다. 만약 테스트 결과가 만족스럽지 않다면, 제품과 서비스를 전반적으로 재평가하거나 펀딩라운드 이전까지 개선 작업을 완료해야 한다. 긍정적인 사용자 테스트 의견을 확보했다면, 사업 계획서의 본 섹션에서 효과적 솔루션으로써 제품 유효성과 타당성의 근거로 제시하는 것이 좋다.

제품 수요에 대한 창업가의 맹목적인 낙관은 피하고, 가급적 이를 실증할 수 있는 경험적 증거를 잠재 투자자에게 제시해야 한다. 잠재고객이 겪고 있는 문제가 심각할수록 솔루션의 가치는 높아진다. 따라서 문제를 정의할 때는 잠재고객들이 현재 어떤 문제를 해결하기 위해 얼마나 많은 시간과 노력, 비용 등의 자원을 소모하고 있는지에 대한 구체적인 증거가 필요하다. 그리고 정의된 고객 문제에 대한 실용적이고 가장 효과적인 솔루션으로써 제품과 서비스를 정의해야 한다.

또한 문제를 정의할 때는 특정 잠재고객이나 제품 사용자가 직면한 일련의 문제점을 나열하게 되는데, 제품과 서비스가 솔루션으로 작동한다는 사실을 보여주려면 자사의 벤처 비즈니스가 다른 기업이 다루지 못했던 고객 문제를 어떻게 성공적으로 해결할 수 있는지, 그 과정에 대한 설명이 필요하다. 예를 들어, 다음과 같이 문제 정의와 솔루션을 간단히 작성할 수 있을 것이다.

"대다수의 프로젝트 관리자들은 고객의 우선순위 변경사항을 개발팀에 효과적으로 전달하는 데 엄청난 어려움을 겪고 있습니다. 우리의 제품은 프로젝트 관리자가 이를 효과적으로 달성할 수 있도록 도와줍니다. 결과적으로 효과적인 정보전달을 통해 생산성과 투명성이 향상되어 고객 서비스가 크게 향상됩니다."

문제 정의와 솔루션 섹션은 나머지 사업 계획서 섹션의 문맥을 결정한다. 그리고 잠재 투자자가 제품과 서비스의 유효성을 판단하는 기준이 된다.

제품·서비스 설명

제품·서비스 설명(Product·Service Description) 섹션에서는 기업이 개발하고 출시하려는 제품과 서비스의 기능 요소에 대한 투자자의 이해를 도모한다. 제품 및 서비스를 위해 개발된 놀라운 기술에 대해서 상세하고 포괄적인 설명은 불필요하다. 복잡한 것이라도 간결하고 명료하게 기술해야 한다. 잠재 투자자가 알고 싶어 하는 것은 단순히 제품의 작동방식, 주요 부가기능 및 대체재와의 차별화 요소뿐이다. 또한 기술적 요소보다는, 제품과 서비스의 혁신성이 어떻게 소비자의 니즈(예 : 비용 절감, 이익증대 등)를 충족하는 데 얼마나 효과적인지에 집중해야 한다. 그리고 경쟁제품과 비교하여 부가기능 또는 차별화 요소가 어떻게 소비자 및 사용자의 경험을 더욱 증진시키는지를 설명해야 한다. 잠재 투자자에게 제품과 서비스의 혁신성이 경쟁 구도를 바꿀 수 있다는 사실을 직·간접적으로 전달해야 한다. 혁신이 제공하는 부가가치와 파괴적 특성을 분명히 기술해야 한다.

제품과 서비스의 기능을 설명할 때에는 고객 입장에서 역동적 단어를 사용하면 좋다. 다음 예시를 통해 본 섹션에서 기술할 문구를 생각해보자.

"우리 회사의 맞춤형 검색·필터 기능은 사용자가 여러 항목을 쉽게 식별할 수 있도록 지원합니다. 또한 사용자는 본 재무관리 소프트웨어를 통해 여러 사업의 포트폴리오 실적을 분석하고, 단일 인터페이스에서 실시간으로 동시 거래를 수행할 수 있습니다. 경쟁 제품과 차별화되는 중요한 특징이 바로 온라인 원격조종입니다. 이제 사용자는 때와 장소에 구애받지 않고 언제 어디서든 재무관리 업무를 수행할 수 있습니다."

본 섹션에서 잠재 투자자는 제품과 서비스의 수익 잠재력을 평가할 것이다. 투자자의 상상을 자극하는 것은 매우 바람직하다. 잠재 투자자, 특히 비즈니스 스페이스를 파악하고 있는 전략 파트너의 경우, 제품과 서비스의 새로운 상업적 응용접근과 새로운 시장·고객 세그먼트를 발견하기도 한다. 주로 효과적으로 작성된 제품·서비스 섹션을 검토한 후 이러한 새로운 발견이 일어난다.

가치제안

개발한 제품과 서비스의 기능에 대해서 설명했다면, 이제 목표 소비자 및 사용자에게 어떤 이점을 제공하는지에 관한 가치제안(Value Proposition)을 보여줄 차례이다. 가치의 정량화는 매우 유용하다. 해당 제품을 사용함으로써 고객이 절감한 비용은 얼마인가? 어느 정도의 프리미엄 가격을 책정할 수 있는가? 더 큰 시장으로 확장할 수 있다면, 현재 보다 얼마나 큰 이익을 얻을 수 있는가? 가치제안을 구체화하려면 관련 시장보고서, 알파·베타 테스트 결과, 고객 타당성 조사 및 설문조사 등을 통해 경험적 증거를 수집해야 한다. 2장의 가치제안에 관한 논의에서, 가치제안을 표현할 수 있는 세 가지 질문에 대해서 살펴봤다.

- 목표 소비자 또는 사용자는 당신의 제품 및 서비스로부터 어떠한 혜택을 얻는가?
- 당신의 제품 및 서비스에 프리미엄을 지불할 자는 누구인가?
- 당신의 제품과 서비스는 보다 가격이 높거나 낮은 경쟁 제품과 비교하여 어떠한 특성을 지녔는가?

정량화된 가치제안의 예는 다음과 같으며, 이는 잠재 사용자 또는 소비자에게 제공하는 이점을 잘 설명한다. 이렇게 테스터 피드백을 인용한 마지막 문장처럼, 실제 증거를 활용하여 진술을 정량적으로 뒷받침해야 한다.

"당사 서비스를 이용하는 한 업체는 18% 증가된 고객 유지율을 보이고 있으며, 그 결과 관련 비용을 상당히 절감할 수 있었습니다. 광범위한 베타 테스트 결과에 따르면 모든 고객 세그먼트에서 당사 서비스로의 이용 전환율이 25% 증가한 사실을 발견했습니다. 이는 당사의 수익이 25% 증가했음을 의미합니다."

2장에서 가격보다 가치를 기준을 경쟁해야 한다고 언급했다. 이는 누가 왜 제품과 서비스에 프리미엄을 지불하고 구매할 의사가 있는지 정당화시키기 위함이다. 이는 다음과 같은 문장으로 표현될 수 있다.

"당사 제품이 경쟁사 제품보다 휴대성이 좋으므로 경쟁 제품 가격보다 20%의 높은 프리미엄 가격 책정이 가능합니다."

비교 가치 제안서(comparable value proposition statement)는 다음과 같다.

"당사의 광고 디스플레이는 잠재 구매자에게 비용 절감과 품질 향상을 동시에 추구할 수 있도록 설계되었습니다. 현재 시중에서 판매되는 디스플레이는 기술적으로 인상적이기는 하지만 고가의 제품이 주류를 이루고 있습니다. 그러나 이처럼 높은 가격은 잠재 구매자의 광고 수익에 견주어볼 때 매우 비합리적입니다. 몇 가지 저렴한 디스플레이가 판매되고 있지만, 품질과 디자인 및 내구성이 낮고 부피도 큰 편이라 광고 공간을 확보하는 데 어려움이 있습니다. 특히 저렴한 디스플레이는 수리 및 교체 빈도가 높아 유지보수비용이 많이 발생하고, 작동수명이 짧아서 단위당 광고수익이 적습니다."

앞서 제품·서비스 섹션에서 잠재 투자자로 하여금 제품과 서비스가 어떻게 가치를 창출하는지 상상하도록 유도하는 것이 중요하다고 설명했다. 가치제안 섹션에는 구체적으로 어떠한 가치가 있는지 기술하는 데 초점을 맞춰야 한다. 명시된 가치제안은 후속 섹션에서 벤처 비즈니스를 여타의 사업과 차별화시키는 중요한 기초역할을 담당한다.

마케팅 계획

마케팅 계획(Marketing Plan)의 목적은 다음과 같이 여러 사항을 입증하는 데 있다.

- 정의된 목표시장의 매력도(시장규모, 성장률 등)를 제시한다.
- 목표시장의 고객들에게 제품 및 서비스의 혁신이 왜 필요한지 설명한다.
- 강력한 비즈니스 케이스(Business Case)를 통해 차별화시켜라.
- 다른 경쟁사와 끊임없이 비교하라.
- 목표시장에 성공적으로 진입하고 성장을 이끌기 위한 전략을 제시한다.

2장에서 목표시장 정의, 가치제안, 상업적 생존력, 위험 완화 요인과 관련된 몇 가지 KYI 요소를 어떻게 충족시킬 것인지에 대해 설명했다. 이 활동에서 수집한 정보과 분석 내용을 활용하여, 마케팅 계획의 핵심 파트인 시장·산업 및 경쟁 환경을 정교화하고 마케팅 전략을 수립하는 것이 좋다.

| 시장·산업 환경

벤처 비즈니스가 속한 시장과 산업에 대한 분석 결과를 제시하는 본 섹션은 마케팅 계획의 전반적인 배경을 설명한다. 여기에서 기술해야 할 필수항목으로는 현재 시장규모와 성장 전망, 마켓 세그먼트(유통 채널, 지리적 및 인구 통계학적 특성), 시장 및 산업 역동성(트렌드, 참여자와 공급업체 간 상호관계), 소비자·사용자의 행동특성(선호도, 충족되지 않은 고객 니즈, 구매 의사 결정 시 우선순위 등)이 있다. 작성 과정 중 목표시장을 정의할 수 있는 기회를 얻을 수 있으며, 잠재고객과 시장규모 등에 대하여 보다 자세한 설명을 추가하면 좋다. 목표시장 정의에 관한 이상적인 예시 문구는 다음과 같다.

"시장규모는 현재 약 8조 원으로 추정되며, 연평균 34%의 성장률을 보이고 있습니다. 마켓 세그먼트는 개발자와 유통자의 수직적 비즈니스 관계로 이루어진 1차 시장, 그리고 사용자 간의 '피어-투-피어Peer-to-peer(P2P)' 관계로 이루어진 2차 시장으로 나뉩니다. 당사 제품은 2차 시장인 P2P 시장을 목표로 하며, 해당 시장규모는 약 3조 원으로 추정됩니다. 기술적 진보에 의한 접근성 향상, 안전한 지불 방식 및 보다 빠른 광대역 연결이 시장 성장을 주도하는 핵심 요소입니다. 5~10% 수준의 평균 라이선스 비용을 고려한다면, 당사 제품이 접근 가능한 시장은 1,500~3,000억 원의 규모가 됩니다. 아시아 시장이 P2P 시장의 70%를 차지하고 있으며, 사용자는 주로 25~35세 사이의 남성으로서 5,000~8,000만 원의 연평균소득을 보입니다. 사용자들은 거래가 쉬워서 P2P

시장을 선호하지만, 해당 시장이 겪고 있는 심각한 문제는 바로 사기 위험이 크다는 것입니다. 우리 제품은 다음과 같은 방법으로 이 문제를 효과적으로 해결합니다."

신뢰 가능한 출처의 통계치 또는 다른 형태의 증거를 활용하여 고객의 선호도와 니즈를 규명하고, 이에 대한 제품 및 서비스의 적합성을 설명하여, 주장의 근거를 마련해야 한다.

| 경쟁 환경

시장과 산업에 대한 설명을 마쳤다면, 이제 잠재 투자자는 경쟁 환경에 자연스레 관심을 갖게 된다. 마케팅 계획에서 본 파트는 직·간접 경쟁사를 식별하고 이들보다 나은 경쟁우위를 강조하는 데 목적이 있다. 경쟁 환경 파트와 관련된 KYI 요소로써 혁신성, 목표시장 정의, 가치제안, 상업적 생존 가능성, 위험 완화 요인 및 전략 파트너에 대한 이해가 선행되어야 한다.

직·간접 경쟁사를 비교 설명하는 몇 가지 방법이 있다. 간단한 방법은 경쟁사 정보를 개괄적으로 요약하는 것이다. 이보다 더 효과적인 방법은 경쟁사가 제공하는 제품기능, 목표시장, 서비스 수준, 운영초점, 개발 단계 등과 같은 다양한 사업 활동에서 어떠한 차이가 있는지를 매트릭스로 작성하는 것이다. 직접 경쟁사와는 별도로, 간접 경쟁사를 제시하고 간접 경쟁으로 여겨지는 이유를 설명한다. 간접 경쟁사는 일반적으로 목표시장에는 직접 참여하지 않지만 시장경쟁에 영향을 미칠 수 있는 회사이다. 그러한 간접 경쟁사를 식별하는 이유는 정의된 목표시장을 더욱 상세히 묘사하고, 현재 직접 경쟁사보다 경쟁열위(Competitive Disadvantage)에 있는 잠재 경쟁사의 존재를 규명하기 위함이다.

여기에서는 시장에서 경쟁력을 확보하고 유지하기 위해 필요한 자사의 경쟁우위(Competitive Advantage)를 몇 가지 기술할 필요가 있다. 이로써 경쟁업체와 비교하여 차별화된 요소를 잠재 투자자에게 인식시킬 수 있다. 또한 후속 섹션인 출구 전략을 성공적으로 이끌 경쟁목표를 제시해야 한다. 경쟁사보다 더 효과적인 기술을 개발했기 때문에 높은 수익을 창출하거나, 경쟁사가 간과한 고객 문제를 해결함으로써 마켓 리더십을 확보하는 등의 경쟁목표를 예로 들 수 있다. 어떠한 경쟁목표를 세우든, 잠재 투자자가 투자하려는 기업이 특정 시점에서 마켓 플레이어가 될 것이라고 믿을만한 이유를 제공해야 한다.

경쟁 환경 파트는 사업 계획서에서 위험 완화 요인을 강조할 수 있는 유일하고 이상적인 파트이다. 벤처 비즈니스 투자에 있어서 인지된 위험을 감소시키는 요인은 지속 가능한 경쟁우위로 작용한다. 특히 치열한 경쟁과 급격한 기술 발전으로 특징되는 시장에서 수익원의 다각화를 통해 다양한 고객들에게 접근·판매할 수 있다면, 단일 수익원에 의존하는 경쟁업체보다 훨씬 높은 경쟁우위를 확보할 수 있다. 여러 수익원을 확보한 스타트업은 전체 또는 시장부문별 매출성장을 관리할 수 있는 능력을 개발할 수 있기 때문이다.

제품과 서비스를 판매할 수 있는 다양한 마켓 세그먼트를 개발한 경우, 한 세그먼트의 성장은 사업 전체의 매출 증대로 이어지므로 잠재 투자자의 목표수익을 달성하는 데 훨씬 더 유리하다. 예를 들어, 웹매거진 서비스를 출시할 때 이용 기간 및 횟수에 따라 구독료의 다각화를 추구한다면, 단기간은 이용량이 줄어들더라도 사용량에 따라 비용을 부과하는 경쟁사보다 수익 안정성 측면에서 훨씬 더 유리한 포지션을 차지할 수 있다.

또 다른 경쟁우위는 제품 유연성(Product Flexibility)이다. 다용도성의 높은 상호 호환성을 지닌 제품과 서비스를 개발하는 것이다. 특정 소프트웨어 시장에서 자사와 타 업체가 데스크톱 사용자를 대상으로 경쟁하고 있다고 생각해보자. 치열한 경쟁 상황에서 자사 소프트웨어가 스마트폰 사용자에게도 유용하다는 사실이 밝혀지면서 수요가 급증했지만 경쟁업체 제품에는 이러한 호환성이 없다면, 이는 훌륭한 경쟁우위로 작용한다. 그리고 지적 재산권을 활용해 캡티브 마켓(Captive Market – 잠재 고객들이 제한된 공급자만을 만날 수 있는 시장)을 확보하는 것도 경쟁우위를 제공한다. 즉, 마케팅 계획에서 본 파트는 잠재 투자자에게 정의된 목표시장에서 스타트업이 마켓 플레이어로 성장할 수 있는 잠재력을 증명하는 파트이다.

| 마케팅 전략

이제 잠재 투자자가 정의된 목표시장과 경쟁 환경에 익숙해졌으므로 마케팅 전략을 제시해야 한다. 이 파트의 목표는 정의된 목표시장에서 제품 및 서비스를 어떻게 확립할 것인지를 설명하는 것이다. 4P로 대변되는 제품(Product), 가격(Price), 유통(Placement), 홍보(Promotion)의 중요성을 간과해선 안 된다. 다음과 같은 방식으로 투자자에게 제품 및 서비스의 4P에 대한 강한 인식을 심어줄 수 있다.

1) **제품.** 시장에 대한 관심을 고조시킬 수 있는 가장 효과적인 방법은 제품과 서비스의 독특한 고유특성을 제안하는 것이다. 제품과 서비스에 내포된 혁신성과 가치제안을 강조함으로써 경쟁 제품과 차별화할 수 있

다. 이는 홍보활동에서 제품의 특별함과 소비자·사용자가 누릴 이점에 관한 정보를 포함해야 한다. 경쟁 제품에는 포함되지 않은 기능·기술을 실현했다는 사실에서 고객 가치를 제안한다. 또한 향상된 기능 혹은 증진된 사용자 경험 등과 같은 다른 이점에 대해서도 논의할 필요가 있다.

만약 제품 및 서비스가 본질적으로 파괴적 혁신에 해당한다면, 혁신이 제공할 새로운 환경이 소비자와 사용자에게 유익한 영향을 미칠 수 있다는 점을 효과적으로 전달해야 한다. 이에 대한 예시는 다음과 같다.

"당사의 서비스를 통해 골동품 수집가들은 실시간으로 온라인 거래를 수행할 수 있으며, 이는 골동품의 투명한 가격 산정과 원활한 현금화를 가능하게 만듭니다. 이는 시장에 처음 선보이는 가치로써, 전략 투자자들의 높은 평가를 받았습니다."

2) 가격. 가격은 고객들이 제품 및 서비스를 구매·소비하기 위해 기꺼이 지불할 금액과 상응하며, 가격 전략은 이에 대한 분석에서 시작된다. 최적의 가격 책정이 이루어져야 하며, 그 중요성을 결코 과소평가해선 안 된다. 가격요소가 비즈니스 모델을 변화시키거나 파괴할 수도 있기 때문이다. 지나치게 높은 가격은 초기 단계에서 견인력이 될 충분한 시장 점유율과 수익을 확보하는 데 방해가 된다. 가격을 너무 낮게 책정하면 외부 이해관계자(고객과 공급자)는 좋아하겠지만 높은 수익을 기대하는 주주들을 무시하는 것과 다름없다. 식료품 가게를 한다면 낮은 마진에도 만족하겠지만, 높은 위험이 내포된 만큼 주주들의 기대 투자 수익률이 높은 벤처 비즈니스는 이와 다르다.

평소 알고 지내던 창업가는 클라이언트을 만난 첫 자리에서 판매 가격을 결정지었다. 거래 규모가 상당했다는 사실에 고무되었고, 클라이언트가 해당 거래에 매우 만족했다고 자랑했다. 해당 거래가 회사 이익에 얼마나 긍정적인 영향을 주었는지에 대한 질문에 창업가는 '가격만 놓고 본다면 거래를 중단해야 했지만, 워낙 거래 규모가 커서...'라며 말끝을 흐렸다. 거래 가격은 터무니없이 낮았다. 이 창업가는 주주의 이익을 보호하는데 실패했다. 낮은 가격 책정의 결과로 제품의 상업적 판매에는 성공했지만, 주주에게는 성공적인 투자회수를 불가능하게 만든 것이다. 고객과 공급업체는 매우 기뻐했을지 몰라도, 벤처 투자의 위험을 감수한 주주들은 매우 화가 났을 것이다.

가격 전략을 수립할 때에는 여러 요소를 고려해야 한다. 여기에는 시장 특성, 생산비용과 비즈니스 목표(제품 차별화, 수익 극대화 및 시장 점유율 확보) 등이 포함된다. 온라인으로 다양한 가격 책정 방법을 찾아볼 수 있지만, 대부분 투자 유치 중인 고위험 벤처 비즈니스에 적용하기 어렵다. 예를 들어, 가장 쉬운 방법은 비용기반 가격책정(Cost-based Pricing)인데, 이는 측정된 단위별 총 생산비용에 일정한 마진을 붙여 가격을 설정한다. 그러나 급속한 기업 성장, 우수한 마켓 포지셔닝, 높은 투자 수익률을 기대하는 전략 투자자를 매료시키기에는 바람직한 가격 책정이 아니다. 시장에서 가격요소만으로 경쟁하길 원한다면 결국 치킨게임이 될 것이다. 같은 이유로, 경쟁 제품 가격에 따라 제품 가격을 책정하는 경쟁기반 가격책정(Competition-based Pricing)도 그리 바람직하지 않다. 스타트업에 대한 고위험 투자를 정당화시키려면 차별화된 가격 전략이 필요하다.

벤처 비즈니스의 투자 유치를 위한 효과적인 가격 책정 전략을 수립하려면 가치기반 가격책정(Value-based Pricing) 또는 프리미엄 가격책정(Premium

Pricing)을 고려해볼 만하다. 가치기반 가격 책정은 제품 및 서비스에 대하여 소비자와 사용자가 인식한 가치를 측정하여 이를 제품 가격에 반영하는 것이다. 가치기반 가격 책정에서는 가격이 아니라 혁신적인 기능, 매력적인 기능, 탁월한 사용자 인터페이스 등의 고객 가치를 기반으로 제품·서비스의 가격을 책정한다.

그리고 프리미엄 가격 책정은 제품 및 서비스의 품질과 평판에 대한 인식을 높이기 위해 고의로 높은 가격을 책정하는 것이다. 물론 프리미엄 가격에 대한 타당한 근거를 마련하여 인식된 가치와 가격 간의 차이를 줄여야 한다. 만약 경쟁 제품과의 차별성을 입증하지 못하거나 잠재 투자자에게 높은 투자 수익을 보장하기 위한 판매 전략을 제시하지 못하면, 제품 및 서비스 가격에 프리미엄을 설정할 수 없다.

또한 가치기반 및 프리미엄 가격 책정을 통해 벤처 비즈니스의 강점을 부각할 수 있다. 작성된 가격 비교 매트릭스에서 상대적으로 고가 또는 저가인 경쟁 제품과 비교하여 자사의 제품 및 서비스가 고객들에게 더 훌륭한 구매·소비선택이 될 수 있는지 설명할 수 있다. 예를 들어, 고가의 경쟁 제품이 자사 제품보다 조금 더 우수하다면, 프리미엄 가격을 유지하기 어려울 것이다. 저가의 경쟁 제품은 필수기능이 빠졌거나 숨겨진 비용(Hidden Cost)이 있을 수 있다. 만약 자사 제품이 가격 매트릭스에서 고가 포지셔닝에 위치한다면, 이러한 프리미엄 가격 책정에 대하여 강력하고 반박할 수 없는 이유를 제시하여 가격 정당성을 확보해야 한다. 즉, 소비자·사용자가 프리미엄 가격을 기꺼이 지불해야 하는 타당한 이유를 제시해야 한다.

제품과 서비스의 생산 프로세스 개발을 통해 경쟁 제품과 비교하여 상대적으로 높은 품질에 낮은 가격을 책정할 수 있다. 이런 상황은 가격 경쟁이 치열하거나 가격에 민감한 시장에 진입할 때 유용하며, 고품질·저가격 제품과 서비스에 고객들은 높은 매력을 느낄 것이다. 이때에는 다음과 같은 세 가지 사항을 고려하여 본 섹션을 작성하는 것이 좋다.

- 상대적 저가 책정의 전략적 근거를 잠재 투자자에게 설명해야 한다. 예를 들어, 빠른 시장 점유율 확보를 통한 공격적 경쟁시도는 좋은 이유가 될 수 있다.
- 비교적 낮은 가격 책정에도 불구하고 매력적인 투자 수익률을 달성할 수 있는 방법과 이유를 제시한다.
- 원칙과 절차에 따라 책정한 가격으로 판매하겠다는 의지를 잠재 투자자에게 표명하라. 원칙과 절차를 무시하면 품질 하락이 발생하고, 이는 즉시 또는 향후에 경쟁열위로 연결될 수 있다.

가격 책정 전략에서 추구해야 할 궁극적인 목표는 최저 가격 책정으로 프라이스 리더(Price Leader, 가격주도자)가 아닌, 최적 가격 책정으로 프라이스 세터(Price Setter, 가격결정자)가 되는 것이다. 이를 위해선 제품과 서비스의 진정한 가치와 혁신 정도에 따라서 합리적이고 정확한 가격을 책정할 수 있는 역량이 있어야 한다. 프라이스 세터로서 책정한 가격이 목표시장에서 비교기준이 되는 벤치마킹 가격으로 활용되도록 만들어야 한다. 그 순간부터 스타트업은 다른 경쟁사들의 가격 전략에 직접적이고 상당한 영향력을 행사할 수 있는 강력한 마켓 플레이어로 성장할 수 있다.

3) 유통. 목표 고객에게 제품과 서비스가 노출되는 빈도는 너무 낮거나 많아선 안 된다. 이러한 최적 노출 수준을 확보하려면 가장 효과적인 유통 채널을 선택·개발해야 한다. 적정 수준의 노출이 이루어질수록 시장 영향력이 높아지고, 주요 마켓 플레이어로서 성장할 가능성이 커진다. 본 섹션에서는 잠재 투자자에게 주요 유통 채널과 그 이유를 설명하는 데 목적이 있다. 추가 대안으로 적용 가능한 다른 유통 채널을 제시하면 좋다.

효과적인 유통 채널이란 기본적으로 제품·서비스 유형과 대상 소비자·사용자 특성을 고려하여 판매량과 마진을 극대화할 수 있는 유통 채널을 의미한다. 이러한 전통적인 유통 채널 개념은 여전히 유효하다. 그러나 기존 채널을 적절히 선택·활용하거나 새로운 유통 채널을 구축함으로써 스타트업을 주요 마켓 플레이어로 발전시키기 위한 전략적 관점에서는 몇 가지 추가 고려사항이 있다. 기존 채널을 통해선 새로운 고객 가치를 담은 제품과 서비스의 혁신성을 고객에게 제대로 전달하기 어렵기 때문이다.

우선, 자사의 제품 및 서비스가 기존 유통 채널의 작동방식을 획기적으로 변화시키는지 살펴봐야 한다. 예를 들어, 최근 급속히 발달한 블록체인 기술을 활용하여 가상화폐의 합법적 거래 및 환전 서비스를 제공하는 비즈니스는 의도치 않게 가상화폐 투기거래라는 새로운 작동방식을 만들어냈다.

또한 자사의 제품 및 서비스가 목표시장에서 기존 유통 채널을 대체하거나 새로운 유통 채널을 구축할 수 있는 혁신성을 내포하고 있는지 살펴봐야 한다. 실례로, 아이튠즈(iTunes)는 온라인 음원 판매를 위한 새로운 유통 채널을 구축함으로써 전통적인 음원 유통 시장을 대체했다.

두 시나리오 모두 전략 파트너와 잠재 투자자의 관심과 흥미를 최대로 높일 수 있고, 그 결과 상호 전략적 목표를 효과적으로 달성할 수 있다.

4) 홍보. 전통적인 홍보 목표(매출 증대, 브랜드 및 제품 이미지 구축 등)와 방법은 벤처 비즈니스에서도 여전히 유효하다. 그러나 새로운 가치제안을 내포한 벤처 비즈니스에서는 선택한 홍보방식이 전략적 목표를 달성하는 데 도움이 되는지는 적합성을 판별해야 한다. 제품과 서비스의 혁신적 기능이 아니라, 해당 기능을 활용하여 소비자·사용자가 얻을 혜택을 효과적으로 전달해야 한다. 이러한 방식으로 제품과 서비스(또는 브랜드)의 혁신적 이미지를 증진시켜야 한다. 목표시장과 제품특성에 따라서 제품시연, 콘테스트, SNS 홍보와 같은 비교적 새로운 광고 접근법을 활용할 수 있을 것이다. 특히 언론매체를 통해 호의적인 제품 이용 후기를 홍보한다면, 잠재고객의 제품과 서비스에 대한 신뢰와 호감을 얻을 수 있다. 스타트업의 홍보 대상은 잠재고객뿐 아니라 잠재투자와 전략 파트너까지 포함해야 한다는 점을 반드시 기억하길 바란다.

이상의 4P 전략을 통해 향후 시장 진입 후 마케팅 계획을 간략히 살펴봤다. 한편, 스타트업의 사업 계획서에서는 추가로 제품과 서비스의 상업적 출시를 위한 성공적인 시장 진출 전략을 제시해야 한다.

| 시장 진출 전략

시장 진출 전략은 무엇이며 어떻게 수립해야 하는가? 스타트업이 새로운 마켓 플레이어로서 초기에 목표시장에서 경쟁적 지위를 확보하는 데 중요한 시장 진입 전략은 제품 및 서비스의 상업적 출시와 성공적인 시장 진출을 위해 판매, 마케팅, 인력 고용, 개발 등과 관련된 총체적 활동 실행 계획을 담고 있다.

상업적 출시는 수익 창출을 목표로 마케팅 계획을 통해 대중에게 제품 및 서비스를 처음 소개·제공하는 것이다. 혁신성을 홍보하기 위해 먼저 알파·베타 테스트의 프로토타입을 대중에게 공개하기도 하지만, 본격적인 상용화 단계에서 출시되는 제품은 프로토타입보다 더 세련되고 상업적으로 활용하기 위해 필요한 모든 기능이 포함되어야 한다.

가격은 출시 후 가까운 시일 내에 수익을 창출하기에 충분한 수준으로 책정되어야 한다. 마케팅 계획상 최종 상용 제품을 출시하기 전에 알파·베타 테스트를 위한 프로토타입을 공개하는 것을 가리켜 소프트 런칭(Soft Launch)이라고 한다. 주로 최초 시장 출시에서 혁신적 제품 및 서비스에 대한 고객 반응을 관찰하고 개선점을 찾기 위해서, 또는 성공적인 최종 제품 출시를 위한 자금조달이 아직 불충분하거나 마케팅 계획상 준비가 미흡한 경우에 소프트 런칭을 실시한다.

전략적 투자 관점에서는 반드시 효과적인 시장 진입 전략의 수립이 필요하고, 이를 위한 핵심 열쇠는 강력한 실행력이다. 즉, 제품과 서비스의 상업적 출시 직후 가능한 한 빨리 마케팅 계획상의 모든 활동계획을 실행하고 검증해야 한다. 여기서 검증해야 할 KYI 요소로는 상업적 생존력, 정의된 목표시장, 가치제안과 위험 완화 요인이 포함된다. 공동 마케팅의 효과성과 자금 사용도의 타당성도 검증해볼 사항이다. 마케팅 계획의 구성요소인 가격 전략, 판매 유통 채널 및 홍보 방법의 선택도 그 유효성을 확인해야 한다.

벤처 비즈니스의 성공 여부는 제품과 서비스의 성공적인 출시에 달려 있다. 출시 후 실패는 벤처 비즈니스 자체를 재기불능 상태에 빠뜨릴 수 있으므로 시장진입전략을 수립할 때에는 세심한 주의가 필요하다. 단일 유통 채널에 의존하기보다는 채널 다각화를 통해 선택 가능한 여러 유통 채널에서 상업적 출시의 성공 가능성을 키워야 한다. 소프트 런칭의 경우에는 다양한 유통 채널과 홍보 방법을 비교하고 전략적 가격을 책정할 기회가 없을 수 있다.

시장 진입 전략을 성공적으로 실행한다면, 후속 펀딩 단계(시리즈 B)에서 잠재 투자자에게 비즈니스 모델의 수익성을 관찰할 수 있는 기회를 제공할 수 있고, 수립된 향후 기업 성장 전략과 그 실행에 대하여 강한 신뢰를 받을 수 있다. 그리고 스타트업의 경영진은 비즈니스 전략 전반에서 필요하거나 바람직한 수정사항을 파악할 수 있고, 종합적인 사후 실행 분석을 수행할 기회를 얻게 된다.

경영진

사업 계획서에서 경영진(Management Team)을 소개하는 섹션의 목적은 경영진이 갖춘 강점을 전달하고, 왜 '우리'가 사업 계획의 효과적인 실행을 위해 가장 적합한 팀인지를 설명하는 데 있다. 잠재 투자자는 이 섹션을 통해 경영진의 자격을 검토하고, 근면성과 성실성, 벤처 비즈니스에 대한 열정을 확인하고 싶어 한다. 스타트업 투자에서 부인할 수 없는 한 가지 진실은 바로 투자자는 제품이 아니라 사람에게 투자한다는 점이다. 따라서 경영진의 성명, 직책, 직무와 같은 일반적 사항을 평범하게 기술하면 큰 실수를 저지르는 것이다. 잠재 투자자도 CEO, CFO 및 CTO의 직무에 대해선 잘 알고 있다.

각 경영진 구성원에 관한 경력 기술서를 통해 잠재 투자자에게 경영진을 보다 매력적으로 소개할 수 있다. 경력 기술서는 직무와 관련하여 각 구성원의 업무 경험, 교육 배경 및 학력, 사업 관계, 정보력, 팀원 간 관계, 기회비용 등에 대하여 설명한다. 이 모든 요소를 포괄하는 경영진 소개의 예시는 다음과 같다.

"X은 당사의 설립 파트너이자 투자자로서 현재 CEO를 역임하고 있습니다. 전기공학 학사와 MBA 학위를 받은 X은 15년간 로봇공학 분야의 선도업체인 내셔널 로보틱스에서 컨설팅과 매니저 경험을 쌓은 후 지금으로부터 2년 전 엔지니어링 컨설팅 회사인 A를 공동 설립했습니다. 그동안 여러 대기업의 임원, 고위 공무원 및 로봇산업의 최고 개발자들과 좋은 관계를 맺었습니다. 그는 당사의 마켓 포지션을 강화하기 위해 이제까지 쌓은 산업 경험과 소중한 인적 네트워크를 활용할 것입니다. 당사의 공동 창립자이자 CFO인 Y는 X의 비즈니스 파트너입니다. 이곳에서 그는 당사의 COO인 Z와 좋은 관계를 맺었습니다. Z는 현재 당사의 전략 파트너인 B사의 소유주입니다. X는 당사의 CEO를 역임하고자 다른 회사에 대한 합작 투자 설립을 거절했습니다."

경영진 구성원의 자격, 전문기술 및 인적 관계를 제시하는 것만으로는 충분하지 않다. 팀원들 간의 업무분담 및 협력이 잘 이루어져 있고, 자신이 맡은 업무에 헌신적이고 주도적이며, 강력한 승부의 책임(Skin in the Game)을 갖고 있다는 사실도 입증해야 한다. 이러한 특성을 강조하는 진술에서는 적합한 단어와 문장을 사용하는 것이 무엇보다 중요하다. 경영진의 특성을 간략히 요약함으로써 이 섹션을 마무리하면 효과적이다. 이 요약에서는 다음의 사항에 유의해야 한다.

- 경영진의 완전성을 설명한다. 벤처 비즈니스의 핵심 직무에 적합한 자격을 갖춘 구성원이 배치되었는지 확인하고, 이에 대한 책임소재를 명확히 기술한다.
- 경영진이 느끼는 '승부의 책임'을 명시한다. 경영진 구성원이 맡은 직책을 언급하기보다는 창업 파트너로 소개함으로써 승부의 책임을 부분적으로 보여줄 수 있다. 경영진의 '공동 승부의 책임(Collective Skin in the Game)'을 보여주려면, 각 개인이 느끼는 상호적 의무감과 함께 극복해야 했던 고난과 역경을 기술하면 좋다. 망망대해에서 희생을 감수하고 벤처 비즈니스의 성공을 향해 항해하는 역전의 팀으로써 강한 의지로 결속되어 있다는 점을 강조하라. 성공을 향한 강한 결심은 잠재 투자자의 마음을 동요시킨다.
- 경영진이 유기적으로 기능한다는 점을 보여준다. 팀 구성원 모두가 합심하여 협력적으로 기능한다는 사실을 잠재 투자자들이 느낄 때 투자회수 성과에 대한 기대가 더욱 높아질 것이다.
- 공유된 강력한 비즈니스 비전과 동기를 제시한다. 경영진 모두가 합의한 비전과 동기를 통해서 잠재 투자자는 벤처 비즈니스가 올바른 방향으로 나아갈 것이라고 신뢰한다.
- 앞에서 권장한 바와 같이, 경영진 각 구성원과의 고용계약 체결 여부를 명시하여 법적 구속력을 행사할 수 있다는 사실을 보여준다.

어떠한 경우든 스타트업의 경영진은 협상 테이블 건너편에 앉아있는 잠재 투자자들보다 낮은 지위에 있을 수밖에 없다. 이런 상황에서 좀 더 유리한 협상 포지션을 얻으려면, 신원이 확실하고 업계 평판이 좋으며 비즈니스 스페이스를 잘 이해한 사람으로 이사회 또는 고문단을 구성해야 한다. 사업 계획서의 본 섹션에서는 이사진의 전기진술과 함께 이들이 스타트업을 지원하는 이유에 대하여 설명하면 좋다.

전략 파트너 소개

경영진에 대한 잠재 투자자의 확신을 얻었다면, 스타트업과 함께 상호목표를 달성하려는 전략적 비즈니스 파트너도 소개해야 한다. 이 섹션은 스타트업이 전략 파트너와 협력하는 이유, 즉 그 목표가 무엇인지 정의하는 것부터 시작한다. 각 파트너에 대한 설명은 다음의 내용을 다뤄야 한다.

- 전략 파트너의 강점, 역량 및 포지션
- 파트너로서 협력 동기
- 파트너십의 유형
- 파트너십을 통해 얻는 재무적 및 비재무적 이익

전략 파트너에 대한 설명 예시는 다음과 같다.

"당사의 전략 파트너인 X사는 전자 미디어 및 인쇄매체 사업을 기반으로 하는 홍콩 기반의 다국적 미디어 회사입니다. 이 회사의 주요 사업으로는 전자 미디어에서 인터넷 서비스 공급, 유료 TV, 인스턴트 메시지 구독 플랫폼을, 그리고 인쇄 매체로서 잡지, 신문 및 책의 출판과 배포를 실시하고 있습니다. 2010년 4월, X사는 중국의 인스턴트 메시지 플랫폼인 XYZ의 운영업체인 ABC 홀딩스의 지분 65%를 인수했습니다. 이후 XYZ 플랫폼은 중국에서 선도적인 비즈니스로 발전했으며, 인근 동아시아 국가로 사업 영역을 급속히 확장하였습니다. 2011년 10월, X사는 중국 인터넷 서비스 시장에서 90%

점유율을 차지하는 CCC 코퍼레이션의 일본 인터넷 사업권을 획득했으며, 2012년 3월에는 수십 종의 잡지와 신문을 발생하는 한국 미디어 그룹 AAA의 지분 70%를 매입했습니다. X사의 핵심 사업은 동아시아 지역을 대상으로 하며, 2013년부터 약 15%의 수익 성장률과 20%의 영업이익 성장률을 기록하고 있습니다. X사의 사업전략은 미디어 콘텐츠를 생산·배포하는 플랫폼 관리를 통해 브랜드 가치를 증대시키는 것입니다. 이를 위해 TV, 인터넷, 신문, 잡지, 책 등의 여러 미디어 플랫폼을 통해 다양한 콘텐츠를 제공하고 있습니다. 당사의 비즈니스는 X사가 생산한 독창적인 콘텐츠를 효과적으로 배포하는 미디어 플랫폼을 제공하고, 관련 독점기술을 라이선스함으로써 인터넷 서비스 관리를 지원하는 데 그 목적이 있습니다. 그 결과, 목표시장인 아시아 지역의 온라인 미디어 시장에서 강력한 브랜드를 구출할 수 있을 것으로 예상됩니다. X사와의 마케팅 제휴와 업무협력은 당사의 사업성장과 성과달성에 큰 도움이 될 것입니다."

전략 파트너가 왜 자사와 협력하길 원하는지 그 이유를 설명해야 한다. 이는 곧 잠재 투자자가 왜 자사에 투자해야 하는지에 대한 강력한 근거로 작용한다. 전략 파트너와의 협력 관계에서 얻은 이점을 설명함으로써 이 섹션을 마무리하는 것이 좋다. 더불어, 다른 전략 파트너를 탐색하고 이들과의 비즈니스 관계를 개발하기 위한 전략을 제시하면 더욱 훌륭하다. 여러분의 스타트업과 함께 동반성장을 추구하는 전략 파트너를 잠재 투자자에게 설명함으로써 비즈니스 성공에 대한 확신을 심어줄 수 있다.

사업 운영 및 확장 계획

사업 운영 및 확장 계획(Operational and Expansion Plan) 섹션에서는 계획된 활동을 과연 어떻게 실행할 것인지에 대하여 상세히 설명한다. 여기에서는 가격 정책, 수익 흐름, 생산, 서비스 및 사후지원, 연구개발, 직원 고용, 공급업체, 유통 및 물류 등의 관리·운영·확장 계획상 주요 성장 단계와 일정을 상세히 논의한다.

| 가격 정책과 수익 흐름

제품 및 서비스의 가격 책정 방법과 이유를 설명하는 것은 매우 중요하다. 제품과 서비스의 품질과 무관하게 공급-수요 곡선의 교차점에서 이루어진 최적 가격 책정은 모든 스타트업의 성공에 있어서 결정적인 역할을 수행한다. 지나치게 낮은 가격은 이익(마진)을 떨어뜨리며, 가격이 너무 높으면 시장 점유율 확보에 실패(손실)할 수 있다. 이 과정에서 섬세한 잠재 투자자는 창업가의 비즈니스 통찰력과 전략적 사고능력을 관찰할 것이다. 수익 다각화는 훌륭한 위험 완화 요인으로 작용할 것이다.

| 생산

생산시설, 위치 및 프로세스에 대한 설명을 제공해야 한다. 또한 생산시설의 설계방식과 부지선정이유, 그리고 해당 생산 프로세스의 장점을 설명한다. 생산 프로세스 상 지역적으로 다른 곳에 위치한 설비를 활용해야 한다면, 이러한 분업의 생산성과 효과성에 대해서도 설명한다. 최대 생산능력은 어느 정도이며, 규모의 경제 효과를 누릴 수 있는 생산수준은 어느 정도인가? 시장 수요 변화에 대응하여 제품과 서비스를 유연 생산할 수 있는가? 제품 수요 증가에 따른 생산량 증대 방안은 무엇인가?

| 서비스 및 사후지원

제품의 상업적 출시 후 어떠한 사후지원 서비스가 필요한가? 다차원적 서비스가 필요한가? 자사의 제품과 서비스에 대한 지원은 누가 수행해야 하는가? 이를 위해 별도의 내부지원팀을 구성하거나, 혹은 외부지원업체 와의 협력이 필요한가? 품질 기준을 정하고 지원 정책을 수립·시행하고 있는가? 고객관계관리(Customer Relationship Management, CRM)를 활용할 계획인 가? 고객들의 요구사항을 어떻게 지원하고 제공할 것인가?

이러한 질문들에 대답하려면, 예측한 고객 및 사용자의 수, 이들에게 필요한 서비스, 이를 위한 서비스 전담 직원의 수와 구성 등을 일목요연 한 도표로 제시하는 것이 좋다. 이러한 서비스 모델을 운영하기 위한 비 용은 추정 재무제표(Pro forma Financial Statements)에 반영되어야 한다. 서비스 및 사후지원을 위한 위기관리 체계를 제시해야 한다. 위기관리에 대해선 7장에서 상세히 논의할 것이다.

| 연구개발

상용 출시한 제품 및 서비스를 지속적으로 개선하기 위한 계획은 무엇 인가? 제품 다각화를 통해 혁신 포트폴리오를 구축할 예정인가? 기존 제 품에서 스핀오프 또는 액세서리 제품을 추가할 계획인가? 어떠한 새로운 기능을 추가할 계획인가? 연구개발 활동은 또 다른 기술혁신을 낳는 확장 성을 갖고 있는가? 그렇다면 확장성의 목표는 무엇이며, 예상된 시장 수요 는 어느 정도인가?

연구개발이 필요한 항목이 필수대상인지 또는 부가가치대상인지를 표기하고, 시장보고서, 카노 분석, 고객 테스트 및 설문조사의 결과를 통해 그 필요성과 이유를 설명한 후 예상지출비용을 제시해야 한다. 시리즈 A 펀딩 단계의 잠재 투자자는 대부분 스타트업이 이미 필수연구개발을 완료했길 바란다는 사실을 명심하자.

| 직원 고용

사업 운영을 위해선 얼마나 많은 직원을 추가로 고용해야 하는가? 고용할 직무는 무엇이며, 학력 및 기술 수준은 어느 정도인가? 어떠한 채용절차를 적용할 것인가? 요구기술과 능력을 갖춘 직원이 존재하는가?

직무별 권한과 책임을 명확히 보여주는 조직도를 작성하는 것이 좋다. 그리고 여러 팀 간의 업무 및 협력 관계를 설명하는 것도 중요하다. 시의적절하고 효과적인 의사소통 메커니즘이 마련되었다는 점도 강조해야 한다. 여기서 기업지배구조 정책과 문서(행동 강령, 직무설명서 등)에 대해서 언급하면 좋다. 보다 자세한 내용은 7장에서 설명한다.

| 공급업체

제품 생산에 필요한 투입자원과 서비스는 무엇인가? 사업 운영을 지원하는 공급업체 및 서비스 제공업체는 누구인가? 이들 업체와 비즈니스 관계를 맺고 있는가? 만약 그렇지 않다면, 새로운 공급업체는 구체적으로 어떤 기준에 부합해야 하는가? 공급업체와의 협상에서 유리한 조건을 이끌만한 요인이 있는가? 가능하다면 공급업체에 대한 주문 프로세스와 공급품 목록을 제공하면 좋다.

| 유통·물류

제품 및 서비스를 소비자·사용자에게 어떻게 전달할 것인가? 도·소매 유통을 통해 배포할 경우, 문제 발생 시 책임소재는 누구에게 있으며, 이를 위한 비상계획은 무엇인가? 여러 생산설비를 사용해야 한다면, 미완성 제품을 한 시설에서 다른 시설로 어떻게 운송할 것인가? 세관 검사 및 준수해야 할 기타 규제와 같이 통제 불가능한 요소로 인해 배달 지연이 발생할 수 있는가? 온라인 서비스의 경우, 인터넷 연결품질과 대역폭 등의 로컬 인프라 특성으로 인해 서비스 제공 상 문제가 발생할 수 있는가?

이상과 같이, 유통·물류 측면에서 사업 계획은 스타트업이 속한 산업 특성은 물론 벤처 비즈니스의 특성을 고려하여 올바른 질문을 규명하는 활동에서부터 시작해야 한다.

| 운영·확장 단계와 일정

여기에서는 벤처 비즈니스에서 예상된 성장목표를 달성하기 위해 제시한 모든 정보와 일치시키는 것이 중요하다. 비즈니스 운영 및 확장 계획을 성공적으로 이행하려면, 단계별 활동 및 일정 목표를 달성해야 한다.

우선, 운영 및 확장 계획의 각 단계에서 주요 활동이 무엇인지 규명해야 한다. 예를 들어, 목표판매량을 조기 달성한 경우를 상상해보자. 이 경우 공급 및 생산 활동에 차질을 빚지 않으려면 무슨 활동이 선행되어야 할까? 협력 파트너가 이에 효과적으로 대처하도록 만들 수 있는가? 이로써 규모의 경제를 달성할 수 있는가?

운영 및 확장 단계에서 합리적인 이정표를 세우면 벤처 비즈니스를 둘러싼 여러 이해관계자가 보다 효과적으로 상황대처를 할 수 있다. 그리고 잠재 투자자는 이러한 이정표를 성과 트리거(Performance Trigger)의 기준으로 사용하고 향후 자금 가용성을 판단할 수 있다.

운영 및 확장 계획 초안을 작성하고 발표하는 이유는 잠재 투자자에게 기업목표를 달성하는 데 필요한 것이 무엇이며, 발생할 수 있는 모든 문제를 설명하는 데 있다. 이 계획에는 모니터링이 가능한 일정을 합리적으로 기술하고, 투자자의 자금조달을 통해 이루어질 부가가치 활동을 제안해야 한다. 달성 가능한 야심찬 목표를 세우고, 이를 성공적으로 달성한다면 이해관계자와 잠재 투자자 모두에게 높은 신뢰를 받을 수 있다. 그 결과, 향후 모든 투자 유치 활동에서 창업가의 협상력은 더욱 강화될 것이다.

기업목표

이제 KYI 제3요소에서 구체화된 스타트업 비즈니스의 성공 특성과 관련된 기업목표(Company Objectives)를 공개할 때이다. 벤처 비즈니스의 궁극적인 목표는 현재 투자자들의 투자 수익률을 극대화하고 잠재 투자자 유치를 위한 전략적 방안을 제시하여, 전략 파트너에게 비즈니스의 성공 가능성을 입증하는 것이다.

창업가는 모든 비즈니스 활동과 노력이 이 기업목표를 둘러싸고 있다는 사실을 명확히 밝혀야 한다. 따라서 기업목표는 벤처 비즈니스의 모든 측면을 다룰 수 있을 만큼 포괄적으로 기술해야 한다. 특히 사업의 전략적 가치와 향후 투자 수익률이 높다는 점을 부각하고, 출구 전략에서 잠재인수자가 고려할 기업 인수 조건에 어떻게 부합하는지 보여줘야 한다. 출구 전략에서 잠재인수자가 여러분의 스타트업을 어떻게 평가할지 생각해보자. 예를 들어, 시장 점유율이 가장 중요한 평가 요소라면, 기업목표에서

이 조건을 명시하는 것이 좋다.

　기업목표는 기간별로 단기, 중기 및 장기 목표의 세 파트로 나뉜다. 단기 목표는 후속 펀딩라운드에서 필요한 자격을 갖추기 위해 스타트업이 반드시 달성해야 할 목표이다. 중기 목표는 펀딩 단계상 발전(예 : 시리즈 A에서 시리즈 B로 이동)을 위해 달성해야 할 성과목표이다. 장기 목표는 주로 출구 전략의 성공과 관련이 있다. 기업목표를 설명할 때에는 특정 목표의 진전 또는 최종 달성 시점을 한눈에 파악할 수 있도록 타임라인을 제시하면 좋다. 다음은 포괄적인 기업목표에서 다루어야 할 주요 사항이다.

　1) 마켓 플레이어. 벤처 비즈니스에서 중요한 기업목표 중 하나는 정의된 목표시장을 주도하는 마켓 플레이어로 성장하는 것이다. 이 목표를 달성할 경우, 잠재 투자자 혹은 전략 파트너에게 높은 관심을 받게 된다. 여기에서는 목표시장에서 어떠한 마켓 플레이어가 될 것인지를 정의해야 한다. 시장과 산업을 선도할 주요 마켓 플레이어로 인식되려면 목표시장에서 얼마나 많은 시장 점유율을 언제까지 확보해야 하는가? 주요 마켓 플레이어로서 목표시장에서 어떠한 영향력 행사를 기대할 수 있는가?

　2) 기하급수적 성장률. 초기 개발 단계의 벤처 비즈니스의 경우, 잠재 투자자들은 대략 8~10배의 투자 수익률과 80%의 연평균 내부 수익률을 기대한다. 이러한 수준의 수익성과를 달성하려면 스타트업은 기하급수적 성장률을 기록해야 한다. 예상하는 성장률이 잠재 투자자들의 기대치에 부합하는가? 목표시장의 규모, 역동성 및 성장 전망을 고려할 때, 벤처 비즈니스의 예상 성장률을 어떻게 실현·달성할 것인지 설명해야 한다.

　3) 지속적 혁신. 스타트업이 속한 시장은 빠른 속도로 끊임없이 기술적

진보가 일어나는 매우 역동적인 경우가 많다. 이런 시장에서 경쟁우위를 유지하려면 최소한 출시된 제품 및 서비스를 개선하여 고객 가치를 증진시켜야 한다. 기업목표는 이러한 지속적 혁신에 관한 내용을 충분히 다루어야 한다.

4) 제품 다각화. 단일 제품 및 서비스를 판매하는 데 운영초점을 맞추면 지속 가능한 수익 창출뿐 아니라 경쟁력 및 위험 완화 측면에서 의문을 제기할 수 있다. 독점 기술을 활용하여 주기적으로 제품 포트폴리오를 향상시키겠다는 목표를 설정하고, 해당 목표를 현실화하는 데 필요한 비전, 창의성 및 계획을 제시한다. 핵심 기술을 활용하여 추가 개발할 수 있는 여러 응용 제품 및 프로그램을 설명하고 고객 유형 또는 지역시장별로 사업 확장 계획을 수립한다. 수익원 다각화를 통해 예측 불가능한 미래의 시장위험을 회피할 수 있다는 점을 명확히 보여준다. 이러한 제품·서비스의 다각화는 2장에서 논의한 위험 완화 요인으로 작용한다.

5) 목표시장 개발. 지속 가능한 기업 성장을 위해선 제품 및 서비스를 출시하는 목표시장을 개발하고 확장해야 한다. 이와 관련하여 시장 확장 계획은 무엇이며, 이는 기업 성장 전략과 부합하는가? 추가로 진출 가능한 새로운 시장이 존재하는가? 어떤 상황에서 추가 시장에 진출할 것이며, 신시장 진출 전략은 무엇인가? 목표시장의 개발과 확장에 도움이 될 만한 전략 파트너가 존재하는가? 이들은 누구이며, 어떠한 도움을 줄 수 있는가?

여기서 설명한 신시장은 목표시장과 관련된 인접 시장의 개념으로 이해할 수 있다. 잠재 투자자는 투자 후 1~3년 이내에 스타트업이 목표시장에서 확고한 마켓 포지션을 확보하는 것뿐만 아니라 해당 기간 내 인접 시장으로의 확장전략이 '예상치 못한 성장 기회'로 이어지길 기대한다.

6) **경영진 강화.** 경영진 구성원의 노하우, 기술, 관리 경험, 전문성 및 인적 네트워크는 벤처 비즈니스의 성공을 결정하는 중요한 요소이다. 경영진의 요구에 따라 새로운 구성원을 영입하고 기존 구성원의 숙련도와 비즈니스 관계를 지속적으로 개선하여, 벤처 비즈니스의 성공 특성을 개발하려는 노력이 필요하다. 또한 새롭게 영입하려는 경영 구성원이 기업목표 달성에 적절한 역량과 자격을 갖추었는지에 대하여 설명한다.

7) **전략 파트너 추가 확보.** 전략 파트너를 지속적으로 탐색하고 규명하면, 잠재 투자자는 투자 수익을 높일 수 있는 엄청난 기회를 얻게 된다. 스타트업이 성장하면서, 예전에는 자사의 존재 자체를 몰랐거나 성장을 방해한 기업들이 이제는 자사의 전략 파트너가 되길 원할 것이다. 스타트업이 마켓 플레이어로 성장하는 과정에서 나타날 이러한 현상들에 대해서 잠재 투자자가 알아야 한다. 이는 기업이 가능한 모든 전략적 기회를 활용할 수 있다는 사실을 보여주기 때문이다. 이제는 전략 파트너십이 스타트업의 전사적 목표와 일치하는지, 그리고 해당 파트너십에서 얻을 수 있는 이점을 분석하고, 전략 파트너와의 향후 사업 계획을 설명해야 한다.

8) **매출·이익.** 스타트업의 추정 재무제표를 간략히 요약·작성한다. 무엇보다 강력한 현금흐름과 엄청난 수익이 잠재되어 있다는 사실을 보여주는 것이 중요하다.

이러한 방식으로 기업목표를 작성하면, 4장에서 다룰 재무 계획 수립에도 유용하다. 기업목표를 작성했다면, 이제 벤처 비즈니스의 현재 마켓 포지션과 견인력을 설명하는 데 초점을 맞출 때이다.

마켓 포지션 및 견인력

사업 계획서에서 벤처 비즈니스의 현재 마켓 포지션(Market Position)과 향후 성과를 달성하기 위한 견인력을 보여줌으로써, 현재까지 무엇을 성취하였고 앞으로 기대되는 성과를 보여줄 수 있다. 다음은 대외 수상경력을 활용해 비즈니스 견인력을 설명한 예시이다.

"당사가 발표한 ERP 소프트웨어는 지난 11월 X 기술박람회의 치열한 경쟁에서 120개 이상의 다른 소프트웨어를 제치고 최고기술혁신상을 수상했습니다. 이번 수상을 통해서 박람회에 참석한 15개 기업고객을 직접 확보했고, 유리한 홍보 효과를 얻음으로써 추가 계약을 달성했습니다."

다음의 진술은 스타트업이 확보한 마켓 포지션을 잘 보여준다.

"올해 5월 30일, 당사가 개발한 ERP 소프트웨어의 성공적인 상용 서비스 출시가 이루어졌습니다. 출시 후 첫 3개월 동안 실제 판매량이 초기 예상치를 초과했으며, 당사 서비스의 사용자로부터 매우 긍정적인 리뷰 평가를 받았습니다. 특히 사용자 편리성과 비용절감 부분에 있어서 높은 점수를 받았습니다."

다음은 전략 파트너십을 견인력으로 설명한 예시이다.

"A 코퍼레이션과의 파트너십을 통해 CRM 소프트웨어 시장에서 즉각적인 신뢰를 얻었습니다."

다음은 성공적으로 정부 사업 인가를 받음으로써 견인력을 증명하는 문구이다.

"당사는 정부로부터 세 번째이자 마지막으로 X 무선 서비스를 제공할 수 있는 사업을 허가받았습니다."

현재 마켓 포지션과 견인력을 보여줌으로써 과거의 성공을 입증하고 향후 지속 가능한 경쟁우위 확보에 대한 확신을 제공하며, 최적 수익을 달성할 수 있는 레버리지 활용 가능성을 열어두어 마켓 플레이어로서의 성장 과정에 있다는 증거를 제공한다. 모두가 승자를 좋아한다는 사실을 명심하자.

위험 요소

스타트업 펀드레이징과 관련하여, 잠재 투자자가 인지한 위험 요소(Risk Factors)를 감추기보단 공개하는 것이 더 바람직하다. 그릇된 방향으로 벤처 비즈니스를 움직일 수 있는 어떠한 요인도 위험 요소가 될 수 있다. 다음과 같이 투자자에 대한 의무 이행 실패를 야기할 수 있는 통제 불가능한 내·외부 위험 요소를 예로 들 수 있다.

- **산업.** 정부규제 강화, 경쟁업체 출현 정도
- **운영.** 사업 운영 경험 부족, 소수 공급업체에 대한 의존성
- **기술.** 지적재산 취약성, 개발기술의 불완전성
- **고객.** 특정 고객 집단에 대한 높은 사업 의존성, 높은 진입 장벽으로 인한 추가시장개발 제한, 기타 시장 관련 위험성
- **경영.** 핵심 조직 구성원의 이직, 경영관리 경험 결여

- **자금.** 운전자본 부족, 추가적인 자금조달의 필요성
- **투자.** 현금 유동성 결여, 기업지배구조 취약성

다양한 위험 요소를 파악함으로써 스타트업은 변화 상황을 예측하고, 이에 효과적으로 대처할 수 있다. 위험 요소 리스트를 작성하여 사업 계획서에 포함할 경우, 스타트업 경영에 대한 투명성이 높아지고 강한 신뢰를 얻을 수 있다. 일반적으로 모든 투자자는 예상치 못한 상황을 극도로 싫어한다. 따라서 이들에게 벤처투자의 위험 요소를 공지하는 것은 매우 어려운 일이다. 투자실패를 야기할 위험을 알려주면서도 성공적인 투자 유치자체가 가능할지 의문스럽겠지만, 결코 두려워해선 안 된다. 미래에 발생할수 있는 잠재적 위험을 공개함으로써 얻는 이점이 더 크기 때문이다.

- 투자자가 주목해야 할 잠재적 위험을 고지함으로써, 스타트업을 통해 투자 자금은 운용하는 창업가가 느끼는 강한 의무과 책임을 전달할수 있다.
- 벤처투자에 따른 위험과 관련 정보를 충분히 제공받은 투자자는 향후 스타트업이 위험 상황에 직면했을 때 절대로 당황하지 않는다.
- 경기 불황 시에도 투자자는 상황을 분석하며 기업 성장을 위한 비재무적 지원을 적극 제공한다.

스타트업의 벤처 비즈니스에서는 이러한 이점을 확보하는 것이 매우 중요하다. 모든 사업에는 기복이 있기 마련이다. 특히 성장둔화가 발생하면여러 이해관계를 관리해야 하고, 어쩌면 기존 투자자로부터 추가 자금조달을 모색해야 할지도 모른다. 위험 요소를 전부 공개하여 벤처경영에 대

한 투명성을 높이고 강한 신뢰를 얻는 것이 바로 잠재 투자자를 협력적이고 우호적인 비즈니스 파트너로 이끄는 최고의 방법이다. 투명성의 중요성은 7장에서 상세히 설명할 것이다. 사업 계획서에서 위험 요소에 관한 목록을 작성하면 '새로운 발견'을 얻을 수 있다.

투자 유치 진행 상황을 파악하기 위한 일환으로써 위험 완화 요인 목록을 작성해야 하는 이유에 대해서 살펴봤다. 이와 마찬가지로 위험 요소를 확인하는 과정 역시 중요하다. 위험에 직면한 후 이를 제거하거나 줄이는 데 시간과 노력을 투입하는 것도 스타트업에는 큰 비용으로 작용한다. 따라서 사전에 위험 요소를 확인하고 이를 회피하기 위한 기회를 만들어 잠재적 비용을 줄일 수 있다. 투자손실을 줄이기 위한 노력은 결국 보다 많은 투자 수익을 얻기 위한 노력과 일치한다. 이는 앞서 설명한 바와 같이 사업 계획서를 작성하면서 기업 내·외부적 비즈니스 목표를 달성하는데 도움이 되는 훌륭한 '발견'에 해당한다. 사업 계획서에서 위험 요소에 대한 진술은 다음과 같이 작성할 수 있다.

• **사업 운영 경험 및 운영자본이 부족한 경우**

"2015년 9월에 창립한 당사는 짧은 사업경력과 제한된 운영 자본을 갖고 있습니다. 당사는 현재까지 꾸준한 매출수익을 달성하고 있지만, 아직 구독료와 광고수익에 관한 비즈니스 모델은 성공 여부가 불투명하며, 현재 미납된 채무 상황에 필요한 자금이 부족한 실정입니다. 비즈니스 특성상 목표수익의 달성 시기를 확정하기 어려우며, 만약 목표수익을 달성하더라도 그러한 수준이 상당 기간 유지될 것이라고 보장할 수 없습니다."

• 사업 계획을 실현하기 위해 필요한 자금을 조달하기 어려운 경우

"당사가 모색하고 있는 10억 원 규모의 투자 유치 이외에도 사업 영위를 위해선 상당한 추가 자금을 확보해야 할 것으로 예상됩니다. 10억 원의 투자 유치에 성공하면, 이 중 절반을 분산하여 5억 원의 미납채무를 즉시 상환할 예정입니다. 제품의 상업적 출시 후 6개월간 제품개선 및 사업 운영을 위해 나머지 투자금 5억 원을 배정할 것입니다. 만약 향후 추가 자금조달이 어려울 경우, 지속적인 기술개발, 제품 상업화 및 사업 운영이 어려울 수 있습니다."

• 기술 완성도가 낮은 경우

"당사는 새로운 온라인 구독 서비스를 베타 테스트로 우선 출시할 계획입니다. 이는 예상된 초기 출시일로부터 상당한 지연을 발생시킵니다. 이러한 출시지연을 야기한 기술적 문제를 충분히 해결했다고 믿지만, 모든 문제가 완벽히 해결되었다고 보장하기 어렵습니다. 최종 서비스 출시를 위한 테스트 기간에 기술개발 및 개선을 완료하는 데 필요한 재정적 및 기술적 자원이 부족할 수 있습니다. 또한 당사의 노력과 무관하게 경쟁업체는 당사보다 우수한 서비스를 개발할 수 있습니다."

• 사업 계획서의 핵심요소인 수익 창출 계획이 불투명한 경우

"당사가 개발한 비즈니스 모델의 성공 여부는 프리미엄 서비스와 관련된 구독 수익 창출능력에 달려 있습니다. 현재 베타 테스트 사용자에게 무료로 제공되는 프리미엄 서비스가 계획된 시기에 유료로 전환될 경우, 사용자가 가입비를 지불하고 계속 사용할지는 불투명한 실정입니다. 베타 테스트가 완료된 후 성공적인 상업적 출시가 이루어지기까지 3개월 동안 프리미엄 서비스를 무료로 제공하여 가입자를 더 확보할 계획입니다. 이후 베타 사용자는 가입비를 지불해야만 서비스 이용을 계속할 수 있습니다. 가입비 청구가 시작되면 등록 사용자 수가 대폭 감소할 것으로 예상됩니다. 따라서 유료 서비스를 통해 구독 수익을 창출하려는 비즈니스 전략은 실패 가능성이 있습니다. 이러한 사실은 사업전망에 중대한 영향을 미칠 수 있으며, 예상치 못한 상황에 직면할 경우 비즈니스 모델의 재평가가 필요할 것으로 고려됩니다."

재정 현황

재정 현황(Financial) 섹션은 사업 계획서 전반에서 여러 차례 강조한 재무적 성과와 수익 잠재력을 수치화하는 데 그 목적이 있다. 사업 계획서에서 재무 섹션은 출구 전략에 관한 마지막 섹션 전에 배치하는 것이 좋다. 그 이유는 앞서 마케팅 계획 섹션에서 기술한 예상 판매량과 기업목표 섹션에서 명시한 매출 및 성과 목표, 그리고 운영 및 확장 계획 등과 관련된 수익과 비용을 구체적인 수치로 변환하여, 통합적이고 객관적인 평가를 가능하게 만들기 때문이다. 만약 목표수익과 예상비용과 관련하여 기술된 내용과 재무수치가 불일치할 경우, 수정 보완할 수 있는 절호의 기회를 얻을 수 있다. 이를 통해 사업 계획서 전반의 일관성과 통합성을 높일 수 있고, 궁극적으로 투자심사자의 신뢰를 얻을 수 있다.

잠재 투자자가 사업 계획서상 모순을 발견한다면 펀드레이징에서 좋은 성과를 거두기 어렵다. 물론 사업 계획서는 아직 실현되지 않은 미래의 일을 다루는 것이다. 그럼에도 비즈니스 전략상 불일치를 발견하고 이를 개선하기 위한 노력이 결여되었다면, 잠재 투자자는 창업가가 전략 실행 과정에서 필연적으로 어려움을 겪게 될 것으로 판단한다. 이는 투자 유치실패를 불러올 수 있는 불행한 일이다.

본 장을 시작하면서 사업 계획서 작성하는 동안 '발견'이 왜 중요한지에 대해서 살펴봤다. 즉, 추정 재무제표를 통해 수익과 비용을 수치화함으로써 이러한 가치 있는 발견이 이루어진다. 사업 계획서의 다른 섹션들과의 일관성을 확보하는 것 외에도, 재무 계획을 수립할 때에는 반드시 유념해야 할 몇 가지 사항이 있다.

- **출시하려는 제품·서비스가 아닌 기업의 전사적 재정 상태에 집중하라.**
  스타트업의 펀드레이징 활동은 제품과 서비스의 성공적 출시를 위한 프로젝트 파이낸스가 아니라, 향후 전사적 차원에서 기업 성공을 지원할 파트너를 개발하는 데 초점을 맞춰야 한다. 이를 통해 기업은 투자 위험을 완화할 수 있고, 궁극적으로 밸류에이션을 높일 수 있다. 당연히 초기 사업 단계에서는 전체 매출의 상당 부분을 차지할 소수의 핵심 제품 및 서비스를 성공시키는 데 집중하게 된다.
  하지만 이와 함께 추구해야 할 중요한 목표가 바로 기업 안정화이다. 장기적인 관점에서 기업 안정화를 통해 수익원 다각화를 위한 제품 포트폴리오를 설계하고, 전사적 개발 프로젝트를 지속시키는 것이 무엇보다 중요하다. 고위험-고수익의 혁신 프로젝트와 함께, 매력적이진 않아도 일정 수익을 보장하는 다양한 수익원을 개발한다면 잠재 투자자로부터 높은 신뢰를 얻을 수 있다. 여기에서는 저위험-저수익 프로젝트가 고부가가치의 혁신 프로젝트의 개발 및 마케팅 활동을 저해하지 않는 이유를 마련하여 잠재 투자자를 설득해야 한다. 안정적 수익·현금흐름의 창출은 자본 비용의 감소와 지분희석화 정도가 덜한 재원을 확보하는 데 결정적인 역할을 한다. 예를 들어, 작지만 반복적인 수익 창출하여 주식희석화가 낮은 신용금융을 활용할 기회를 얻을 수 있다.

- **발견에 집중하라.** 앞서 설명한 바와 같이, 다른 어떤 섹션보다 재무 계획 섹션을 작성할 때 사업 계획서상 불일치와 오류를 발견할 가능성이 높다. 특히 재무 계획 초안 작성하면서 정량화된 수익과 비용 간의 오류, 즉 예상 수익으로는 관련 비용을 충당하기 어렵다는 사실을 쉽게 발견할 수 있다.

- **최상·최악의 시나리오에 관한 추정 재무제표를 작성하라.** 재무제표를 작성할 때에는 가능성 있는 모든 상황을 반영해야 한다. 이를 통해 창업가가 사업 계획을 변화시킬 수 있는 변수와 그에 따른 잠재적 결과를 정확히 인지하고 있다는 사실을 잠재 투자자에게 보여줄 수 있다.

- **특정 시점이 아닌 기간으로 표기하라.** 예를 들어, '2017년 5월' 대신에 '제품 출시 후 3개월' 또는 '투자 유치 후 5개월'로 표기한다. 투자 유치 또는 제품 및 서비스의 상업적 출시와 같은 주요 사건의 발생 시점이 바로 재무 계획의 출발점이다. 잠재 투자자의 초점은 '투자금을 제공한 후(혹은 제품을 출시한 후) 몇 개월째 수익을 창출할 수 있는가'에 맞추어져 있다. 이들의 이해 증진을 위해선 실제 연월보단 주요 사건 발생 후 개월 수로 표기하는 것이 좋다.

- **시장·고객 개발을 위한 비용을 포함하라.** 종종 실수로 이러한 비용을 고려하지 않는 경우도 있지만, 의도적으로 비용을 누락하여 이익을 부풀리기도 한다. 건축 시 기초토목공사와 같은 시장 및 고객 개발을 위한 비용은 신입 시장참여자인 스타트업에 상당한 부담이 된다. 이러한 사실을 알고 있는 잠재 투자자에게 해당 비용을 실수로 또는 의도적으로 제시하지 않으면, 사업 계획서에 대한 실망과 동시

에 공격적 질문을 받게 된다.

- **진술 내용이 공격 사유가 될 수 있다.** 특히, 정량화된 수치는 매우 쉽게 비판할 수 있는 대상이다. 합리적이고 실현 가능한 수치의 제시는 신뢰와 투명, 그 이상의 의미를 담고 있다.
- **지나치게 보수적일 필요는 없다.** 제시된 수치에 보수적인 태도는 잠재 투자자가 대신 할 것이다. 제시된 재무수치의 타당성을 입증할 비즈니스 모델을 견고히 구축했는지 확인해야 한다.

간단히 말하면, 재정 계획은 스타트업의 수익 창출 방법을 보여주는 것이다. 현 재무제표, 자본 구조, 가치평가, 자금사용내역, 필요 자금을 포함한 현 재정 상태를 함께 제시하는 것도 잊지 말아야 한다.

| 실제 및 추정 재무제표

실제 재무제표는 실제로 스타트업이 달성한 재무실적을 토대로 작성된 재무제표이다. 회계감사를 받았다면, 해당 재무제표와 사업 개요를 재정 계획에 포함하는 것이 올바르다. 사업전망을 예측한 추정 재무제표도 작성해야 한다. 추정 재무제표 작성은 사업 계획서에서 '시간'의 개념을 투영하는 첫 번째 작업이며, 보통 향후 3~5년간의 스타트업 재정 상태를 보여준다. 손익계산서, 대차대조표와 현금흐름표를 기본적으로 제시해야 한다.

추정 손익계산서에서는 회계 기간 동안 사업 운영에 필요한 주요 예산을 보여주며, 이를 통해 가격변경이나 비용 절감과 같은 운영상 주요 의사결정을 실시할 수 있다. 현금유입 및 유출에 관한 현금흐름표는 서로 다른 시점에 일어나는 현금유입과 유출로 인해 발생 가능한 현금 부족 문제를 파악하는 데 큰 도움이 된다. 특히 이러한 현금 부족 문제의 관리와 해결은 초기 단계의 스타트업에 매우 중요하다. 기업이 보유한 자산과 자본, 그리고 부채를 보여주는 대차대조표는 효과적인 자산관리전략을 수립하는 데 도움이 된다.

잠재 투자자는 실제 및 추정 재무제표에 명시된 수치를 철저하게 분석하고 면밀히 평가할 것이다. 이때, 잠재 투자자가 제공할 훌륭한 조언과 충고를 기꺼이 환영하고, 이를 활용하여 재무제표를 수정하려는 의지를 보여야 한다. 이를 통해 잠재 투자자로 하여금 재무수치의 검증이 아닌 재정모델(Financial Model)의 개선에 참여하도록 만들 수 있다.

추정 재무지표는 본질적으로 불확실성을 내포하므로, 그 수치에 대한 검증은 아무런 의미가 없다. 보다 근본적인 요인, 재정모델을 테스트하고, 발견된 문제를 개선하는 것이 훨씬 가치 있는 일이다. 또한, 재무제표는 어떠한 방향으로 벤처 비즈니스를 진전시킬 것인지에 관한 시나리오를 담고 있어야 한다. 이를 위해선 신뢰할 수 있는 재정모델을 먼저 설계하고, 이를 기반으로 재무수치를 변경하면서 다양한 시나리오를 작성해야 한다. 이는 사업 계획의 목적을 효과적으로 달성하려는 경영진에게 필요한 핵심 역량이다.

제시된 재무수치가 아무리 합리적일지라도, 그 달성 여부를 확신하는 자는 오직 창업가와 경영진밖에 없다. 불확실한 미래에 예상한 재무수치를 달성할 가능성은 현저히 낮다. 즉, 잠재 투자자도 사업 계획서에 제시된 재무수치의 실현 가능성이 낮다는 사실을 잘 알고 있다. 따라서 이들이 재정 계획을 신뢰하도록 만들려면, 해당 계획에서 도출된 다양한 재정 시나리오가 현실적이어야 한다.

창업가는 작성한 추정 재무제표의 신뢰성과 현실성을 스스로 증명해야 한다. 창업가를 포함한 경영진의 전략적 의사 결정에 반대할 사람이 분명히 나타날 것이다. 이들 반대자의 마음과 생각을 바꾸는 가장 확실한 방법은 경영진의 의사 결정이 바로 자신들의 생각이라 믿게 만드는 것이다. 무엇보다 추정 재무제표의 근간을 이루는 재무 상태의 견고성과 신뢰성을 높이는 게 중요하다는 사실을 명심해야 한다. 현재가 바로 미래를 결정하는 요소이기 때문이다.

| 자본 구조

재정 상태에서는 스타트업의 자본 구조를 제시하여, 모든 지분 투자자 및 채권자의 지위와 관계를 설명해야 한다. 사업 계획서를 검토하는 잠재 투자자는 스타트업 자본 구조의 한 구성원이 될 수 있으므로 자신이 얻을 지위에 대해선 큰 관심을 보일 것이다.

1장에서 설명한 대로, 자본 구조는 현재까지의 자금조달이 어떻게 이루어졌고 관리되었는지를 보여준다. 여기에서 잠재 투자자의 주요 고려사항으로는 투자 여부(투자할 것인가?), 투자 방식(주식과 부채 중 무엇이 더 유리한가?) 및 투자 조건(규명된 위험으로부터 투자금을 보호하려면 어떠한 조건이 필요한가?) 등이 포함된다.

[도표3.1] 자본 구조 예시

수권 주식 총수*:	5,000,000
발생주식	
보 통 주:	1,426,577
신주인수권부사채:	405,513
총 발행주식 총수:	1,832,090

*회사가 발행 가능한 주식 총수

A) 신주인수권부사채 유형: 신주인수권부사채는 당사가 자문 서비스, 채무상환유예 및 소프트웨어 개발 서비스 대가로 발행하였으며, 신주인수권부사채 보유자에게 주당 $1.50의 행사가격으로 주식을 구매할 수 있는 권리를 부여합니다.

B) 선순위 상환부채: 당사는 현재 15명의 개인에게 채무를 우선 상환할 의무를 갖고 있으며, 해당 조건은 다음과 같습니다.

원 금 액 : $ 500,000	상 환 조 건 : 만기 시 원금 및 이자 완납
누 적 이 자 : $ 75,000	만 기 일 : 20xx년 x월 x일
이 자 율 : 연 12%	

| 밸류에이션 계산

비즈니스 유형에 적합한 평가방법을 사용하여 밸류에이션을 계산해야 한다. 가장 유리하고 수용할 수 있는 평가모델을 선택해야 한다. 고위험-고수익의 벤처 비즈니스에 예상 수익 배수법은 적절한 평가모델이 아니다. 이러한 평가모델은 소매업에 적합하며, 스타트업 투자에는 적합하지 않다.

추정 재무제표는 기업 가치 평가를 계산할 때 사용된다. 가치평가의 근거가 되는 가정과 계산법을 분명하게 설명해야 한다. 평가계산에 적용된 할인율 또는 수익 배수는 얼마인가? 최악·예상·최선의 시나리오를 가정하였는가?

일반적으로 사업 계획서에 표시된 가치평가는 예상 시나리오를 기반으로 계산된 포스트머니 밸류에이션(Post-money Valuation, 투자 후 기업가치)으로 표기된다. 포스트머니 밸류에이션이란, 요청한 투자금을 유치한 후의 기업가치를 의미한다.

[도표3.2] 밸류에이션 계산 예시

A. 투자 유치 후 1차년도 EBITDA:	$ 5,270,346
B. 1차년도 잉여현금 배수:	×2
C. 총 밸류에이션(=A×B):	$10,540,692
D. 발행주식(보통주):	1,050,000
E. 신주인수권부사채:	275,000
F. 총 발행주식 총수(=D+F):	1,325,000
G. 주당가격(=C/F):	$7.96

| 자금사용계획

자금사용계획은 잠재 투자자에게 요청한 자금을 어떻게 할당·지출할 것인지를 항목별로 보여준다. 대개 잠재 투자자는 부가가치를 창출하는 사업활동에 자금이 사용되길 원한다. 본 섹션에서는 현 펀딩라운드에서 확보할 자금의 사용에 대해서만 설명한다.

[도표3.3] 자금사용계획 예시

제시된 자금사용계획은 주로 소프트웨어 개발비용, 시장 및 고객 개발비용. 마케팅 및 홍보 영업 사원 채용, 당사의 온라인 서비스와 관련된 고객기술지원팀 구성, 이전의 미지급금 및 향후 6개월 일반 운영자금과 관련되어 있습니다. 다음은 항목별 자금사용계획 목록입니다.

서비스 출시 활동:	$ 450,000
고객기술지원팀 구성:	$ 150,000
연구개발비:	$ 100,000
일반 운영자본:	$ 200,000
총계:	$ 900,000

| 투자 자금 요청

본 섹션에서는 유치하려는 투자금의 실제 금액과 선호하는 자금조달 유형을 제안한다. 선호하는 투자 유형이 지분투자일 경우에는 제안할 주식 수와 금액을 명시한다. 이 금액은 앞서 계산한 밸류에이션에 근거를 둔다. 필요 자금 규모에 관한 예시 진술은 다음과 같다.

"당사는 현재 아시아 시장 진출을 위한 5억 원 규모의 투자를 유치하려 합니다. 해당 투자의 잔금가치를 기준으로, 당사의 지분 중 10%에 해당하는 100,000 보통주를 주당 5,000원의 가격에 제공할 예정입니다."

신주발행을 제안한 경우에는 지분희석화 정도를 설명해야 한다. 이제 출구 전략에 대해서 설명할 차례이다.

출구 전략

사업 계획서의 마지막 섹션인 출구 전략의 목적은 잠재 투자자가 스타트업에 투자해야 하는 궁극적인 이유를 설명하는 것이다. 본 섹션에서는 경영진을 포함한 모든 주주의 투자회수 방법과 시기, 규모에 대해서 정확히 설명해야 한다. 1장에서 언급한 대로, 출구의 방법으로는 스타트업 비즈니스의 매각 또는 기업공개가 있다. 두 가지 방법 중 최선의 선택을 해야 한다. 두 가지 모두 합리적인 투자회수 시나리오가 될 수 있다면, 각 시나리오 중 가장 바람직한 방법은 무엇이고, 그 이유에 대해서 설명한다.

만약 출구 전략으로써 비즈니스 매각이 가장 매력이라면, 잠재인수기업을 특정하고 그 이유를 설명한다. '시기'는 성공적인 비즈니스 매각 또는 기업공개를 실현할 수 있는 연도를 가리키며, '규모'는 투자 수익률 또는 내부수익률의 배수로 제시한다. 어떠한 시나리오를 제시하든지 출구 전략은 사업 계획서 전반의 진술 내용, 특히 기업목표 및 재정 계획과 일관성을 지녀야 한다. 다음은 출구 전략 진술의 예시이다.

"당사는 여러 미디어, SNS 및 통신회사와 전략적 제휴를 맺고 있으며, 이들은 모두 당사의 서비스로 다양한 혜택을 얻고 있습니다. 당사의 잠재인수기업은 글로벌 플랫폼을 통해 새로운 제품 수요를 창출할 수 있고, 프로세스와 서비스를 독점·배타적으로 사용함으로써 확고한 경쟁우위를 구축할 수 있습니다. 당사와 이해관계자 모두에게 가장 이상적인 출구 전략은 바로 전략적 제휴를 맺고 있는 파트너 중 이러한 비즈니스 가치를 정확히 인지한 회사에 비즈니스 매각을 추진하는 것입니다. 비즈니스 전략상 잠재인수자로서 가능성이 높은 미디어 회사로는 A사와 B사가 있습니다. 그리고 SNS 회사인 C사와 통신회사인 D사도 잠재인수자가 될 수 있습니다. 이들 잠재인수자는 3년 후 출구 시점에서 당사의 현재 밸류에이션을 기준으로 15배에 달하는 인수가를 제시할 것으로 판단됩니다."

맞춤형 사업 계획서

사업 계획서 초안을 작성하는 동안 '누구'로부터 '어떻게' 투자를 받는 것이 유리할지에 대하여 끊임없이 생각할 것이다. 즉, 상황에 따라서 유리한 투자자 유형과 투자 방식을 생각했다며, 이를 사업 계획서에 투영하여 전략적 사업 계획서를 작성할 수 있다. 선호하는 투자자 유형과 투자 방식에 따라서 사업 계획서 초안의 특정 섹션에서 세부 사항을 강조하거나 추가내용을 기술해야 한다. 이렇게 커스터마이징된 맞춤형 사업 계획서(Customized Business Plan)에서 주의를 기울여야 할 부분에 대해서 살펴보자.

마케팅 계획

상이한 유형의 잠재 투자자들이 마케팅 계획에서 검토하는 4P 요소가 서로 다르다. 채권자인 부채 투자자는 기존 제품에 주로 관심을 갖는 반면, 지분 투자자(특히, 전략 투자자)는 새로운 혁신 제품에 집중하는 경향을 보인다. 부채 투자자는 소비자·사용자 교육이 거의 필요하지 않고 수요를 쉽게 파악할 수 있는 제품과 서비스 판매를 통해 즉각적인 수익 창출을 원한다. 이로써 채무 상황 불이행과 같은 위험이 감소하고 일정한 이자 수익이 보장되기 때문이다. 공공지원기관은 스타트업의 제품이 엄격한 지원 기준에 부합하는지를 평가한다. 가격 측면에 있어서 부채 투자자는 안정적이고 반복적인 수익 목표를 달성할 수 있도록 낮은 가격이 책정되길 원한다. 반면, 지분 투자자와 전략 투자자는 프리미엄 가격 책정을 통해 부가가치가 창출되길 원한다.

부채 투자자와 지분 투자자는 제품과 서비스의 유통과 홍보에 대해서도 서로 다른 관점을 지닌다. 보다 신뢰할 수 있는 현금흐름을 확보하는데 관심이 많은 부채 투자자는 이미 검증된 판매 및 유통 채널을 선호할 가능성이 크다. 지분 투자자는 새로운 유통 채널을 구축하거나 기존 채널을 획기적으로 변혁시킬 수 있는 혁신성을 기대하며, 부가가치를 창출하고 투자할 스타트업의 전략적 마켓 포지션을 구축^(시장 점유율 증가, 채널 지배력 강화 등)하고자 한다.

홍보 측면에서 부채 투자자는 무료 평가판 배포 또는 베타 테스트와 같이 현금흐름을 지연·축소시킬 여지가 있는 홍보방식을 거부할 가능성이 크고, 입증된 홍보방식을 통해 신속히 수익을 창출하길 원한다. 지분 투자자의 경우 결정적인 경쟁우위를 제공한다면 기존과 다른 홍보 활동에도 찬성할 것이다.

운영 및 확장 계획

운영 및 확장 계획에 있어서 부채 투자자의 관심은 '비용 효과성'의 증거, 즉 규모의 경제가 존재하는지를 확인하고 월간 번레이트^(2장 참조)를 최소 유지하는 데 있다. 신뢰하기 어려운 공급업체, 정부 당국의 규제 및 간섭과 같은 안정적인 현금흐름을 저해하는 운영 위험도 반드시 확인할 것이다. 지분 투자자는 비재무적 경쟁우위와 관련된 운영 및 확장 계획을 허용할 여지가 크다. 여기에는 보다 우수한 부가가치 기능을 위한 연구개발의 실행, 그리고 비용적 측면에서 이점이 낮더라도 전사적 사업 전략상 이점을 제공할 수 있는 공급업체의 선택 등이 포함된다. 이에 따라 지분 투자자는 장기적인 관점에서 시장에서 경쟁력 강화 및 비즈니스 확장을 위한 활동에 필요한 초기 지출에 동의한다. 공공 기관에 자금지원을 요청할 때는 운영 및 확장 계획이 특히 중요하다. 생산 및 연구개발 시설의 확보는 물론, 연구개발비용과 향후 추가직원고용에 관한 상세하고 현실적인 계획이 필요하다.

기업목표

본 장에서 우리는 여덟 가지 주요 기업목표에 대해서 살펴봤다. 투자자 유형에 따라서 각 목표에 대한 강조가 달라질 수 있다. 부채 투자자는 목표시장의 확대, 그리고 여기에서 제품 및 서비스의 다각화를 기업목표로 삼길 원할 것이다. 이러한 목표를 성공적으로 달성하면 안정적인 수익 창출을 통해 부채상환과 이자 지급과 관련된 채무불이행 위험이 현저히 줄어들기 때문이다.

우선, 장기적으로 경쟁우위 확보와 투자 수익률 극대화를 추구하는 지분 투자자는 스타트업이 높은 성장률을 보이며 주요 마켓 플레이어로 성장하길 바란다. 따라서 혁신성 강화와 우수한 경영진 확보 등과 같이, 보다 근본적인 목표에 관심이 높다. 부채 투자자는 전략 파트너와 관련하여 향후 수익에 직접적인 영향을 줄 수 있는 공동 마케팅 파트너의 존재를 기대한다. 전략 투자자는 향후 계획에서 강력한 마켓 포지션과 같은 경쟁 우위를 확보하는 데 유용한 전략 파트너를 바란다. 부채·지분 투자자 모두 높은 수익과 이익을 바라지만, 부채 투자자의 초점은 수익보다는 현금 흐름에 맞추어져 있다. 공공지원기관의 경우, 스타트업은 이들이 자금지원을 위해 설정한 우선순위 기준에 부합하도록 기업목표를 설정하고 이를 핵심성과지표로 제시하면 된다.

재정 현황과 재정 계획

부채 투자자는 채무상환능력과 담보제공능력을 잘 보여주는 현금흐름표와 대차대조표를 가장 신중하게 검토할 것이다. 따라서 부채투자를 모색할 때에는 이 두 가지 재무제표의 작성에 신중을 기울여야 한다. 한편, 부채 투자자보다 밸류에이션에 더 많은 관심을 보이는 지분 투자자에게 가장 중요한 재무제표는 손익계산서이다. 이는 매출(수익)과 비용, 그리고 이익에 대한 분석이 기업 가치 평가에서 중요하기 때문이다.

출구 전략

사업 계획서에서 출구 전략을 제시할 때에는 부채 투자자일 경우 연간 내부 수익률로, 지분 투자자일 경우 투자 수익률로 나타내는 것이 좋다. 부채 투자자는 스타트업의 채무 상환 능력을 확보하기 위해 출구 전략까지 충분한 수익을 보장받길 원한다. 출구까지의 기간과 관련하여 지분 투자자, 부채 투자자 그리고 공공지원기관이 고려하는 요소가 서로 다르다.

우선, 지분 투자자의 경우, 출구 시점까지의 시간이 길어질수록 인지한 투자 위험 수준이 높아지고 현시점의 밸류에이션을 낮게 평가한다. 부채 투자자에게 출구 시점은 채권에 명시된 기간과 이자율, 그리고 채무자에게 요구되는 주기적인 부채 상환액을 결정하는 주요 기준이 된다. 공공지원기관의 경우, 출구 시점은 보조금 지원을 종료하는 시점이 될 수 있다. 특히 출구방식은 지분 투자자에게 중요한 관심사이다. 대부분의 지분 투자자는 가능한 투자 수익률 극대화를 기대하며, 이를 달성하기에 최적화된 출구방식을 선호할 것이다. 이들 중 전략 투자자는 기업공개보다는 전략인수자에게 M&A를 선호할 가능성이 크다.

성공적인 펀드레이징을 위한 사업 계획서 작성 원칙

사업 계획서를 작성할 때에는 다음 원칙을 숙지하는 것이 좋다. 첫째, 사업 계획서를 작성하기 전 제품과 서비스의 소비자·사용자 유형을 파악하고, 수익 다각화가 가능한지 규명하라. 만약 제품과 서비스를 구매할 소비자 유형이 다양하다면 수익 다각화가 가능하다. 이 경우, 각 집단에 대한 명확한 사례를 제시해야 한다. 예를 들어 서로 다른 마켓 세그먼트 A와 B가 제품과 서비스를 통해 일정 혜택을 누릴 수 있다면, 각 세그먼트가 이러한 혜택을 누리는 방법과 과정에 대해서 상세히 설명해야 한다.

사업 계획서 초안을 살펴보면 종종 적용 가능한 여러 목표 고객 중 한 집단에만 집중하거나, 특정 편익을 설명할 때 어떤 집단을 대상으로 하는지 명시하지 않는 경우가 있다. 이는 사업 계획서의 효과성을 감소시키는 중대한 실수이다.

둘째, 사업 계획서에서 '기대성과' 또는 '예상위험'과 같은 용어를 정의하고, 그것이 지칭·의미하는 바를 명확히 설명하라. 용어 정의는 잠재 투자자와 창업가의 관점을 일치시킨다. 이를 통해 잠재 투자자는 창업가의 관점에서 사업 계획서를 검토할 수 있다. 다음의 진술을 살펴보자.

> "사용자의 수와 관련하여 우리는 기대한 성과를 얻었습니다. 이들의 구전 마케팅(Word-of-mouth)은 당사 서비스의 시장 침투력과 시장 점유율에 큰 도움이 될 것입니다. 따라서 시스템 성능, 안정성 및 가용성을 확보하려면 위험을 최소화해야 합니다."

이 내용을 읽어본 잠재 투자자라면 과연 기대성과는 어느 정도의 사용자 수를 의미하는 것이며, 어떤 위험이 존재하는지에 대해 자세히 알고 싶어 할 것이다.

셋째, 사업 계획서에서 설명한 위험과 문제에 대한 대응 및 해결 방안을 제시하라. 자주 범하는 실수 중 하나는 스타트업이 직면한 문제를 어떻게 해결할지 설명하지 않은 체 경쟁업체의 문제만을 열거하는 것이다. 위험과 문제에 대한 대응 및 해결 방안을 제시함으로써 경쟁업체와 차별화할 좋은 기회를 얻을 수 있다.

넷째, 사업 계획서에서 다음과 같은 의미 전달을 가급적 피해야 한다.

- **"당사는 기업목표가 달성되길 바랍니다."** 희망은 투자의 대상이 아니다. "의도하고 있다" 또는 "실행에 옮길 것이다"와 같은 강력한 용어를 사용하여 향후 사업 전망에 대한 자신감을 표명하고, 이를 위한 방법과 과정을 밝혀야 한다.
- **"당사는 부가가치 활동에 적극 투자함으로써 투자 수익을 극대화하기 위해 투자금을 사용하려 합니다."** 이는 거의 모든 사업 계획서에서 쉽게 찾아볼 수 있는 진부한 문구이다. 투자자들은 모호함을 극도로 싫어한다. 구체적이고 현실적인 방법을 나열하고, 이에 관한 사례를 제시해야 한다.
- **"당사는 상황과 조건에 따라서 적절히 대응할 예정입니다."** 준비되지 않은 자에게 투자할 사람이 있을까? 설명할 수 없다면 차라리 말하지 않는 것이 좋다. 만약 이러한 결정이 필요하다면, 적어도 그 이유를 충분히 설명해야 한다.
- **"언제든 가능할 때 추가 기술 개발을 추진할 계획입니다."** 왜 지금 당

장 실행에 옮기지 못하는가? 이에 대한 해결책은 무엇인가? 한정된 가능성은 투자 기피 대상이다. 제안한 모든 것이 가능해야 하고, 실현 불가능한 것은 충분한 이유와 함께 관련된 위험을 완화할 방법을 제시해야 한다.

작성된 사업 계획서 초안을 교정할 때에는 외화내빈外華內貧, 즉 겉으로는 화려하게 보이나 속으로는 빈곤하고 부실한 문구에 주의해야 한다. 창업가는 오랜 시간 동안 헌신한 기술, 프로세스 및 비즈니스에 익숙한 나머지, 이에 대한 자신의 추상적인 생각과 주관적 견해를 사업 계획서에 투영할 여지가 높다. 아직 여러분의 제품과 서비스, 그리고 비즈니스 전반에 익숙하지 않은 잠재 투자자가 이러한 문구를 보면 전혀 이해하지 못하거나 그 의미를 달리 해석할 수 있다.

워크포인트

전략적 펀드레이징 활동의 일환으로써 사업 계획서 초안은 내·외부 목적상 반드시 작성해야 한다. 사업 계획서를 작성하면 기업 내부적으로 벤처 비즈니스 전반에 관한 체계적 이해를 도모할 수 있고, 그 결과 더욱 효과적인 사업전략을 수립할 수 있다. 사업 계획서를 작성하는 동안 '발견'에 주목해야 한다. 계획 과정 중에 실현 가능한 새로운 요소를 발견함으로써 보다 개선된, 실현 가능한 결과를 도출할 수 있다. 이러한 발견을 통해 목표성과를 달성할 수 있는 잠재력이 높아지고, 사업 계획서에 대한 잠재 투자자의 신뢰를 얻을 수 있다.

사업 계획서의 작성은 중요한 외부적 목적도 갖고 있다. 사업 계획서를 작성하는 동안 창업가는 2장에서 논의된 모든 KYI 요소에 대해서 심도 있게 고민할 수 있는 기회를 갖게 된다. 이를 염두에 두고 사업 계획서를 작성하면 벤처 비즈니스를 보다 효과적으로 전달할 수 있다. 투자자 유형에 따라 각 섹션에서 강조해야 할 요소들이 무엇인지 파악할 수 있기 때문이다. 사업 계획서를 구성하는 각 섹션에서 다루어야 할 KYI 요소는 다음과 같다.

- **사업 개요.** KYI 제1 및 제3요소와 관련하여 포괄적이고 간략한 기업 및 사업 요약을 통해 투자자의 호기심을 유발하여 본문 전체를 읽도록 만든다.
- **문제 정의 및 솔루션.** 수많은 KYI 요소, 특히 가치제안과 정의된 목표시장에 대한 고찰을 토대를 관련 내용을 제공한다.

- **제품·서비스 설명.** 제품 및 서비스의 부가가치 기능 및 파괴적 특성을 강조한다. 여기에서는 경쟁력, 지속 가능성 및 마켓 플레이어에 관한 KYI 요소를 다룬다.
- **가치제안.** 제품 및 서비스의 전략적 가치, 즉 어떻게 고객 문제를 해결할 탁월한 솔루션으로 작동하는지 설명한다. 이는 수익 잠재력과 궁극적으로 성공적인 출구 전략의 근거가 된다.
- **마케팅 계획.** 제품 및 서비스의 상업적 타당성(Commercial Viability)을 규명하고, 마켓 플레이어로서의 성장 과정을 설명한다.
- **경영진.** 경영진이 스타트업 비즈니스에 적합한 개인적 및 집단적 특성 및 역량을 지녔는지 설명한다.
- **전략 파트너 소개.** 주요 사업 계획의 일부로써 전략 파트너십의 중요성을 설명하라. 이는 KYI 요소 중 견인력과 위험 완화 요인을 다루는 데 효과적이다.
- **사업 운영 및 확장 계획.** 이는 투자금의 효율적 사용과 명시된 기업 목표 및 출구 전략을 뒷받침하는 강력한 기반을 제공한다. 합리적인 성장 단계를 마련함으로써 추가 견인력을 확보할 기회를 얻을 수 있다.
- **기업목표.** KYI 제3요소에서 제안된 다양한 성공 특성을 고려하여 현실 가능한 기업목표로 설정하고, 합리적이고 타당한 근거를 제시한다.
- **마켓 포지션 및 견인력.** 지속 가능한 경쟁우위 확보, 확고한 마켓 포지션 개발 및 수익 극대화를 위한 가용자원(물리적, 인적 및 관계적 자원)을 확인하고, 이에 대한 증거와 사례를 제시한다.
- **위험 요소.** 비즈니스가 내포한 위험과 불확실성을 정확히 설명한다. 이렇게 투명성을 확보하여 스타트업에 대한 잠재 투자자의 신뢰를 얻

는다.

- **재정 상태.** 타임라인을 통해 KYI 제1요소와 관련된 투자자의 목표, 즉 투자 수익 극대화가 성공적으로 달성될 것임을 확신시킨다.
- **출구 전략.** KYI 제1요소에 대한 확실한 답을 제공한다.

사업 계획서 작성에 관한 심도 있는 논의를 통해 벤처 비즈니스의 성공적인 펀드레이징을 위한 기초를 쌓았다. 이제 이 기초를 근거로 스타트업의 재무 전략을 수립할 차례이다.

Chapter 4

수익 극대화를 위한 최적 재무 계획 수립하기

거의 모든 창업가에게 스타트업의 성공적인 출구 전략 실행, 즉 투자 수익 극대화는 무엇보다 중요한 목표이자 도전과제이다. 이를 위해선 재무 전략과 그 실행 활동을 계획하고, 이를 근거로 효율적이고 효과적인 펀드레이징 활동을 전개해야 한다. 개발한 제품 및 서비스의 출시를 위해 정교한 생산·판매·운영 계획을 세우고, 철저한 검토를 마친 훌륭한 사업 계획서를 보유한 스타트업은 쉽게 찾아볼 수 있다. 하지만 이들 중 대부분은 어떠한 형태로든 재무 전략과 그 실행 활동, 즉 재무 계획을 갖고 있지 않다.

펀드레이징 준비단계에서 최적 재무 계획(Optimal Financial Planning)의 중요성은 아무리 강조해도 지나치지 않다. 재무 계획 수립과정은 '우리의 사업 목표를 달성하고자 계획한 활동이 정말 필요한 것일까? 그렇다면 이 활동을 수행하려면 얼마나 많은 자금이 필요한가? 이 자금을 어떻게 마련할 것인가? 만약 외부로부터 자금조달이 필요하다면, 기업에 미치는 영향은 어떠한가?'와 같은 일련의 질문에 대하여 증거 기반 답변을 추구하는 과정이다. 따라서 재무 계획의 수립은 기업목표에 입각한 재정적 의사 결정 사안을 규명하고 정의하는 것부터 출발한다.

스타트업의 벤처 비즈니스가 내포한 성공 잠재력을 검토하고, 그 성공을 향한 재무적 활동 사항의 타당성을 검증하려면 반드시 재무 계획이 필요하다. 또한 작성한 사업 계획을 효율적이고 효과적으로 수행하려면 운영 활동에 대한 재정적 타당성을 충분히 검증해야 한다. 사업 계획상 필요한 운영 활동을 전개하려면 많은 자금이 요구되며, 이러한 필요 자금을 적시에 충분히 확보하지 못하면 벤처 비즈니스의 성공을 위해 이제까지 투입한 스타트업의 모든 노력과 자원은 그 가치를 잃고 만다. 결국, 재무 계획은 계획한 출구 전략의 성공적인 실행을 통해 보다 높은 투자 수익을 창출하는 밑거름이 된다.

먼저 스타트업의 재무 계획 수립이 제공하는 다양한 이점에 대해서 살펴보자. 이는 재무 계획을 수립해야 하는 이유를 설명하기 위한 것뿐 아니라 이를 둘러싼 다양한 이슈와 관련하여 창업가의 사고의 폭과 깊이를 넓히는 데 도움이 될 것이다. 다음으로, 재무 계획의 출발점이자 종착점인 재무 목표(Financial Objectives)와 이를 달성하기 위한 재무 전략(Financial Strategy)에 대한 기초를 쌓은 후 창업가가 재무 계획 수립 시 고려해야 할 전략적 초점을 맞추도록 한다. 본 장의 핵심은 전사적 및 세부적 활동수준에서 펀드레이징 효과성 및 효율성, 즉 FREE(Fundraising Efficiency and Effectiveness)를 증진시키는 데 유용한 몇 가지 도구를 이해하는 데 있다. 이들 도구의 개념과 방법을 익힘으로써 최적 재무 계획을 수립할 수 있다.

재무 계획 수립의 이유

다시 한 번 강조하자면, 스타트업 창업가는 후속 펀드레이징 단계에 들어가기 전에 어떠한 펀딩 옵션이 자사에 가장 높은 전략적 가치를 제공하는지 결정해야 한다. 재무 계획은 바로 그러한 펀딩 옵션을 결정할 때 타당한 근거를 제공한다는 점에서 그 중요성을 강조할 수 있다. 사실, 개발·출시한 제품 및 서비스의 혁신성 또는 가치제안은 펀딩 옵션을 선택할 때 중요한 고려사항이 아니다. 그보다는 '어떠한 펀딩 옵션을 선택해야 하는가'는 '해당 투자를 받기로 결정하면 향후 출구 전략 실행 시 투자 수익을 얼마나 높일 수 있는가'의 문제로 귀결된다.

이처럼 효과적인 재무의사 결정의 토대가 되는 전략적 재정 관리는 스타트업의 성공과 실패를 결정하는 핵심요소이다. 실례로, 1990년 후반에 우리나라를 급습한 경제위기가 수많은 기업에 위협적이었던 이유 중 하나는 기업 차원에서 적절한 외환관리시스템을 보유하고 있지 않았기 때문이었다. 그 결과, 높은 매출을 달성했더라도 외환손실이 증가하면서 영업이익이 증발했다. 이는 스타트업을 포함한 모든 유형의 기업에 재무 계획 시스템의 마련이 얼마나 중요한지를 보여주는 극단적 사례이다.

재무 계획은 스타트업의 운영 활동 방향을 알려주는 나침반이다. 우리 주변에서 벤처 비즈니스의 높은 성공 잠재력에도 불구하고 펀드레이징 준비단계에서 명확한 재무 계획을 수립하지 않은 스타트업을 쉽게 찾아볼 수 있다. 이들 중 대다수는 성공을 향한 여정의 방향을 종잡지 못한 채 무엇(운영 활동)을 왜, 그리고 어떻게 할지 모른다. 이런 상태에서는 소중한 자원을 낭비하는, '하지 말아야 할 일'을 한다. 제한된 자원을 효율적이고 효과적으로 활용해야 하는 스타트업이 자신의 벤처 비즈니스가 내포한 높은 혁신성과 우수한 가치제안에 사로잡힌 체 그물을 넓게 던져 강에 사는 모든 물고기를 잡으려 하면 잠재 투자자와 잠재고객을 감동하게 할 만한 '사업의 깊이'가 이내 사라지고 만다. 스타트업은 확고한 재무 계획을 수립함으로써 벤처 비즈니스의 성공을 향한 집중과 선택을 유지할 수 있다. 또한 재무 계획을 수립하는 동안 잠재 투자자의 숨은 의도와 이들의 투자가 기업에 미치는 영향을 파악할 수 있다.

대규모 펀드레이징 노력에도 불구하고 해결하기 어려운 재정적 어려움을 겪고 있는 한 스타트업이 있었다. 이 회사는 탁월한 견인력, 노련한 경영진, 그리고 높은 혁신성을 바탕으로 다양한 시장 개척이 가능한 상업적 응용력까지 갖추고 있었다. 하지만 창업가는 아무런 재무 계획도 없이 과감히 펀드레이징 활동을 시작했다. 먼저 시드머니 단계에서 전환사채 투자를 받아들이기로 결정했다. 이후 일방적으로 진행되는 협상 테이블에서 잠재 투자자들은 지분희석화 방지, 관대한 주식전환, 엄격한 의결권 보장 및 모든 지적 재산권에 대한 담보설정 등 갖가지 불리한 투자 조건을 내걸었다. 향후 다양한 재원을 통한 투자 유치를 제한하는 조건도 있었다. 합의된 거의 모든 조항이 나중에 있을 스타트업의 펀드레이징 활동 대부분을 가로막는 걸림돌이 되었다. 이 스타트업은 대기업이 탐낼 정도로 상업적 가치가 높은 지적 재산권을 보유하고 있었고 산업과 사회 전반에 긍정적인 영향을 끼칠 혁신적인 제품을 보유하고 있었다는 점에서 더욱 불행한 일이 아닐 수 없다. 이런 기업을 매력적인 투자 기회로 인식할 잠재 투자자가 과연 존재할까? 재무 계획의 수립은 펀드레이징 활동을 유리하게 이끌 협상 카드를 만드는 것이다.

위 스타트업은 해당 투자 조건을 승낙하는 순간부터 '잠재적 파산 1일 차'를 맞이하는 것과 다름없다. 급격한 지분희석화를 유발하는 고금리 전환사채를 상환하는 것, 이른바 전형적인 비부가가치 활동을 하는 데 자신의 투자금이 사용되길 바라는 잠재 투자자는 거의 없다. 또한 스타트업의 경쟁우위 원천이자 핵심 전략자산인 지적 재산권이 채권자에게 담보물로 설정되어 있다면 잠재 투자자의 관심을 끌지 못한다. 재무 계획의 수립은 스타트업이 앞으로 경험할 모든 잠재적 펀드레이징 기회의 효과성을 극대화하기 위한 첫걸음이다.

재정 계획의 수립이 중요한 이유, 그리고 이를 통해 얻을 수 있는 이점을 여덟 가지로 구분할 수 있다. 여기에는 ① 전사적 사업 계획을 지원하며, ② 자본 구조의 건전성을 보장하고, ③ 충분한 자금을 확보할 수 있으며, ④ 적시에 자금을 확보하고, ⑤ 가장 유리한 자금을 확보하며, ⑥ 새로운 도전과 기회에 적절히 대응하여, ⑦ 훈련과 초점을 유지하고, 마지막으로 ⑧ 성공적인 출구 전략 실행 시 투자 수익률을 극대화할 수 있는 이점이 포함된다.

1) 사업 계획의 실행에 도움이 된다

사업 계획서를 작성할 때처럼 재정 계획을 수립하는 동안 스타트업의 벤처 비즈니스에 유용한 '새로운 발견'이 이루어질 수 있다. 비즈니스 플랜의 여러 구성요소, 특히 마케팅 및 운영 계획을 실행할 때에는 많은 비용이 발생한다. 재무 계획을 통해 이와 같은 특정 활동에서 대략적인 비용을 산출할 수 있고, 해당 비용의 타당성을 검토할 수 있다. 비용 검토 결과, 관련 총 합산 누적 비용이 너무 과도하다고 판단된다면 대안적 실행 방안 또는 비용 절감 방법을 모색할 수 있다. 기업목표 및 우선순위를 결정하는 중요한 요소가 바로 재정적 제약(Financial Constraints)이다. 여기서 상대적 조건에서 여러 기능을 살펴볼 기회를 가질 수 있다. 상이한 기능과 계획 구성요소를 대조함으로써 다음과 같은 전략적 사고를 병행할 수 있다.

- 서비스 A는 서비스 B보다 수익 창출 시점이 빠르다. 사업 활동에 필요한 물리적 장비의 구매 측면에서 서비스 A는 주식 공모가 필요한 반면, 서비스 B는 훨씬 더 유리한 조건을 리스(Lease)할 수 있다. 이 경우, 우선 서비스 A의 자금조달을 위한 신주발행을 진행하여 상용 출시한 후, 여기에서 창출된 현금흐름을 기반으로 서비스 B에 필요한

자금을 확보하는 것이 더 합리적일 것이다.

- 서비스 A의 예상 수익에 비추어보면 서비스 B의 연구개발, 시장 진출 및 마케팅 비용을 모두 감당하기 어렵다. 이 중 연구개발비가 가장 큰 비중을 차지한다. 그렇다면 서비스 A의 상용 출시를 위한 투자 유치 시 서비스 B의 연구개발비에 관한 자금도 함께 조성하면 어떨까?
- 제품 A와 제품 B를 독립적으로 생산하는 데 드는 비용이 지나치게 높다. 두 제품의 생산을 결합할 수 있는 방법이 있는가?
- 목표시장에 근접하여 제조 시설을 배치함으로써 절감할 수 있는 비용이 중앙 생산 방식을 통한 비용 절감액보다 크다. 제품 A의 판매와 동시에 제품 B의 개발을 진행할 재정적 여력이 있는가?

기업 및 운영 목표의 재정적 평가와 우선순위를 설정하는 가장 효과적인 방법은 부가가치에 따라 각각의 계획을 대조하는 것이다. 앞서 언급했듯이, 부가가치 활동은 손익계산서에 긍정적인 영향을 미친다. 그 영향 정도와 함께 효과의 적시성 또한 중요한 고려사항이다. 예를 들어 연구개발은 향후 밸류에이션 증대에 중요한 역할을 하지만, 보통 그 효과를 얻으려면 오랜 기간이 걸린다. 재정 계획을 통해 손익계산서상에서 그 효과를 정량적으로 분석해보고, 비용이 소요되는 활동의 우선순위를 설정하여 실행 여부를 결정할 수 있다. 이때는 재무적 정량분석이 도움이 되지만, 다른 비재무적 및 전략적 요소도 함께 평가하는 것이 올바르다.

재무 계획을 작성하는 동안 전사적 사업 계획 자체를 유리한 방향으로 수정할 수 있는 '새로운 발견'이 이루어진다. 또한 사업 계획의 진행 상황을 주기적으로 검토할 수 있는 기회를 얻게 된다. 그 결과, 효과성과 효율성 측면에서 가장 최적화된 자금 할당과 활용을 실현할 수 있으며, 이는 펀딩라운드를 진행하는 데 결정적인 역할을 한다. 자금 활용과 관련하여 2장에서 설명했듯이, 제품과 서비스의 기능을 무한히 향상시키기 위한 연구개발을 반드시 지양해야 한다. 그보단 매출 증대를 이끌 상용 출시에 필요한 연구개발을 선택적으로 수행하는 것이 바람직하다. 시드머니 단계에서 이러한 선택적 연구개발이 완료되었다면 이제 시리즈 A 단계로 도약할 준비가 끝난 것이다.

시리즈 A 단계에서 제품과 서비스를 상업적으로 출시하고 수익이 창출되기 시작하면, 내부 조달 혹은 주가 상승을 활용하여 후속 펀딩라운드에서 지속적으로 연구개발비를 충당할 수 있다.

이처럼 시간의 흐름에 따라 스타트업의 재정 상태는 변화하게 되고, 이에 따라 사업 계획과 재무 계획상 우선순위도 변화한다. 사업 계획과 재정 계획 모두 비즈니스 전략 및 운영상 변화를 주기적으로 반영하고 이에 대응하는 유연성이 필요하다. 이와 같은 유연성을 확보하려면 사업 계획과 재정 계획 간의 상호보완성, 즉 계획 하나의 수정이 다른 계획의 실행에 미치는 영향 관계를 정확히 이해해야 한다.

2) 자본 구조의 건전성을 높일 수 있다

효과적으로 수립한 재무 계획은 다운라운드를 방지하는 데 도움이 된다. 확고한 재무 계획으로 자본 구조의 건전성을 확인시켜준다면 유리한 조건으로 투자를 유치할 수 있다. 자본 구조의 건전성이 약화될수록 현 이해당사자들이 예상하는 위험 수준은 더욱 높아진다. 스타트업의 미래

기업 가치가 현재 투자시점의 가치보다 낮을 것으로 예상된다면 투자 유치가 이루어지기 어렵다. 이때에 나타날 수 있는 보다 심각한 문제는 스타트업 경영진에 대한 투자자의 불신이다. 스타트업의 자본 구조의 건전성 유지는 향후 투자 유치 활동을 가로막는 장애물과 걸림돌을 제거하는 데 중요한 활동이다.

3) 필요한 자금 규모를 파악할 수 있다

창업가들이 자금 규모와 관련하여, '투자를 얼마나 모아야 하는가?'라는 질문을 자주 묻는다. 이 질문에 대한 가장 현명한 답은 '지금 필요한 만큼만 모으면 된다'이다. 그렇다면 얼마나 필요한지 어떻게 알 수 있는가? 바로 재무 계획을 수립하는 것만으로 사업 운영에 필요한 투자 규모를 파악할 수 있다.

창업가들이 이전 펀딩라운드에서 경험한 내용을 바탕으로 현 잠재 투자자들의 기대에 입각하여 요청할 투자금 규모를 결정해야 한다는 조언을 쉽게 찾아볼 수 있다. 이는 올바른 조언이 아니다. 이를 통해 추정된 금액은 현재의 비즈니스 상황을 반영하지 못한 가상의 숫자에 불과하기 때문이다. 잠재 투자자에게 중요한 것은 기대 수익이다. 스타트업의 벤처 비즈니스는 성장 단계에 따라서 요구되는 활동과 이에 따라 소요되는 비용이 달라진다. 따라서 이전 단계에서 얻은 경험 법칙을 토대로 추정한 자금 규모는 당연히 부정확할 수밖에 없으므로 현 단계에 그대로 적용해선 안 된다.

전체 사업 단계에 필요한 사업 자금 총계를 계산하는 것이 그리 바람직하지 않은 이유는 다음과 같은 두 가지 이유 때문이다. 첫째, 필요한 모든 자금을 한꺼번에 확보하는 것 자체가 사실상 불가능하다. 둘째, 의심할 여지없이, 잠재 투자자들은 창업가에게 불리한 투자 조건을 제시할 가능성이 높다. 예측 불가능한 미래의 불확실성 때문이다. 이는 경영진을 포함한 기존 투자자들에게 이들이 투입한 시간과 노력, 그리고 자원에 상응하는 높은 보상을 제공하기 어렵게 만든다.

현실적 재무 계획을 수립하려면 사업 계획서에서 제시한 다양한 활동에 필요한 비용을 모두 반영해야 한다. 이를 통해 펀딩라운드에서 모금해야 할 자금 수준을 결정할 수 있다. 그리고 각 펀딩라운드에서 필요한 자금을 충분히 확보하는 데 주력해야 한다. 특정 라운드에서 조달한 투자가 충분하지 않을 경우, 사업 목표를 달성하기 어렵고 결국 향후 라운드에서 필요한 자금을 확보하는 데 어려움을 겪게 될 것이다.

재정 계획의 기초는 문서작업이다. 이 문서작업에서 가장 중요한 목표는 다음 펀딩라운드에서 사업 운영에 소요되는 자금 수준을 예측하고, 투자 유치를 위한 펀드레이징 활동 시기와 그 이유를 파악하는 것이다. 설령 그러한 예측이 정확하지 않을지라도 미래를 위한 준비, 그리고 그 과정에서 얻은 통찰의 중요성은 아무리 강조해도 지나치지 않는다.

스타트업이 실패하는 가장 큰 이유 중 하나는 특정 펀딩라운드에서 충분치 않은 투자가 이루어지는 것이다. 펀딩 단계와 사업 성장 단계가 서로 일치한다는 사실은 결코 우연이 아니다.

4) 적시에 필요한 자금을 요청할 수 있다

다음과 같은 두 가지 시나리오는 반드시 피해야 한다. 첫째는 현재 조달한 투자 규모가 후속 펀딩라운드에 도달하기 위해 필요한 사업자금에 못

미치는 경우이고, 둘째는 현재 필요한 자금 수준을 훨씬 초과하는 투자를 유치하는 것이다.

앞서 대부분의 스타트업이 실패하는 주된 원인이 자금 부족이라는 점을 명시했다. 더 구체적으로 설명하자면, 스타트업 벤처비즈니스의 주요 성공 조건 중 하나는 후속 펀딩라운드에 도달하기에 충분한 투자를 확보하는 것이다. 만약 특정 단계에서 펀딩라운드를 두 번 이상 반복하면, 이는 사업 자체 또는 사업 운영상 심각한 문제가 있다는 점을 암시한다. 설령 그렇지 않더라도 향후 스타트업을 자멸로 이끄는 어리석은 행동이다. 2장에서 설명한 바와 같이, 전략적 가치가 높은 잠재 투자자들이 제시할 투자 조건이 이전 투자자의 조건과 서로 상충할 수 있기 때문이다. 일관성을 유지하고자 이전 투자 조건을 들고 협상하려 한다면 잠재 투자자의 반감을 사게 될 것이다. 이런 상황에서는 창업가와 투자자 간 상호 신뢰는 커녕 누구도 유리한 협상 지위를 얻지 못한다.

창업가의 피칭을 듣고 나서 사업 계획서를 검토한 후 다음과 같이 질문했다. "이번 펀딩라운드에서 충분한 투자를 요청한 것이 맞습니까? 현재 귀하가 요청한 투자 규모는 2억 원입니다. 하지만 귀하의 추정 재무제표와 번레이트를 따져보면, 손익분기에 도달하기도 전에 투자금이 소진될 가능성이 매우 높습니다. 내부 자금조달을 통해서 사업을 운영할 능력도 없어 보입니다. 잠재 투자자에게 손익분기보다 훨씬 더 중요한 평가 요소는 '후속 펀딩라운드에서 현재보다 훨씬 더 높은 주당 가격으로 투자를 유치할 수 있느냐'이며, 이는 비즈니스의 지속 가능한 성장 잠재력을 살펴보기 위함입니다. 결국, 이 질문은 '비즈니스 단계를 발전시키기 위해서 필요한 재정목표를 달성할 수 있는가'라는 질문으로 연결됩니다. 귀하는 현 단계의 손익분기점에서 3억5천만 원의 사업비용이 들 것이라고 주장했습니다. 1억5천만 원의 차이를 어떻게 보충하려고 합니까? 후속 펀딩라운드로 나아가기 위해 필요한 추가 투자를 어떻게 확보하려 합니까? 현 주주들이 추가 펀딩라운드를 실행하는 데 어떠한 반응을 보일 것 같습니까? 조달하려는 투자금을 왜 분할하려는지, 그 이유를 먼저 설명해보세요."

이보다 더 불행한 시나리오는 다운라운드를 시도하는 것이다. 다운라운드는 특정 펀딩라운드에서 진행한 주식 매각이 이전 라운드보다 낮은 주당 가격으로 형성될 때 발생한다. 스타트업이 다운라운드를 시도하는 주된 이유는 현재 펀딩라운드에서 충분한 자금을 조달하지 못했기 때문이다. 현 단계에서 부족한 자금을 보충하기 위해 보다 신속하고 손쉽게 투자를 유치하고자 다운라운드의 유혹에 빠지기 쉽다.

하지만 다운라운드는 현 주주들의 지분율을 현저히 줄이는 심각한 지분희석화를 야기한다. 기존 주주들의 손실과 피해를 발생시키는 다운라운드를 의도적으로 시도하는 것은 불법에 해당한다. 의도치 않게 밸류에이션이 낮아져 다운라운드가 이루어진 경우는 합법적이지만, 이 경우에도 부정적 영향을 미친다. 즉, 자본 구조의 무결성을 무너뜨리고 후속 펀드레이징의 성공 가능성이 매우 낮아지는 것이다. 이 역시 스타트업의 자멸을 일으킨다.

내가 투자한 스타트업이 필요한 자금을 확보하려면 다운라운드를 해야 한다고 권고한 부채 투자자(채권자)를 만났다. 그는 주주의 이익보다는 해당 기업이 보유한 지적 재산권에 담보권을 설정하는 데 훨씬 더 관심이 많았다. 비즈니스가 매력이라면 낮은 가격의 주식으로 보다 많은 지분율을 확보할 기회를 놓치고 싶어 할 잠재 투자자는 없다.

이 부채 투자자에게 왜 유망한 스타트업에 낮은 밸류에이션을 불러올 다운라운드를 제안했는지 물어봤다. 그는 "대다수의 스타트업이 다운라운드를 경험하지 않습니까?"라고 반문했다. 이 말은 사실이다. 하지만 결코 올바른 대답은 아니다. 나는 그의 말을 간단히 받아쳤다. "네, 맞습니다. 그래서 대다수의 스타트업이 실패했죠." 나는 실패할 기업에 투자하고 싶진 않다.

이와는 반대로, 현재 필요한 자금 수준보다 훨씬 더 많은 자금을 확보하는 것도 위험하다. 만약 잠재 투자자가 요구되는 수준보다 많은 투자를 제안한다면, 냉철한 자세로 투자자가 파놓은 매혹적인 함정에 빠지지 않도록 주의해야 한다. 대부분의 경우, 이러한 제안은 미래에 주식가격이 높아질 상황에 대비하여 현시점에 가능한 한 많은 주식을 매수하여 높은 지분율과 기업 통제권을 확보하려는 숨은 목적이 있다. 기업 통제권의 상당 부분이 특정 투자자에게 집중된다면 보다 유리한 조건으로 향후 펀드레이징을 실행할 기회를 잃게 된다. 또한 투자한 자금 수준이 높을수록 투자자의 기대치도 높아진다. 결국 창업가는 목표 출구 전략으로는 도저히 달성하기 어려운, 지나치게 과도한 투자 수익 창출을 강요받게 될 것이다.

요약하자면, 특정 펀딩라운드에서 필요 이상으로 자금을 확보하면 기업 통제력과 출구 전략, 이 두 가지 측면에서 치명적 실수를 저지르는 것이다. 그리고 후일에 이 문제를 해결하려면 감당하기 어려운 비용과 노력을 쏟아야 한다. 자금이 필요한, 적절한 시기에 적정 투자를 유치함으로써, 벤처 비즈니스의 성공 잠재력을 높일 수 있다. 그리고 향후 점진적으로 더 유리한 조건으로 자금을 확보할 기회를 얻을 수 있다.

작성된 재무 계획을 효과적으로 활용하여 높은 비용이 요구되는 초기 단계에서 필요한 최소한의 적정 투자를 요청하는 JIT(Just-In-Time) 펀드레이징을 활성화해야 한다. 이 방식은 펀드레이징 효율성을 향상시키고, 장·단기적으로 기업 가치 제고에 크게 기여를 할 것이다.

5) 보다 유리한 투자 조건을 확보할 수 있다

펀딩라운드를 진행할수록 스타트업은 보다 유리한 투자 조건을 이끌어 내야 한다. 이론적으로 사업 성장 단계가 진척되면서 위험이 감소하고, 경영 및 산업에 관한 노하우와 자산이 축적된다. 그리고 마켓 포지션이 확고해지면서 비용·매출 개선이 이루어지고 다양한 성장 견인력을 얻게 된다. 이러한 스타트업의 성장 잠재력을 대변하는 모든 요소는 투자 협상 시 적절히 제시해야 한다. 그리고 후속 단계로 나아가려면 더 높은 밸류에이션을 창출할 수 있다는 증거를 제시해야 한다. 기업 가치의 증대는 주식 가격을 높여 주식 매각 시 지분희석화 정도를 감소시킨다. 본 장의 후반부에서 지분희석화를 측정하는 방법에 대해서 설명하도록 한다.

6) 새로운 도전과 기회에 적절히 대응할 수 있다

스타트업은 매우 역동적인 시장 환경에서 제품과 서비스를 개발하고 출시하고자 최신의 기술 프로세스를 적용하는 데 익숙해야 한다. 재정 계획은 기술 및 시장 상황의 변화에 따라 적절한 대응 방안을 모색하고, 이에 대한 재정적 평가를 실시할 수 있는 수단이 된다. 예를 들어, 새로운 경쟁사가 출현하거나 혹은 목표시장에서 규제가 강화되면 기술혁신을 위한 연구개발 활동 방향이나 시장 진입 전략의 시기와 방법을 재평가해야 한다. 이러한 연구개발 및 마케팅 전략 수정은 비용과 수익에 관한 이전 계획의 변화를 수반한다. 따라서 재무 계획을 이미 갖고 있다면, 변화에 따른 비용-편익 분석을 통해 보다 효과적인 의사 결정을 내릴 수 있다.

또한, 스타트업의 혁신적 제품 및 서비스와 관련하여 새로운 유망 시장이 출현할 수 있다. 대개 이러한 새로운 수익 창출 기회를 활용하려면 신시장 진출을 위한 예산을 배정해야 한다. 재무 계획은 이러한 변화로부터 나타날 새로운 기회를 평가하고 전략적으로 실현할 방법의 단서를 제공한다. 현 주주들과 잠재 투자자는 스타트업이 급성장하는 시장에서 괄목할만한 수익 잠재력을 갖고 있다는 사실에 대하여 높이 평가할 것이다. 그렇다고 자신들의 투자에 대한 기대가 쉽게 변하진 않는다. 구체적이고 현실적인 재정 계획을 통해 변화에 신속히 대처할 때 성공적인 출구 전략을 가치화할 수 있다.

7) 훈련과 집중을 유지할 수 있다

성공한 창업가들이 제안하는 귀중한 교훈 중 하나는 스타트업이 일종의 자기훈련과정이라는 점이다. 재무 계획은 그러한 자기훈련의 방법을 제시하고 경영진이 사업에 몰입하도록 만든다. 이는 급변하는 시장에서 혁신을 추구하는 스타트업에 특히 중요하다. 오로지 재정목표를 달성하는 데 집중해야 할 창업가가 예상치 못한 기술과 시장의 변화를 마주하면 그 집중력을 잃게 된다. 이러한 변화가 비즈니스에 미칠 재정적 영향을 고려하지 않은 채, 최소한의 조정 활동만 실시한다면 향후 감당하기 어려운 큰 재앙이 불어닥칠 것이다.

혁신 제품을 출시한 경쟁사에 대응하려고 현존하는 모든 기능을 갖춘 제품을 개발할 것인가? 이러한 접근법으로는 결코 문제를 해결할 수 없다. 작성한 재무 계획서 초안을 근거로 전략적 의사 결정을 내린다면, 그러한 유혹의 함정에 빠지지 않고 사업에 집중할 수 있다. 또한 변화와 이에 대한 대응 활동이 기업 재정에 어떠한 영향을 미치는지 파악할 뿐 아니라 기대 투자 수익의 중요성을 재확인하는 데 도움이 된다. 적어도 환경 변화 및 경쟁사에 대응하고자 연구개발에만 집착하는 태도는 지양할 수 있다.

재무 계획 수립의 또 다른 이점은 창업가가 위험을 감수하도록 만드는 것이다. 안정된 수익을 올리기 어려운 스타트업은 태생적으로 매출 기복이 심하다. 이 때문에 창업가는 매출 관련 위험을 감수하는 역량이 필요하다. 훈련을 통해 함양한 위험 감수 역량은 다음과 같은 이유로 기업 손실을 최소화하는 데 큰 도움이 된다.

첫째, 매출 기복이 심할 때에도 긍정적인 상태를 유지하도록 만든다. 경기 상황에 따라 손실이 발생할 경우, 이에 감정적으로 집착하는 것은 바람직하지 않다. 특히 이런 감정 상태에서 장기간 수익이 발생하지 않으면 사업 의지 자체가 꺾인다. 이런 상황은 창업가의 개인적 삶에도 부정적 영향을 미친다.

둘째, 훈련된 위험 감수 역량은 효과적인 자기 통제의 수단이 된다. 즉 장기적 관점에서 보다 높은 수익을 창출할 기회를 기다리도록 인내심을 길러준다. 사업과 자신에게 부정적 영향을 미칠 위험을 체계적으로 완화함으로써 긍정적 위험 역시 포용할 수 있는 능력을 얻을 수 있다. 이러한 자기 훈련 과정을 통해 위기를 기회로 전환할 능력을 배양할 수 있다. 즉, 이제까지 벤처 비즈니스에서 인지한 위험한 기회가 이제는 더 높은 마켓 포지션을 향한 성장의 기회로 보일 것이다.

재무 계획을 작성하는 동안 계산된 위험을 추구하다 보면, 궁극적으로 실현 가능한 높은 재정적 목표를 발견하게 된다. 해당 목표를 달성하고자 수립한 재무 전략은 사실 정보에 입각하여 체계적 달성 접근법을 제공한다. 물론, 특정 펀딩 단계에서 수립한 재무 목표에 지나치게 집착해선 안 된다. 펀딩 단계가 진행되면서 재무 목표 역시 조정할 필요가 있다. 부정적인 위험을 완화하고, 계산된 위험을 감수하며, 후속 단계로 나아가기 위해 필요한 재무 목표를 달성하는 데 집중해야 한다.

잘 설계된 재무 계획은 스타트업의 재정 상태를 구축하고, 이에 대한 투자자의 인식을 유리한 방향으로 개선하고, 새로운 수익 실현의 기회에 대하여 계산된 위험을 측정하도록 만든다. 기업의 재정 상태를 파악하고 이를 개선하려는 활동이 무엇인지를 파악하고 있으며 펀드레이징에 매우 효과적이다. 혹독한 자기 통제와 훈련의 결과로, 제한된 정보로도 협상을 유리하게 이끌 노련한 투자 협상가로 거듭날 수 있다.

8) 출구 전략 시 투자 수익률 극대화 방안을 규명할 수 있다

효과적 재무 계획의 수립과 실행은 사업 운영 개선에 도움이 된다는 점을 충분히 설명했다. 이는 궁극적으로 출구 전략 실행 시 실제 투자 수익률을 극대화하는 데 기여한다. 잠재 투자자의 기대 투자 수익률이 높을수록, 최소 비용으로 가장 유리한 조건의 투자를 주기적으로 확보할 수 있다. 수익과 비용으로 이루어진 재무 계획을 통해 현재 및 미래의 특정 시점에서 어떠한 투자 유형이 가장 유리한지를 판단할 투자 시나리오(Investment Scenario)를 작성할 수 있다. 이를 기반으로 다양한 투자 유형의 위험 및 영향 정도를 분석하고, 지분희석화를 최소화시킬 수 있다. 또한 기회비용 측면에서 보다 저렴한 비용으로 비재무적 투자(Non-equity Financing)를 확보할 기회를 식별할 수 있다. 효과적인 사업 계획만으로는 투자 수익 극대화라는 최종 목표를 달성할 수 없기 때문이다.

전사적 관점에서 재무 계획을 세우면 객관적 정보를 바탕으로 의사 결정을 내릴 수 있다. 이러한 의사 결정을 통해 재무 목표를 현실화·공식화하고, 이를 달성하기 위한 재무 전략을 정기적으로 수정·개선해야 한다.

재무 전략의 수립

재무 전략을 수립하는 주요 목적은 출구 시 투자 수익 극대화에 있다. 투자 수익 극대화는 최적 투자 효율성을 통해 달성할 수 있는데, 이를 위해선 재무 전략 수립 시 재무 코스(Financial Course)를 구성해야 한다. 재무 코스는 재무 목표를 세우고 이를 현실적으로 달성하는 전 과정을 가리킨다. 그리고 최적 투자 효율성이란, 후속 펀딩 단계에 도달하기에 충분한 투자를 확보하면서 지분희석화를 최소화하는, 균형 잡힌 재무 상태를 의미한다.

이러한 재무 전략을 수립하는 데 도움이 되는 전략적 사고 프로세스를 쉽게 이해하려면 자동차 여행을 떠올리면 된다. 장거리 자동차 여행을 준비할 때에는 목표지(출구)까지의 도달하기 위한 최적의 경로(재무 코스)와 연료 공급(자금조달)에 관한 결정을 내려야 한다. 목적지에 가까워질수록 연료 가격(자본 비용)은 점차 저렴해진다고 가정해보자. 극단적인 두 가지 옵션이 있다. 하나는 연료가 떨어지는 위험을 최소화하기 위해 모든 주유소에서 멈추는 것이다. 이로 인해 더 많은 정차(지분희석화)가 필요하고, 잦은 정차로 인하여 연비는 낮아진다(기업 가치 감소). 이는 매우 비효율적이다. 또 다른 극단적 옵션은 예기치 않은 사건(기술 및 시장 요소의 변화)을 겪지 않도록 완벽한 통제(추정 재무제표)하에 기름을 가득 채우고 최대한 멀리 가는 것이다. 하지만 이 옵션을 선택하면 중간에 연료가 고갈되어 좌초될 위험이 크다. 연료가 부족한 상태에서 계기판(자본구조)을 지켜본다는 것은 매우 초조한 일이다. 일단 연료가 바닥나면, 리터 당 10만 원에 연료를 판매하는 이동식 주유판매자(기회주의적 벌처 캐피탈리스트)에게 연락을 해야 한다.

이 두 가지 극단적 옵션은 그리 바람직한 결정이 아니다. 가장 좋은 방법은 경로상의 최저가 주유소(전략적 잠재 투자자)를 확인하고, 자동차의 연비(번 레이트)와 자신의 운전습관(경영역량)을 토대로 주유 정차를 위한 횟수를 최소화하는 것이다. 그 결과, 자동차 여행은 가장 낮은 비용으로 신속히 목적지에 도달할 수 있다. 예상치 못한 사건을 처리하려면 여행계획(재무 전략)에 유연성(보유현금)을 확보하는 것이 좋다.

이 과정에서 작지만 중대한 결정을 여러 번 내려야 한다. 주유소에서 공급하는 연료품질(좋은 돈 또는 나쁜 돈)은 어떤지, 그리고 주유 정차 시간(투자 유치에 필요한 노력)에 대해서 생각해봐야 한다. 추가로 주유소에서 식사를 해결할 수 있는지(비재무적 지원), 용변을 위한 화장실은 깨끗한지 등을 살펴봐야 한다(위험 완화요소). 장거리 여행을 위한 자동차를 렌트할 때에도 유사한 결정이 따른다. 스포츠 유틸리티 차량보다는 연료효율이 좋은 세단을 택하면 비용을 확실히 절감할 수 있을 것이다(강력한 가치제안). 여행 전에는 반드시 정비점검(운영 계획)을 받고 타이어(경영진)의 상태와 기압을 점검하면 사고를 예방할 수 있다. 이때 반드시 브레이크(기업 통제력)에는 이상이 없는지 살펴봐야 한다. 출발 전 세차와 청소(마케팅 계획)를 마치고 백미러를 조정하면(투자 조건) 보다 쾌적하게 운전할 수 있다.

이처럼 재무 계획을 수립할 때에는 많은 요소를 고려해야 한다. 우선, 재무 목표를 수립하면 그 목표를 향한 재무 계획을 보다 효율적으로 실행할 수 있다. 이제 재무 목표를 위한 기초를 쌓도록 하자.

재무 목표의 설정

재무 목표는 다음과 같은 다섯 가지 요소를 기반으로 수립해야 한다. 마지막 세 가지의 목표 요소는 다음 절에서 설명할 측정 도구를 통해 계량화할 수 있으며, 이는 효과적이고 효율적인 펀드레이징을 가능케 한다.

1) 번레이트 최소화. 재무 목표에서 다루어야 할 첫 번째 요소는 비즈니스의 최소 지출 조건(Minimum Expense Requirement)이 충족할 수 있도록, 가능한 한 신속하게 내부자금 조달력을 갖추는 것이다. 내부자금 조달력은 경영 위급 상황 시 통제력과 해결력을 대변하며, 펀드레이징 시 협상력을 높이는 레버리지로 작용한다. 번레이트 개념과 중요성에 대해선 2장에서 상세히 서술했다.

2) 수익 창출과 이익 달성. 이는 무엇보다 중요한 재무 목표이다. 계산된 수익과 이익을 추정 재무제표로 명확히 제시함으로써 잠재 투자자에게 높은 투자 수익률(ROI)을 제공할 것이라는 사실을 직접 전달해야 한다.

3) 지분희석화 최소화. 이는 창업가를 포함하여 초기 투자자의 ROI를 극대화하고, 후속 투자자의 ROI를 보장하기 위한 수단이다.

4) 최적 자금조달 방식의 선택. 전사적 재무 전략 맥락에서 개별 재무 의사 결정 사안에 대한 고려는 효과적인 재무 계획과 투자 협상의 본질이다.

5) 효과적인 통제력 유지. 재무적 의사 결정상 위험을 최소화하고 유연성을 최대화하는 것이 재무 계획을 효과적으로 실현하는데 큰 도움이 된다.

펀드레이징 효과성 및 효율성

FREE(Fundraising Efficiency and Effectiveness)는 "펀드레이징 효율성 및 효과성"을 의미한다. 스타트업 창업가는 거시적 및 미시적 수준에서 효율적이고 효과적인 재무적 의사 결정을 내려야 한다. FREE를 위한 거시적 수준의 재무적 의사 결정은 궁극적으로 사업 운영에 필요한 총 자금을 조달할 수 있도록 펀드레이징의 방향과 경로를 선택하는 것이다. 그리고 미시적 수준의 재무적 의사 결정은 필요 자금을 조달하기 위한 펀딩 방식을 세부적으로 탐색하여 기업의 자본 구조 건전성을 증진시키는 것이다.

거시적 수준의 결정 요소는 펀드레이징을 통한 자금조달의 시기, 금액, 유형, 구조 및 펀딩라운드의 투자 조건 등이 포함된다. 앞서 설명한 사업계획서를 작성하면서, 현 펀딩 단계(또는 사업 성장 단계)에서 달성 가능한 단·중·장기적 기업목표를 제시하게 될 것이다. 최적의 펀드레이징 활동 방향과 경로를 결정하려면, 이러한 기업목표를 기반으로 투자 효율성과 효과성을 분석해야 한다.

미시적 수준에서 각 펀드레이징 단계별로 효율적이고 효과적인 재무적 의사 결정을 내리려면 펀딩라운드에서 유치할 투자금이 기업목표 달성에 미칠 재무적 영향을 분석해야 한다. 기업목표 달성에 필요한 지출 및 비용 내역은 사업 계획서상 운영 계획에 명시되어 있어야 하며, 재무 계획서에도 이를 다루어야 한다. 이는 앞 장에서 설명한 바와 같이, 계획서상 제시된 내용의 일치성 여부를 검토하는 것이 얼마나 중요한지를 다시 한번 상기시킨다.

FREE 측정 도구

| 지분희석률

지분희석률(Rating of Equity Dilution, RED)은 창업가를 포함한 발기인(초기 사업 성장 단계에서 지분 투자한 주주)이 소유한 지분율을 기준으로 한다. 즉, 연속적 펀딩 라운드를 수행한 결과, 발기인들이 보유한 주식의 자산가치가 낮아지는 정도를 말한다. 지분희석률은 회사의 펀드레이징 효율성을 대변한다. 성공적인 출구를 통해 발기인의 투자 수익률을 극대화하는 것이 기업의 목표라면, 이 목표를 달성하는 방법은 출구 시점에서 발기인이 가능한 최대 지분을 보유하도록 만드는 것이다.

간단한 예시를 통해 지분희석화에 대해서 이해해보자. 스타트업 창업가가 현재 회사 지분의 10%를 보유하고 있다. 사업 계획대로 잘 진행된다면 궁극적으로 이 회사를 100억 원의 밸류에이션에 매각할 수 있다면, 창업가는 10억 원의 수익을 올릴 수 있다. 하지만 이때 미처 고려하지 못한 부분이 바로 지분희석화이다.

100억 원에 회사를 매각하기 전에 앞으로 세 번 정도의 투자를 받아야 하는데, 이때마다 신주를 발행하면 초기 지분율 10%는 계속해서 희석될 것이다. 1차 펀딩라운드에서 벤처 캐피탈이 제시한 투자 조건은 지분 20%에 3억 원의 투자금이다. 프리머니 밸류에이션(Pre-money Valuation, 투자 전 기업 가치)이 15억 원이므로, 포스트머니 밸류에이션(Post-money Valuation, 투자 후 기업 가치)은 18억 원이다. 그렇다면 창업가가 보유한 지분의 가치는 1.8억(18억 원× 10%)이 될까?

그렇지 않다. 지분희석화가 작용하기 때문이다. 1차 투자를 받기 전에 100만 주가 이미 발행되었다고 가정하자. 3억 원에 해당하는 지분 20%를 확보하려면 이는 250,000주$^{(=\ x/(1,000,000+x)\times100\ =\ 20\%)}$의 신주를 발행해야 한다. 5억 원의 투자를 받았다면 이제까지 1,250,000주를 발행한 것이다. 투자 이전에 창업가가 보유한 지분율은 10%$^{(100,000주)}$이었지만, 투자 유치 후 지분율은 8%$^{(=\ 100,000/1,250,000\times100)}$로 감소했다. 이를 현금 가치로 환산하면 1.4억 원이다$_{(포스트머니\ 밸류에이션\ 기준,\ 18억\ 원\times8\%)}$. 이러한 방식으로 두 차례 투자를 받으면 창업가의 지분율은 2%로 감소할 수 있다. 현실적으로 충분히 발생 가능한 상황이다.

성공적인 출구 전략으로 회사를 100억 원에 매각했다면 창업가의 투자 수익은 2억 원밖에 되지 않는다. 만약 계획대로 진행되지 않아서 회사를 50억 원에 매각했다면, 수익은 1억 원밖에 안 된다.

물론, 이러한 지분희석화가 반드시 나쁜 것은 아니다. 스타트업의 성장 과정에서는 신주 발행은 불가피하다. 그러므로 지분희석을 최소화시킬 방법을 고민하기 위해 시간과 노력을 낭비하기보단 밸류에이션을 극대화하는 데 집중하는 것이 바람직하다. 하지만 앞서 살펴본 바와 같이, 초기 비즈니스 단계에서 투자를 한 발기인의 경우에는 후속 투자자들보다 지분희석률이 크다. 따라서 벤처 비즈니스의 자본 구조가 내포한 미래의 불확실성을 고려하여 지분희석률을 예측한다면, 펀드레이징의 효율성을 높일 수 있다. 여기서 자본 구조의 불확실성이란 신주발행을 통해 새로운 투자자에게 주식을 제공하여 지분희석화가 발생할 가능성이 존재함을 뜻한다.

이러한 불확실성은 주로 다음과 같은 네 가지 원인으로 발생하며, 모두 발기인들의 주식보유율을 감소시킨다.

- 전환사채가 존재할 경우
- 주식워런트가 발행될 경우
- 성과실적 등에 관한 투자 조건에 따라서 추가자금투입이 약속된 경우
- 이전 투자 계약서에서 옵션풀이 존재할 때 스톡옵션을 제공하는 경우

다음과 같은 두 가지 방법을 통해 지분희석률을 계산할 수 있다. 우선, 보수적인 방법은 상황에 따라서 추가 발행할 신주의 최대량을 산정하는 것이다. 기발행주식과 각 펀딩 단계에서 투자 유치를 위해 필요한 신주의 총량을 예상하여 자본 구조에 포함한다. 여기서 현재 및 미래 사업 자금과 관련된 재무 계획서를 활용하여 앞으로 발행할 신주 규모를 예측할 수 있다.

신규발행주식의 계산이 쉽지 않은 경우도 있다. 대표적인 예로써, 전환사채를 통해 사업 자금을 조달하거나 혹은 주식희석화를 방지하는 투자 조건이 있을 때이다. 이때에는 경험적 사실에 근거하여 적절한 비율로 지분희석화 정도를 유추할 수 있다. 여기에 적용할만한 '70-50-20 법칙'이 있다. 발기인이 보유한 주식 총량을 100%로 놓고 연속적인 펀딩라운드에서 계산된 지분율을 따져보면 시드펀딩 단계에서 70% 시리즈 A 단계에서 50%, 시리즈 B 단계에서 20%로 감소한다는 것이다. 이 법칙은 경험법칙에 따른 수치로써, 그 정확성이 낮다. 그러나 이러한 방식으로라도 지분희석률을 계산하는 것이 출구 전략 실행 시 투자 수익을 높기 위한 재무 계획을 수립하는데 매우 중요하다.

| ACRE 차트

ACRE 차트는 가장 유리한 조건으로 자금을 확보하는 방법을 결정하는 데 도움이 된다. 기업목표와 단기적 운영목표, 그리고 특정 펀드레이징 단계에서 필요한 요구조건에 따라서 재무 옵션(투자 유형)이 무엇인지를 파악하고, 어떠한 옵션이 가장 효율적인지를 결정하는 데 그 목적이 있다. 반드시 재무 계획과 관련한 개별 의사 결정은 전사적 재무 전략과 부합해야 한다.

ACRE는 가용성(Availability), 비용(Cost), 위험(Risk), 그리고 효과(Effect)의 약어이다. 각 요소는 가장 효율적인 재정옵션을 결정하기 위해 평가해야 할 주요 기준을 의미한다.

1) 가용성. 여기서 추구해야 할 기본질문은 "특정 유형의 투자를 받기 위한 자격조건은 무엇이고, 이를 통해 확보할 수 있는 자금은 어느 정도인가?"이다. 일반적으로 지분투자는 높은 수준의 가용성을 지니고 있다. 지분투자에서는 현실적이고 강력한 출구 전략이 존재하는지가 중요한 투자요건이 된다. 부채투자에서 정기적인 이자 지급 및 원금 상환 능력을 보여주고, 담보 자산을 보증하게 충분한 현금흐름이 중요한 투자요건이다. 공공 자금 지원 사업의 경우에는 산업별 혹은 지역별로 우선순위에 따라 자금을 지원하며, 정책 입안자가 설정한 까다로운 자격요건을 모두 충족해야 한다. 은행대출은 높은 신용등급과 장기간의 사업 연력이 필요하다.

2) 비용. 특정 유형의 투자를 확보하려면 어떠한 비용이 가정되어야 하는가? 지분투자에서는 지분희석화의 결과로 창업가를 포함한 발기인의 투자수익 감소분을 잠재비용으로 가정해야 한다. 부채 조달과 신용대출에서는

자본 비용, 즉 이자 비용을 반드시 고려해야 한다. 이러한 비용상 가정에는 단순히 재무적 수치뿐만 아니라, 투자 확보에 소요되는 시간과 노력을 반영해야 한다. 특히 공공 자금 지원 사업의 경우에는 자격조건을 갖추기 위해 초기 계획을 변경함으로써 발생한 모든 비용을 반영해야 한다.

3) 위험. 특정 유형의 투자 유치 시 이로 인해 발생 가능한 잠재적 손실은 무엇인가? 지분투자에서 주당 가격이 너무 낮으면 발기인은 기대투자 수익이 감소하는 위험을 감수해야 한다. 그렇다고 공모 가격이 지나치게 높으면 해당 펀딩라운드에서 투자 부족 현상이 발생하거나 아예 투자 유치에 실패할 수 있다. 주가를 낮게 설정하는 다운라운드를 진행하면 이보다 높은 주당 가격을 설정해야 하는 후속 펀딩라운드에서 기업 가치를 제고하기 어렵다.

부채조달에서는 채무불이행 시 담보 자산의 청산이 주요 위험으로 작용한다. 지분투자와 부채투자에서 발생할 수 있는 공통 위험은 상이하고 복잡한 투자 조건으로 인해 자본 구조가 오염되는 것이다. 공공 자금에서는 엄격한 자격요건을 갖추기 위해 많은 시간과 노력이 필요하지만 수혜 여부는 불투명하다는 위험을 안고 있다.

4) 현금흐름에 미치는 영향. 현금흐름에 대한 압박이 심할수록 재무 계획에 부정적인 영향을 끼친다. 신주발행은 배당금을 지급하지 않는 한 현금흐름에 어떠한 영향도 주지 않지만, 현금이 부족한 스타트업이 실제로 배당금을 지급하는 사례는 매우 드물다. 부채상환은 현금흐름에 부정적인 영향을 끼치며, 부가가치 창출 활동을 위해 가용할 수 있는 자금 총량을 제한한다. 반면, 즉각적인 부가가치 창출 활동을 가능케 하는 신용대출을 확보한다면 스타트업의 현금관리능력은 비약적으로 상승한다.

5) 대차대조표에 미치는 영향. 특정 투자 유형이 스타트업의 대차대조표에 긍정적인 영향을 미친다면 기업 가치 증진에 도움이 되고 향후 부채조달에 유용한 담보 자산을 개발할 수 있다. 만약 부정적인 영향이 더 크다면 향후 부채조달 또는 신용대출 능력을 약화시키는 부작용을 발생시킬 것이다. 대차대조표에서 선순위부채(Senior Debt, 다른 부채보다 먼저 상환되어야 하는 부채)가 있으면 추가 부채조달이 어려울 수 있다. 일단 특정 자산을 담보로 설정하면, 해당 자산은 다른 부채조달을 위해 활용할 수 없기 때문이다. 또한 대차대조표상 단·장기부채가 존재하면 기업신용은 낮아질 수 밖에 없다. 공공 자금, 라이선스 수수료, 수익증권과 같은 대차대조표상 비(非)부채항목의 영향은 매우 미미하기 때문에 고려하지 않아도 된다.

가능한 여러 펀딩 유형을 비교평가해야 한다. 활용 가능한 여러 펀딩 유형에 대하여 ACRE 차트를 작성하고, 각 요소에 대한 질적 및 정량 평가를 실시해야 한다. Y축에는 펀딩 유형을 구분하고 X축에서는 각 요소가 재무 계획에 미치는 영향 강도를 표시한 그래프를 통해 다양한 펀딩 유형을 쉽게 비교, 평가할 수 있다.

스타트업이 선택할 수 있는 펀딩 유형의 대다수는 대체로 비용과 위험이 높다. 하지만 각 펀드레이징 단계에서 ACRE 차트를 적용하여 보다 저렴하고 유용한 투자 유형을 분석한다면, 해당 비용과 위험을 줄일 기회를 파악할 수 있다. 그리고 특정 단계에서 사업 목표를 달성하기 위해 필요한 자금 총액을 결정한 후 투자를 얻기 위해 소요되는 비용과 위험을 합산하여 잠재 투자자에게 요청할 총 자금을 산출할 수 있다. ACRE 차트를 적용한 다음의 예시를 통해 활용방법을 상세히 살펴보자.

| 미시적 수준에서 ACRE 차트 적용하기

1) 시나리오 1. 서버 설비 12대를 구매하려면 후속 펀딩 단계에서 1억 원의 자금을 조성해야 한다. 이 단계에서 설비 장비 구매를 위해 적용 가능한 펀딩 유형에는 신주발행, 그리고 5년 만기 우선순위부채^(이자율 12%)가 있다. 지분희석화가 발생하는 신주발행을 통한 서버 구입은 장기적 관점에서 많은 잠재비용이 든다. 장기 채무를 통한 자금조달은 신주발행보다 많은 자금을 확보할 수 있고, 부채상환에 필요한 충분한 현금흐름도 예상된다. 하지만, 향후 더 유리한 조건의 선순위부채를 확보하기 어렵게 만든다는 점에서 문제가 된다.

장비임대옵션^(리스)은 3년 만기의 이자율 5%이다. 비용과 위험, 그리고 현금흐름과 대차대조표에 미치는 영향을 고려할 때, 가장 유리한 조건은 리스이다. 리스의 자본 비용^(이자)은 12%인 부채펀딩보다 낮은 5%이다. 3년 만기의 5% 이자율의 리스 임대료가 5년 만기의 12% 이자율보다 현금흐름에 미치는 영향이 훨씬 더 적다. 장비임대 시 설정해야 할 위험은 장비^(서버)반환이다. 또한 채무불이행 시 자산담보물에 대한 압류도 중요한 위험 요소다. 장비임대는 대차대조표에서 단기부채로 나타나며, 이는 향후 잠재적 부채조달에 큰 영향을 미치지 않는다. 따라서 내부 자금조달^(현금흐름)을 통한 장비임대가 최선의 방법이다.

2) 시나리오 2. 창업가가 공동 설립한 스타트업의 벤처 비즈니스는 현재 성장 단계에 있으며 계획대로 잘 진행되고 있다고 하자. 신뢰할 수 있는 몇몇 고객들과 장기공급계약을 맺고 있으며, 상대적으로 높은 이자율^(10%)에도 불구하고 민간은행에서 2.5억 원의 신용대출을 확보했다. 이 회사는 앞으로 3개월 동안 총 1.5억 원을 투자하여 상업적 출시를 위한 혁

신적 소프트웨어에 대한 연구개발을 시작할 계획이다. 이를 위해 향후 2개월 이내에 네 명의 소프트웨어 개발자를 추가 고용해야 한다. 해당 임금 비용을 충당하기 위해서 최근 1억 원의 소프트웨어 개발 계약을 체결했다. 따라서 회사가 즉각적으로 달성해야 할 목표는 혁신적 소프트웨어 제품에 대한 연구개발에 착수하고, 해당 계약 건을 실행하는 것이다. 이러한 단기적 특성으로 인해, 활용 가능한 펀딩으로는 ① 현재 확보한 신용 대출 확대, ② 지자체가 소프트웨어 개발자 고용촉진을 위해 지원하는 공공 자금, ③ 시중 은행을 통한 팩터링^(채권매입)이 있다.

우선, 기존의 신용대출을 통한 자금조달은 두 가지 목표를 실행할 정도로 충분하지만, 대출 상환은 미래의 단기 현금흐름에 문제를 야기하고 추가대출심사를 위해 계약 체결을 미뤄야하는 위험을 안고 있다. 기존 개발자로 수행하는 연구개발 프로젝트의 경우 공공 자금을 사용할 수 없다. 또한 공공 자금을 확보하는 데 3개월의 기간이 소요되며, 복합한 보조금 신청서 작성을 전담할 새로운 인력을 고용하는 데 0.1억 원이 필요하다. 팩터링의 경우, 펀딩 조건은 6%의 이자율이다. 이러한 낮은 이자율은 스타트업의 클라이언트가 가진 신용도에 기초하여 은행이 클라이언트로부터 외상 매출금을 직접 징수하기 때문에 가능하다. 클라이언트의 미지급금 규모와 지불내역을 고려할 때 두 가지 목표를 달성하여 충분한 자금을 확보할 수 있다.

창업가는 2.5억 원의 팩터링을 신청하기로 결정했다. 팩터링은 비교 평가한 다른 펀딩 유형보다 저렴하다. 기존 신용대출의 이자율은 10%이다. 1억 원의 공공자금을 신청하기 위해 0.1억 원의 임금 비용을 지불하는 것은 이자 10%를 내는 것과 같다. 신용대출은 채무불이행의 위험이 있다.

팩터링에서는 은행이 매출채권 회수에 대한 책임을 지며, 이는 스타트업이 짊어질 채무불이행 위험을 감소시킨다. 공공 자금은 일단 확보되기만 하면 아무런 위험이 없지만, 선발에 탈락할 위험이 있다. 이 경우, 신청서 작성을 위한 임금 0.1억 원은 매몰 비용이 될 것이다. 접근성과 위험 측면에서 공공 자금보다 팩터링이 훨씬 우월하다. 팩토링은 현금흐름 및 대차대조표상의 효과성 측면에서도 신용대출을 압도한다. 팩터링을 선택하면 향후 3~6개월 동안 은행이 스타트업의 클라이언트로부터 매출채권을 직접 행사할 것이다. 신용한도거래에서 인출할 경우 매달 최소한의 서비스 이용료를 지불해야 한다. 반면 팩터링은 대차대조표에 영향을 끼치지 않는다. 반면 신용한도거래에서 인출한 자금은 단기부채 증가로 표기된다.

┃거시적 수준에서 ACRE 차트 적용하기

1) **시나리오 3.** 앞의 두 가지 시나리오가 하나의 스타트업에 관한 것이라고 가정하자. 서버구입비 1억 원, 소프트웨어 개발비 1.5억 원, 추가 개발자 고용에 따른 임금비 1억 원을 모두 합하여 총 3.5억 원이 필요했고, 리스와 팩터링을 통해 자금문제를 해결했다. 이 밖에 사업운영비를 포함하여 현재 필요한 자금이 총 7.5억 원이라면, 앞으로 4억 원의 추가 자금조달이 필요하다. 신주발행 이외의 방식을 통해 자금조달이 가능한가? 그렇다면 어떠한 방식이 가장 효율적인가?

작성한 ACRE 차트에 따르면 유일한 펀드레이징 옵션은 신주발행, 선순위부채, 팩터링, 또는 현재 확보한 2.5억 원 한도의 신용한도대출이다. 팩터링은 매출채권에 근거한다. 만약 팩터링을 충당할 만큼 충분한 매출채권을 보유하고 있지 않거나 고객들이 자신의 외상 매입금을 은행에 지불할 의사가 없다면 팩터링을 확보할 수 없다. 현재 매출채권을 분석한 결과, 기존의 팩터링(2.5억 원)에 추가로 1억 원의 팩터링이 가능하다. 여전히 3억 원이 부족하다. 창업가는 지분희석화를 야기하지 않는 신용한도대출을 늘리기 위한 협상을 진행하기로 결정할 수 있다.

　이제 남은 두 가지 펀드레이징 옵션의 비용, 위험 및 효과를 비교할 때이다. 시리즈 B 단계에 속한 회사로서, 창업가는 이전에 사모펀드를 성공적으로 유치했다. 이러한 상황에 비추어보면 추가 사모펀드는 지분희석화를 야기할 수 있으므로 주저할 수 밖에 없다. 경영진과 주주들 역시 자신들이 보유한 지분이 희석되길 원하지 않는다. 비즈니스 위험이 상당히 줄어들었다는 점에서 선순위부채가 매력적일 수 있다. 그러나 서버임대료와 향후 4개월 동안 매출채권의 상당 부분을 은행이 가져가는 팩터링으로 인해 이미 단기현금 흐름의 상당 부분을 소진한 상태다. 정기적인 부채상환을 가정하기 어려운 상황이다. 선순위부채는 후속 펀딩라운드에서 기업의 지속 가능한 성장전략 상 유리한 잠재적 부채 조달의 확보를 저해할 수 있다. 현재 시점에서 확보할 자금은 신주발행에 따른 지분희석화에 큰 영향을 끼치지 않는다. 채권자는 스타트업의 경쟁우위 원천인 지적 재산권을 담보로 요구할 것이다. 이는 기업의 재정적 상태와 마켓 포지션을 고려할 때 위험이 과도한 것으로 보인다.

　이러한 상황을 감안할 때, 신주발행이 합리적 대안이 될 수 있다. 물론 비용 측면에서 지분희석화가 발생한다. 하지만 부족 자금을 부채로 조달할 경우, 후속 펀딩라운드에서 신규부채조달이 어려워짐에 따라 잠재적으로 더 많은 신주발행이 필요할 수 있다. 이는 더 큰 지분희석화를 초래한다. 위험, 현금흐름 및 대차대조표에 미치는 영향을 고려해보면, 현 단계에서는 자본 펀딩이 부채 펀딩보다 유리하다.

2) 시나리오 4. 창업가가 어떤 파트너와 스타트업을 공동 창업하기로 했다고 하자. 비즈니스 콘셉트와 프로토타입을 개발하고 사업 계획을 작성하는 데 약 1년의 시간이 걸릴 것으로 예상된다. 주요 경비에는 사무실 임대료, 공과금, 컴퓨터, 사무용 가구 및 장비, 그리고 최소한의 급여가 포함된다. 시드머니 단계까지의 총 사업 구축 비용은 7천만 원이다. 이들은 연구개발 시설을 제공하여 관련 비용부담을 줄일 수 있는 창업보육센터^(인큐베이터)를 확인하였다. 이를 통해 번레이트 중 30%를 줄일 수 있다.

아쉽게도 인큐베이터는 시드머니를 제공하진 않지만, 인큐베이터가 속한 지방자치단체에서 운영하는 공공자금지원사업에 지원하면 제품 개발 비용을 충당할 수 있다. 이 공공자금지원사업은 제품 개발 비용으로 최대 1천만 원을 지원한다. 비록 선지출-후청구의 지원형태이지만, 잠재 투자자에게 운영자금의 20%를 정부의 공공자금지원사업으로 조달했다는 사실을 보여줌으로써 스타트업에 대한 신뢰를 확보할 수 있다는 장점이 있다. 이 경우, 잠재 투자자로부터 5천만 원을 유치할 수 있을 것으로 예상된다. 또한 잠재 투자자는 인큐베이터 입주로 인해 스타트업의 번레이트가 낮다는 사실을 높이 평가할 것이다.

더불어 2명의 엔젤 투자자가 관심을 표명했다. 한 명이 제시한 조건은 2년 만기 부채로 5천만 원을 빌려주는 것이고, 다른 한 명은 동일 금액으로 지분투자를 하길 원한다. 인큐베이터 프로그램에 지원하고 유리한 펀딩 방식^(주식투자 또는 부채 조달)을 결정하기 위한 평가 시 도표 4.1과 같은 ACRE 차트를 작성할 수 있다.

차트를 검토한 후, 이용 가능한 주요 펀딩 원천으로는 인큐베이터 프

로그램, 공공자금지원사업, 주식 매각 및 부채 조달이 있다. 인큐베이터
와 공공자금의 경우에는 비용과 위험이 거의 또는 전혀 없으며, 현금흐름
과 대차대조표에 긍정적인 영향을 미친다. 하지만 이들은 필요 자금의 약
1/3 수준만을 제공할 뿐이다. 지분 및 부채투자를 통해 나머지 자금을 조
달해야 한다. 현재의 시드머니 단계에서 지분투자와 관련된 비용과 위험
은 부채투자보다 적다. 부채투자는 현금흐름과 대차대조표에 부정적인 영
향을 미친다. 따라서 우선 인큐베이터 프로그램을 신청하고 공공자금지
원사업에 지원한 후 잠재 투자자와 협상하는 것이 바람직하다. 센터 입주
와 공공자금 확보가 확정되면 투자자와의 협상테이블에서 보다 유리한
투자조건을 이끌어낼 수 있다.

[도표4.1] 펀딩 유형에 따른 ACRE 차트 예시

활용 가능한 펀딩 유형	가용성 (Availability)	비용 (Cost)	위험 (Risk)	현금흐름 영향 (Effect on Cash Flow)	대차대조표 영향 (Effect on Balance Sheet)
인큐베이터 프로그램	최소지원요건 충족시: 2천5백만 원	지원 수수료 (명목 상 약간의 지분 요구 가능)	위험 없음	긍정적 영향 (번레이트 절약에 효과적)	영향 없음 (물적 자산 구입 가능)
공적 자금 지원 프로그램 (선지출 후청구)	특정 요건에 충족한 지출 비용만 보상: 최대 1천만 원	비용 없음 (지분희석화 억제 및 이자비용 감소에 효과적)	위험 없음 (지분희석화 및 기업통제 관련 위험이 전혀 없음)	비용 보상 시 현금흐름에 긍정적인 효과	영향 없음
지분 투자	잠재투자자의 투자요건 충족시: 5천만 원	지분희석화 발생	보통주일 경우: 일부 기업통제력 상실 우선주이 경우: 청산 우선권 설정	긍정적 영향 (직각적인 현금 유입)	자본 구조에 영향 (자본 항목 증가)
일반 대출	담보 설정 및 충분한 현금흐름 증명 시: 5천만 원	이자비용 (채무 기간 동안 이자율 협상 가능)	담보 자산 청산 위험 미래 투자 활동 저해	긍정적 영향 (즉각적인 현금 유입) 부정적 영향 (이자지급 시 현금 유출)	부정적 영향 (장·단기 부채 항목 증가)
신용 대출	불가능 (충분한 업력 및 거래내역 필요)				
팩토링	불가능 (신용 높은 매출채권 부재)				

이처럼 ACRE 차트는 투자 유형의 우선순위 및 시기와 관련하여 가장 효율적인 투자 유형 조합을 선택할 수 있는 최적의 방법을 제공한다.

┃경영 통제율

이제까지 살펴본 지분희석률 측정과 ACRE 차트는 FREE 평가 시 재무적 요인을 분석하기에 적합하고 유용한 도구이다. 한편, 재무 전략 수립 시 재무적 요소만을 고려하는 것은 결코 바람직하지 않다. 향후 창업가의 재무적 의사 결정을 제한하는 불리한 조건으로 투자를 유치했다면 재무 전략 실행능력이 심각하게 제한·감퇴할 수 있기 때문이다. 대표적인 경우가 앞서 설명한 기업 통제력의 상실이다. 이런 경우에는 기업 통제력 측면에서 돌이킬 수 없는 심각한 문제가 발생하고, 자본 구조의 건전성과 무결성을 크게 훼손시킨다. 따라서 이제까지 살펴본 재무적 요소와 함께, 향후 펀드레이징 활동에 지대한 영향을 미치는 비재무적 요소까지 측정하고 고려해야 한다. 이제부터 설명할 지휘통제율(Command and Control Rating, CCR) 평가는 '좋은 돈'과 '나쁜 돈'을 식별하는 데 유용한 접근법이다.

CCR은 재무적 의사 결정 능력을 제고하고 개별 펀딩 방식의 전략적 이점과 잠재적 손실을 측정하는 효과적인 방법이다. CCR은 정량적 평가가 아닌 인지적 수준에서 이루어지는 정성적 평가이지만, 거시적 및 미시적 수준에서 계획된 특정 펀딩 옵션이 창업가의 경영 지휘 및 기업 통제 능력에 미치는 영향에 대하여 비재무적 관점에서 장·단점을 분석할 수 있다. 그 영향력을 비교하여 가장 유리한 펀딩 방식을 선택하고 실행할 수 있도록 도와준다.

각 펀딩 단계에서 여러 펀딩 옵션의 CCR에 대한 평가를 집계하여, 최종 펀드레이징 이후에 실현될 예상 누적 재무 의사 결정력을 추산한다. '100 CCR'은 미래의 재정적 의사 결정 및 활동에 아무런 제한과 장애물이 존재하지 않음을 의미한다. '0 CCR'은 이해관계자에게 모든 지휘통제력을 박탈당하여 경영진의 경영 지휘 및 기업 통제 능력이 상실된 상태를 나타낸다. 이 경우, 향후 의도한 방향대로 펀드레이징 활동을 수행하기 매우 어렵다.

후속 펀드레이징 단계에서 효과적인 재무 의사 결정 위해서 85 CCR이 필요하다고 가정해보자. 만약 특정 펀딩 옵션을 선택할 경우 15 CCR이 감소할 것으로 예상했다면, 해당 단계가 완료된 후 70 CCR이 남아있을 것이다. 시리즈 B 단계에 돌입하기도 전에 CCR 점수가 50 이하로 하락하면 심각한 위험 수준이다. 다음은 CCR 분석에 관한 사례이다.

1) CCR 평가 사례 1. 현재 창업가는 90 CCR을 인식하고 있다. 건설 프로젝트 관리를 체계화하고 단순화하는 데 도움이 되는 혁신적인 소프트웨어 제품을 상업적으로 출시하고자 한다. 이를 위해 회사의 지분율 10%에 해당하는 신주발행을 통해 5억 원의 시리즈 A 단계의 펀드레이징을 준비하고 있다. 발행 신주는 주당 10,000원의 제안가격으로 잠재 투자자에게 매각할 예정이다. 이번 신주발행은 경영 지휘 및 기업 통제상 별다른 문제가 없다면 CCR 점수를 90에서 80으로 하향 조정해야 한다. 서로 다른 두 가지 신주발행 옵션이 있다. 옵션 A는 9,000원에 주식을 구입할 유명 건축가로부터 5억 원의 투자 제안을 수락하는 것이다(55,555주 발행). 또 다른 옵션 B는 복권에 당첨된 퇴직자로부터 주당 11,000원에 5억 원의 자금을 조성하는 것이다(45,454주 발행).

어떤 거래를 받아들여야 하는가? 재정적 관점에서는 옵션 B를 받아들이는 것이 일반적이다. 그러나 CCR 평가를 수행한다면 유명 건축가에게 주당 9,000원으로 자금을 조성하는 것이 가장 유리하다는 사실을 알 수 있다. 이는 지휘통제 상 비재무적 요소 때문이다.

옵션 B의 추가 1,000원이 과연 어떤 가치를 지니는지를 정성적으로 분석해야 한다. 비재무적 지원을 제공하기 어려운 특정 투자자에게 지분 집중을 일으킬 옵션 B에서는 80으로 예상된 CCR 점수를 75까지 하락시킬 수 있다. 전략적 관점에서 주당 9,000원의 옵션 A에서는 건축가의 업계 지휘력 및 영향력을 고려할 때 특정 투자자에 대한 지분 집중이 충분한 가치를 지니고 있다. 해당 유명 건축가는 대규모 건축회사 및 건축협회에게 스타트업의 제품을 추천하고 보증할 수 있는 전략적 이점을 제공할 수 있다. 또한 업계의 변화 및 향후 제품개발 방향 등 향후 도움이 될 만한 훌륭한 조언을 제공할 수 있다. 이와 같이 전략적 가치가 높은 투자자의 지원이 옵션 A의 부정적 요소를 완화시킴으로써, 예상된 80 CCR을 85까지 높일 수 있다.

CCR 개념을 활용하면, 스타트업의 벤처 비즈니스 성장과 발전에 유리한 '좋은 돈'과 불리한 '나쁜 돈'을 식별하는 데 도움이 된다. 그 결과, 좋은 돈을 확보하고자 프리미엄^(추가비용)을 지불할 요인을 파악할 수 있고, 재정적으로 더 나은 투자 조건을 갖고 있지만 경영 활동에 아무런 도움이 되지 않는 나쁜 돈을 단호히 거절한 이유를 만들 수 있다.

2) CCR 평가 사례 2. 현재 창업가는 90 CCR을 인식하고 있다. 최근 개

발한 의료용 이미징 소프트웨어를 출시 전 테스트하고자 상업용 광학 스캐너 구입에 필요한 0.4억 원을 유치하고 싶다. 세 가지 펀딩 옵션이 있다. 우선, 한 의료기기 제조업체는 소프트웨어 제품 출시 후 1년간 독점 마케팅 권리를 제공받는 조건으로 해당 스캐너를 기꺼이 기증할 의사를 밝혔다. 또 다른 옵션은 최근에 취득한 특허권을 담보로 거래 은행에서 기확보한 0.1억 원의 신용대출한도(이자율 7%)를 높이는 것이다. 세 번째 옵션은 1년간 스캐너 장비를 9% 이자율로 임대하는 것이다.

철저한 CCR 평가가 수행되었다면 장비임대가 다른 두 가지 옵션보다 우월하다고 판단하게 될 것이다. 장비임대의 경우 85 CCR을 추정할 수 있다. 단기 이자율이 높을수록 매월 납부해야 할 리스비가 상대적으로 높아지기 때문에 비즈니스 운영에 필요한 운영자금이 줄어들고, 다른 단기적 재무의사 결정이 필요한 활동에 영향을 미칠 수 있다. 하지만 장비임대 옵션은 CCR에 비교적 적은 영향을 미치므로 5 CCR만 하락시킨다.

상대적으로 낮은 이자를 장기적으로 제공할 수 있는 신용한도대출의 경우, 0.4억 원을 추가 인출하면 운영자금에 미치는 영향이 줄어들지만, 담보물로 설정된 지적 재산권에 대한 통제력을 잃게 된다. 만약 잠재 투자자가 해당 핵심 지적 재산권의 완전통제를 요구한다면 후속 펀드레이징 자체가 어려울 수 있다. 따라서 이 옵션에 대해선 75 CCR를 설정했다.

배타적 마케팅 권리에 기초한 첫 번째 옵션은 지적 재산권을 둘러싼 문제와 지분희석화를 일으키지 않을뿐더러 상환의무도 없다. 하지만 핵심 제품의 마케팅 활동을 타사에 전적으로 의존하면, 시장 활동 측면에서 경영 통제력을 잃을 수 있다. 이는 추후 전략적 장애로 작용할 수 있다. 만약 이 업체의 마케팅 실적이 저조하면 장기적으로 브랜드 구축에 해로운 영향을 미칠 수 있다. 따라서 이 옵션은 65 CCR로 설정한다.

RED 측정, ACRE 차트 및 CCR 평가를 통한 FREE 분석은 재무 목표를 정의하고, 이를 달성하기에 가장 효과적 재무 전략을 수립하기 위한 기본적이고 유용한 접근법이다. 이제 재무 계획서의 작성 방법에 대해서 살펴볼 차례이다.

재무 계획의 작성

재무 계획의 목적은 RED, ACRE 차트 및 CCR과 같은 다양한 측정 및 평가 도구를 사용하여 공식화한 재무 전략을 문서로 명시하는 것이다. 실제로 이러한 도구를 통합적으로 활용하는 것이 재무 계획을 수립하는 가장 이상적인 방법이다. 이를 작성하려면 앞 장에서 설명한 사업 계획서 중 자본 구조, 기업목표, 운영 계획 및 재무 섹션을 참고해야 한다. 재무 계획서는 사업 계획서에서 제시된 정보와 완벽히 일치해야 한다.

재무 계획은 시간 흐름에 따른 펀드레이징 단계로 구성된다. 각 단계에서 비즈니스 성장을 위해 필요한 자금 총액을 표기하며, 각 단계는 거시 및 미시수준의 두 가지 계층으로 이루어져 있다.

우선, 거시수준에서는 전사적 기업목표를 달성하기 위한 재무 전략에서 고려해야 할 펀딩 옵션을 제시한다. 이미 살펴본 바와 같이, 이들 옵션은 스타트업의 향후 자본 구조에 직접적인 영향을 미칠 수 있다. 따라서 작성된 ACRE 차트를 활용하여 자본 구조에 직접적인 영향을 미칠 수 있는 펀딩 옵션에 대해선 추가 설명을 덧붙이면 좋다. 여기에는 펀딩 유형, 일시, 금액, 목표자금 등이 포함된다.

다음으로, 미시수준에서는 사업 운영과 관련된 재무 의사 결정 사안을 제시한다. 사업 운영 목표에 근거하여 대차대조표에 미치는 영향이 높은 활동 계획을 설명한다. 예를 들어, 설비 및 장비 구매 등과 같이 자금조달이 필요한 특정 활동이 여기에 해당한다. 여기에서도 ACRE 차트를 활용하면 보다 효과적으로 재무적 결정 사안을 구성할 수 있다.

현금흐름을 보다 효과적으로 관리하려면 재무 사건이 발생할 타임라인에 따라서 두 계층(거시 및 미시수준 활동)을 일렬로 제시하는 것이 좋다. 각 펀드레이징 단계의 시작과 끝 지점에 RED과 CCR 점수를 표시함으로써, 그 변화 정도를 쉽게 관찰할 수 있다. 또한 각 단계의 마지막 지점에는 변화된 자본 구조를 제시한다. 이상으로 설명한 재무 계획의 모든 구성요소와 변수들은 펀드레이징이 진행되는 동안 지속적으로 업데이트해야 한다. 각 펀딩라운드에서는 오직 하나의 대형자금 투자 유치건 만을 설정하는 것이 이상적이다. 각 펀드레이징 단계에서 세부적인 재무활동은 미시적 수준으로 진행된다.

재무 계획의 작성 원칙

여기에서는 재무 계획을 수립할 때 고려해야 할 일반적인 작성 원칙을 설명하고자 한다.

- 재무 계획은 내부적 목적으로만 사용한다. 잠재 투자자는 창업가가 어떠한 재무 전략을 갖고 있으며, 이를 위한 실행계획이 무엇인지를 알아야 한다. 하지만 특정 세부 사항을 알아야 할 필요는 없다. 모든 창업가는 자신의 통제 하에 펀드레이징 활동을 수행하고 싶어 한다. 재무 계획은 이러한 욕구를 충족시키고자 작성하는 것이다.
- 펀드레이징 활동은 일관성을 지녀야 한다. 절대로 자금이 필요한 시점까지 펀드레이징 활동을 미뤄선 안 된다. 투자를 유치하기에 가장 좋은 시기는 자금이 필요하지 않을 때이다. 가능하다면 후속 펀드레이징 단계로 수월히 나아갈 수 있도록 충분한 자금을 확보한 후 다음 단계로 진입하기 위한 추가 비용이 발생하기 전에 펀딩라운드를 전개하는 것이 가장 바람직하다. 성공적인 펀드레이징을 위해선 충분한 준비시간이 필요하며, 이러한 준비는 현재 펀드레이징 단계가 완료되기 전에 시작되어야 한다.
- 사업 성장 단계를 고려하여 수용할 합리적 투자 조건을 분석하라. 특정 투자 협상에서 투자자가 제시한 조건으로 인해 향후 훨씬 유리한 조건으로 더 많은 자금을 받을 수 있는 투자 유치기회를 놓칠 수 있다. 이는 스타트업의 성장 잠재력을 저해하는 주요 요인이다.
- 경영진 구성원 중에서 펀드레이징에 헌신할 수 있는 자를 선발한다.

사업 운영에서 필수적인 다른 활동(예 : 연구개발, 마케팅)에 전념해야 할 경영진의 주요 관심사가 펀드레이징에 집중되어선 안 된다. 창업가가 버거움을 느낀다면, CFO(Chief Financial Officer)를 지정하여 투자 유치 활동 전반을 총괄하도록 한다. 벤처 비즈니스의 전략적 성장과 제품 및 서비스의 상업적 출시를 책임지는 COO(Chief Operating Officer)가 창업가에게 자금부족의 문제를 신속히 해결하라고 촉구하는 데 업무시간을 허비하도록 만들면 안 된다. 펀드레이징 활동에는 수준 높은 일관성이 있어야 한다. 경영진이라도 펀드레이징 책임자의 허가와 동의 없이 관련 세부 사항에 자유롭게 접근하도록 내버려 두어선 안 된다.

- 재무 계획은 재무적 측면에서 귀중한 '발견'을 할 수 있는 원천이다. 앞서 언급했듯이, 사업 계획서를 작성하는 동안 비즈니스 실행과 관련된 귀중한 발견이 이루어질 수 있다. 재무적 차원에서도 이러한 발견이 가능하다. 예를 들어, 특정 펀드레이징 단계에서 CCR 점수의 하락 정도가 허용수준을 초과했다고 가정해보자. 후속 단계로 진입하기 전, 계획된 신주발행을 줄이고 자금 활용 내역에서 불필요한 지출사항을 제거한 후 이미 확보한 신용한도대출에서 증액을 시도하는 것이 바람직할 수 있다.

- 재무 계획의 구성요소는 사업 계획과 정확히 일치한다. 재무 계획의 유용성과 가치, 그리고 무엇보다 신뢰를 떨어뜨릴 수 있는 모순적 정보는 제거해야 한다. 모든 계획이 한 방향으로 정렬되고 내용이 일관성을 유지하려면 정기적이고 지속적인 검토 과정을 수행해야 한다.

워크포인트

　재무 계획이 수립되었다는 사실은 미래의 기업 상황을 고려하여 재무적 의사 결정을 수행할 수 있는 경영능력이 비약적으로 향상되었다는 점을 의미한다. 시간 흐름에 따라서 투자 유치와 관련된 전략적 사고를 하는 것이 바로 성공적인 펀드레이징의 핵심이다.

　수립한 재무 계획은 전사적 사업 계획을 지원하고, 자본 구조의 건전성과 무결성을 보장하며, 적절한 투자 자금 규모를 결정하는 데 활용할 수 있어야 한다. 또한 적시에 가장 유리한 조건으로 투자를 확보할 수 있으며, 새로운 경영과제와 사업기회에 전략적으로 대응하고, 재무적 의사 결정 과정에 대한 훈련을 가능하도록 만든다. 그 결과, 궁극적으로 출구 시 투자 수익 극대화를 추구할 수 있다. 이러한 수익 극대화를 향한 재무적 여정은 최적의 펀드레이징 효율성 및 효과성을 달성하기 위한 재무 전략을 수립하는 것으로부터 시작한다. 이러한 재무 전략을 문서 형태로 명확히 기술하는 작업이 바로 재무 계획의 수립이다.

　또한 재무 계획은 스타트업의 펀드레이징 활동에 대한 창업가의 통제력을 확보하고 자주성을 유지하기 위한 수단으로 활용할 수 있다. 사업 계획의 목적은 잠재 투자자의 관심을 이끄는 것이지만, 재무 계획의 목적은 잠재투자와의 협상을 유리한 방향으로 이끌기 위한 근거를 마련하는 데 있다.

　사업 목표(예 : 신시장 진출)를 둘러싼 세부 활동 전략(예 : 설비구매)에 대한 지출 내역을 펀드레이징 단계별로 구분하고, 이를 수행하기 위해 필요한 사업 자금과 투자 유치로 인해 발생하는 자본 구조의 변화를 정확히 인식하는 것이 최적 재무 계획 수립의 핵심이다. 일단 이러한 항목이 거시적 수준과 미시적 수준에서 모두 식별되면, 펀드레이징 시 가장 낮은 비용으로 보다 유리한 투자 조건을 제공하는 펀딩 옵션을 식별할 수 있다.

몇 가지 도구를 적용하여 최적 재무 계획을 수립할 수 있다. 우선, 지분희석률 측정을 통해 지분희석화를 억제하여 발기인의 투자 수익률을 극대화할 수 있다. 가용성-비용-위험-효과 측면에서 다양한 펀딩 옵션을 대조하는 ACRE 차트를 통해 최상의 조건으로 자금을 확보할 수 있다. CCR 평가는 펀드레이징 활동 전반에 걸쳐 중요한 비재무적 사항을 지속적으로 인지하고 재무적 의사 결정 프로세스를 효과적으로 통제할 수 있는 수단을 제공한다.

연속적으로 수행되는 펀드레이징 단계에서 시간 흐름에 따라 필요 자금과 펀딩 옵션에 정당성을 부여하는 재무 계획을 작성해야 한다. 재무 계획의 작성은 두 가지 구성요소로 이루어진다. 먼저, 거시적 수준에서는 기업목표를 성공적으로 달성하기 위한 펀드레이징 활동을 구분한다. 다음, 미시적 수준에서는 단계별로 계획된 운영 목표를 달성하기 위한 재무적 의사 결정을 기술한다. 그리고 이 두 계층에서 이루어지는 활동 간 상호 연관성을 다시 한번 검토해야 한다.

사업 계획서와 KYI 분석결과를 활용하여 세련된 재정계획을 수립했다면, 이제 '누구'에게 '언제' 펀드레이징 활동을 진행할지 결정해야 한다. 적합한 잠재 투자자를 식별하고 접근 시기를 결정했다면, 이제 다음 장에서 설명할 펀드레이징을 본격적으로 수행할 차례다.

Chapter 5

성공적인 펀드레이징 수행하기

자금이 필요한 시기와 금액, 그리고 이에 적합한 펀딩 옵션이 결정되었다면, 이제 성공적인 펀드레이징을 위한 프레젠테이션을 준비할 차례다. 대중 앞에서 창업가가 펀드레이징 프레젠테이션을 수행하는 것을 가리켜 피칭(Pitching)이라고 부른다. 이는 비즈니스 아이디어와 제품·서비스를 대중에게 소개하는 활동이 마치 야구공을 던지는 피칭과 유사하여 붙여진 이름이다. 당연히 피칭의 목적은 투자 유치 기회를 창출하는 데 있다.

어떠한 방법으로든 그 기회를 얻고 나면, 대개 특정 잠재 투자자 혹은 투자심사위원회를 상대로 펀드레이징 프레젠테이션을 실시하게 된다. 이러한 맥락에서, 본 장은 피칭과 프레젠테이션의 용어를 구분하지 않으며, 이를 통합하여 펀드레이징 프레젠테이션을 설명한다.

펀드레이징 프레젠테이션의 목적은 당연히 투자 유치에 있다. 창업가는 오랜 기다림의 끝에 소중한 프레젠테이션 기회를 얻는다. 이 기회를 활용하여 창업가는 잠재 투자자에게 스타트업의 성장 잠재력과 성공 가능성을 입증해야 한다. 하지만 투자자가 특정 창업가의 스타트업만을 투자 대상으로 고려하고 있다고 생각한다면 큰 오산이다.

실제로 잠재 투자자의 책상에는 현재 심사 중인 다른 스타트업의 투자 안내서가 놓여 있으며, 이들 기업이 다름 아닌 창업가의 경쟁사이다. 잠재 투자자가 창업가에게 피칭 기회를 줬다는 사실은 이미 내부적으로 투자 안내서에 대한 검토를 완료하였고, 그 결과가 긍정적이라는 점을 의미한다. 이들이 투자 심사 중인 다른 스타트업 역시 충분한 경쟁력을 갖추고 있을 것이다. 결국 창업가는 자신의 스타트업이 다른 기업들보다 훨씬 더 매력적인 투자 기회인지에 대하여 차별화된 이유를 입증해야 한다. 그럼으로써 투자자의 손에 들려있는 다른 기업의 투자안내서를 내려놓도록 만드는 것, 이것이 바로 프레젠테이션의 과제이다.

프레젠테이션의 준비는 앞서 2장에 걸쳐 설명한 KYI 요소, 즉 투자자를 아는 것에서부터 시작된다. 다시 말해, 파악한 KYI 요소에 근거하여 전문적이고 전략적인 프레젠테이션을 구성해야 한다. 이를 위해선 효과적인 투자안내서 작성 방법을 숙지하고 다양한 피칭 유형에 대한 이해가 필요하다. 펀드레이징 프레젠테이션을 통해 투자자는 '과연 창업가가 비즈니스 파트너로서 적합한지', '스타트업은 매력적인 투자 대상이 될 수 있는지' 등의 주요 평가를 실시한다. 이 자리에서 보여준 창업가의 인상과 태도는 단순히 투자 유치뿐 아니라 향후 투자자의 기대 및 신뢰 수준을 결정하는 요소가 된다.

본 장에서는 '누구에게 펀드레이징 프레젠테이션을 수행할 것인가'에 관한 답변을 시작으로, 프레젠테이션 기회를 어떻게 창출하고, 어떻게 기획할 것인지 상세히 논의하도록 한다. 그러한 기회 창출의 출발점인 투자안내서의 구성과 중요성에 대해서 알아본다. 그런 다음 여러 프레젠테이션 방식과 각 방식에서 주요 고려사항을 자세히 살펴본 후, 마지막으로 프레젠테이션 후속 활동에 대해서 논의한다.

펀드레이징 프레젠테이션의 기획

프레젠테이션을 기획하기 전 다음과 같은 세 가지 질문에 대하여 답할 수 있어야 한다. 처음 두 질문을 통해 각각 펀드레이징 프레젠테이션의 대상과 시기를 결정하고, 마지막 질문을 통해 프레젠테이션 준비에 투입되는 시간과 노력을 예상할 수 있다.

첫째, 프레젠테이션 청중인 잠재 투자자는 누구인가?

둘째, 언제 이들에게 프레젠테이션을 할 것인가?

셋째, 주어진 시간에 프레젠테이션을 얼마나 효과적으로 전달할 것인가?

첫 번째 질문은 현재 스타트업이 속한 펀드레이징 단계에 근거하여 접근 가능한 잠재 투자자가 누구인지를 확인하는 것이다. 이 과정에서 잠재 투자자가 설정한 투자 기준과 투자 동기를 검토해야 한다. 즉, 스타트업의 벤처 비즈니스가 이들의 투자 기준에 적합한지, 그리고 이들이 제공할 투자는 과연 기업에게 좋은 돈인지 나쁜 돈인지를 분석하는 것이다.

1장에서 설명한 바와 같이, 시드머니 단계에 속한 스타트업은 엔젤 투자자를 물색하고 인큐베이터 프로그램을 적극 활용하는 것이 바람직하다. 만약 출구 전략 실행을 앞두고 마지막 펀딩라운드를 준비하는 스타트업이라면, 경영 노하우를 전수할 수 있고 기업공개 전에 노련한 채권 인수자를 소개해줄 만한 사모펀드 회사를 우선적으로 찾아봐야 한다.

이렇게 접근 가능한 잠재 투자자를 확인했다면, 사업 계획서 작성과 마찬가지로 펀드레이징 프레젠테이션에서도 이들이 설정한 투자 기준이 중요한 고려사항이 된다. 스타트업의 벤처 비즈니스가 잠재 투자자의 투자 기준에 부합하지 않거나 충족되지 않는다면, 프레젠테이션을 준비해야 할 하등의 이유가 없다.

시리즈 A 단계에 속한 스타트업에 투자의향을 비친 벤처 캐피탈리스트 VC를 식별했다고 가정해보자. 총 여덟 명의 VC가 있는데, 이 중 다섯 명은 출구 전략과 그 시기와 관련하여 창업가와 유사한 생각을 갖고 있다. 이 다섯 명 중 두 명은 이전에 투자한 스타트업을 성공적으로 출구시킨

경험이 있다. 이들은 그 노하우를 활용하여 최상의 비재무적 지원을 제공할 것으로 예상된다. 이 두 명의 VC로부터 유치 가능한 투자는 잠정적으로 좋은 돈이라고 볼 수 있으며, 따라서 이들의 이름을 펀드레이징 프레젠테이션의 최종 리스트에 올려야 한다. 이때 앞서 4장에서 설명한 ACRE 차트와 CCR 평가를 병행한다면, 이러한 프레젠테이션 리스트를 보다 효과적으로 작성할 수 있다.

두 번째 질문과 관련하여, 최종 리스트에 포함된 잠재 투자자를 대상으로 프레젠테이션의 적절한 시기를 결정하려면 다음 사항을 고려해야 한다.

- 펀드레이징 프레젠테이션을 실행하기 전 반드시 현재 단계에서 필요한 자금을 충분히 확보했는지 점검한다.
- 충분한 견인력을 개발하라. 이를 통해 프레젠테이션에서 투자자에게 요청할 투자 규모와 투자 조건의 타당성을 뒷받침한다.
- 가능하면, 스타트업에 유리한 산업·시장 소식이 발표된 직후 프레젠테이션을 실시한다. 호의적 환경 여건을 활용하여 스타트업에 대한 잠재 투자자의 우호적 태도를 유발한다.
- 다급히 필요한 사업자금을 마련하고자 프레젠테이션을 수행해선 안 된다. 펀드레이징이 필요한 시점 이전에 프레젠테이션을 실시해야 한다.

돈과 관련된 타인의 행동과 태도는 예측하기 어려울뿐더러, 그러한 예측은 대체로 유효하지 않다. 즉, 스타트업의 투자 요청에 잠재 투자자가 즉각 반응할 것이라는 생각 혹은 프레젠테이션을 성공적으로 마치면 투자금이 바로 입금될 것이라는 생각은 착각에 불과하다.

실제로 투자자가 창업가의 간절한 투자 요청에 응답하기까지 대개 오랜 시간이 걸리며, 창업가는 이 시간을 인내하고 기다릴 줄 아는 역량이 요구된다. 설령 투자자가 긍정적인 대답을 했을지라도, 스타트업의 은행계좌에 투자금이 입금되기까진 훨씬 더 많은 시간이 걸린다. 그 기다림의 시간을 조금이라도 줄이려면, 다음의 사항을 유념하여 리스트에 포함된 잠재 투자자 중 가능한 많은 이들에게 연락해야 한다.

- 프레젠테이션 후속 조치를 효과적으로 수행하기에 충분한 시간을 확보한다. 이에 대해선 본 장의 후반에서 상세히 논의한다.
- 프레젠테이션 대상인 잠재 투자자들을 체계적으로 관리할 수 있는 역량을 배양한다.

대부분의 투자자는 한 스타트업에 대하여 다른 투자자들과 불필요한 투자 경쟁을 벌이고 싶어 하지 않는다. 여러 투자자가 동시 제안할 여러 조건이 서로 상충하면 투자 상황이 더욱 복잡해지기 때문이다. 한편, 한 잠재투자자가 기존 투자자들의 공동 목표, 즉 투자 수익 극대화에 도움이 될 만한 비재무적 이점을 제공한다면, 이를 통해 창업가는 다양한 펀딩 원천을 동시에 활용할 수 있고 상충하는 투자 조건을 수월하게 협의할 수 있다. 물론 더 매력적인 조건을 제시한 투자를 선택해야 한다. 어찌 되었건 잠재 투자자가 추가 투자에 관한 협상을 제안할 정도로 만족스러운 펀드레이징 프레젠테이션을 준비해야 한다. 그리고 리스트에 포함된 잠재 투자자로부터 프레젠테이션 기회를 얻으려면, 효과적인 투자안내서를 작성하고 배포해야 한다.

투자안내서

투자안내서(Prospectus Materials)는 스타트업과 벤처 비즈니스에 대한 정보 제공을 목적으로 잠재 투자자에게 배포하는 문서 일체를 의미한다. 이는 공통적으로 사업 개요, 사업 계획서, 자금 제안서, 주주 서신, 기술 요약서, 제품 설명서, 시장조사 보고서 및 기타 자료로 구성된다. 창업가가 목표한 투자 유형에 적합하고 효과적인 투자안내서를 작성하기 위해 세부 구성을 변경·수정하기도 한다. 투자 유형에 따라서 투자자에게 설명·강조할 요점이 결정되기 때문이다. 즉, 펀드레이징이라는 특수목적을 위해 작성되는 투자안내서를 보다 전략적으로 작성·배포할 필요가 있다. 이제부터 투자안내서의 공통 구성 항목에 대하여 상세히 살펴보자.

사업 개요

투자안내서의 첫 장은 사업 개요(Executive Summary)이다. 이를 통해 투자자는 창업가의 투자 유치목적을 개괄적으로 이해할 수 있다. 사업 개요는 잠재 투자자들이 스타트업의 펀드레이징 프레젠테이션에 보다 많은 관심을 갖도록 유도하는 데 그 목적이 있다. 일부 투자자들은 초기투자심사에서 사업 계획에 기술된 세부 사항을 검토하길 꺼린다. 사업 개요를 작성하면 이러한 투자자뿐 아니라 전략 파트너 및 정부 심사자와 같이 스타트업과 비즈니스에 대하여 간략한 개요가 우선적으로 필요한 투자자를 충분히 만족시킬 수 있다. 사업 개요의 구성과 내용은 3장을 참고하길 바란다.

사업 계획서

사업 계획서는 잠재 투자자에게 제공할 투자안내서 중 가장 중요하고 상세한 검토가 이루어지는 자료이다. 스타트업에 대한 투자 관심을 표명한 대부분의 잠재 투자자들이 사업 계획에 대한 프레젠테이션을 요청한다. 3장에서 살펴본 대로, 사업 계획서는 기업과 사업의 모든 측면을 상세히 설명하며, 투자자의 예상 질문에 대한 답변을 내포해야 한다.

비즈니스에 대한 전사적 이해를 제공하는 사업 개요를 읽어본 투자자는 기본적이며 일반적인 의문을 갖게 된다. 창업가는 사업 계획서를 통해 이러한 의문을 해소시킬 수 있다. 그리고 사업계획서를 읽어볼 투자자로 하여금 보다 구체적이고 생산적인 질문을 갖도록 유도하는 데 작성 포인트를 맞춘다. 이러한 추가의문이 프레젠테이션 요청으로 이어진다. 투자안내서의 나머지 섹션은 투자자의 의문을 완벽히 해소시키는 역할을 한다. 잠재 투자자의 요청이 있거나 혹은 이들이 투자 관심을 비출 때 즉각 대응할 수 있도록 사업 계획서를 사전에 작성해두어야 한다.

자금 제안서

자금 제안서(Funding Proposal)는 창업가와 투자자 간에 실제로 이루어질 투자거래에 관한 정보를 제시하는 자료이다. 대개 두 장 내외로 간략히 작성한다. 투자안내서의 자금 제안서는 협상 후 투자 결정을 내린 잠재 투자자들과 투자내용을 확약하는 공식 자금 제안서와는 다르다. 또한 상이한 유형의 잠재 투자자에게 투자안내서를 보낸다면, 각 유형에 적합한 맞춤형 자금 제안서를 작성해야 한다. 이러한 자금 제안서는 일반적으로 다음의 항목으로 구성되어 있다.

- 투자자에게 요청할 자금 총액
- 투자 유치목적 – 조달한 자금을 어디에 사용할 것인가? 제품·서비스 출시 또는 연구개발에 자금을 사용할 것인가?
- 투자 유치조건 – 부채투자의 경우에는 거치 기간과 금리를, 주식투자의 경우에는 주당 가격, 주식 수, 의결권 등과 관련된 기타조건을 제시
- 투자 전·후 자본 구조 – 투자 유치 이전과 이후의 자본 구조 상태를 비교·제시
- 투자 후 밸류에이션

대부분의 창업가는 사업 계획서의 마지막 부분에 한두 문단 정도로 자금제안을 기술하곤 한다. 그러나 다음과 같은 이유로 상세한 자금 제안서를 작성하고 투자안내서 중 독립적인 섹션으로 구성해야 한다.

첫째, 잠재 투자자가 현재 투자 조건을 상세히 심사하는 중이라면, 스타트업에 집중과 초점을 유지할 수 있도록 상세 자금 제안서를 작성하여 보내는 것이 좋다. 물론 모든 검토를 완료하고 투자 결정을 내릴 준비가 되었다면 보다 간결한 자금 제안서를 보내도 문제되지 않는다. 둘째, 수십여 장에 걸쳐 기술된 사업 계획서보다 두 페이지 내외로 작성된 상세 자금 제안서를 통해 창업가가 원하는 투자 조건을 효과적으로 전달할 수 있다.

잠재 투자자 이외에도 전략 파트너 및 공급자와 같은 여러 이해관계자에 사업 계획서가 배포되기도 한다. 당연히 이들이 창업가의 펀드레이징 활동에 관한 세부 사항을 알 필요는 없다. 사업 계획서를 광범위하게 배포하면 경쟁사의 손에도 들어갈 수 있다. 따라서 투자를 진지하게 고려하는 사람들에게만 자금 제안서를 받아볼 수 있도록 사업 계획서와 자금

제안서를 분리해야 한다.

프라이빗 플레이스먼트 메모랜덤

해외에서 펀드레이징을 수행할 때 필요한 프라이빗 플레이스먼트 메모랜덤(Private Placement Memorandum, PPM)은 투자안내서보다 포괄적이고 상세한 내용을 담고 있다. 예를 들어, 미 증권거래위원회는 공식등록요건을 충족하지 않은 스타트업이라도 사모펀드 시장에서 펀드레이징을 할 수 있도록 허락하고 있지만, 증권법규상 규정된 형식대로 PPM을 반드시 작성해서 배포해야 한다. 해외에서 가장 보편화된 공식 투자안내서로 활용되는 PPM은 내용적 측면에서 보통의 사업 설명서와 유사하지만, 규정에 따라 특정 정보(예 : 회사정관, 예측위험요소, 지분희석화 등)를 상세히 기술해야 한다.

앞 장에서 설명한 대로, 기업이 자금조달을 목적으로 신주를 발행·매각할 때마다 기존 주주가 소유한 지분율은 이전 상태와 비교하여 상대적으로 감소하게 된다. 투자자의 신주매수 전 지분율을 사전모집지분(Pre-offering Equity Interest), 그리고 신주매수 후 지분율을 사후모집지분(Post-offering Equity Interest)이라고 한다. 기존 주주는 사전모집지분에, 신규주주는 사후모집지분에 관심의 초점이 맞추어져 있다. PPM에서는 신주발행을 통한 펀드레이징에 앞서 지분희석률을 산출한 다음 투자자에게 공개할 의무가 있다. 다음은 PPM에 기술될 내용 예시이다.

본 투자 모집에서 발행할 신주를 포함하여, 현재까지 당사의 발행 주식은 총 2,000,000 주입니다. 신규발행주식(보통주)인 200,000주는 사전모집지분율 11.1%와 사후모집지분율 10%에 해당합니다. 즉, 본 투자 모집에서 발행한 신주가 모두 청약된다면 기존주주를 대상으로 1.1%의 지분희석화가 발생할 것입니다.

PPM을 배포할 때에는 보통 주식청약 설문지와 계약서가 함께 동봉된다. 잠재 투자자는 투자 위험허용도, 재정 능력, 관련 투자규제 및 정보공개 동의 등에 관한 청약 설문지를 작성함으로써 스스로 고위험투자 자격을 증명해야 한다. 거래조항을 검토한 후 투자의사를 밝히기 위해 청약계약서에 서명한다. 이 문서는 개인정보를 담고 있으므로 외부공개가 불가하고, 반드시 충분한 재정적 자격을 갖추고 투자의사를 밝힌 잠재 투자자에게만 배포되어야 한다.

사업 계획서의 모든 정보가 PPM에 반영되므로 별도로 사업 계획서를 첨부하지 않아도 된다. 텀시트(Term Sheet) 협상 시 유리한 정보를 PPM에 반영하면 협상 시간과 노력을 줄이는 데 효과적이다.

주주 서신

주주 서신(Shareholder Letter)은 기존 주주에게 보내는 창업가의 편지이다. 최근 사업 진행 상황과 성과 내용을 공유하고, 경영진의 비전과 목표를 주주들에게 공표하기 위해 작성한다. 새로운 견인력 확보 및 호의적 시장 추세와 같은 긍정적 사업진척사항을 간결하게 설명하고 주주의 관심과 지원을 유지하는 훌륭한 방법이다.

기존 주주에게 배포되는 편지가 왜 잠재 투자자에게 보내는 투자안내서에 포함되어야 할까? 주주 서신은 투자내용을 담고 있지 않다. 하지만 이를 활용하여 스타트업 경영 활동의 투명성을 입증할 수 있고, 그 결과 잠재 투자자로부터 강한 신뢰를 얻을 수 있다.

- 주주 서신은 스타트업을 둘러싼 내·외부 이해관계자들에게 사업 발전 사실을 보여줄 수 있는 가장 우수하고 편리한 방법이다. 주주 서신을 통해 최근 우수한 인재를 경영진으로 영입했고, 시장 동향이 스타트업에 유리한 방향으로 전개되고 있으며, 새로운 전략 파트너를 통해 기업목표를 달성했다는 사실을 잠재 투자자에게 보여줄 수 있다. 이는 스타트업의 펀드레이징 성공 확률을 높이는 데 기여한다. 2 장에서 설명한 대로, 잠재 투자자 역시 스타트업의 이와 같은 성공 특성의 존재 여부를 확인하길 원한다.
- 잠재 투자자의 신뢰를 확보할 수 있다. 펀드레이징에서 창업가와 잠재 투자자 간 신뢰는 아무리 강조해도 지나치지 않다. 스타트업과 관련된 최신 정보를 주기적으로 제공받을 수 있는 사실에 잠재 투자자는 창업가의 배려와 통찰을 높이 평가할 것이다. 이는 신뢰 형성의 원천으로 작용하고, 견고한 상호 신뢰는 비즈니스 발전과 성장을 위해 적극 지원하는 전략 파트너를 개발하는 데 효과적이다.
- 주주 서신은 훌륭한 기업 홍보물이다. 이를 통해 잠재 투자자는 주주가 될 경우 어떠한 대우를 받을지 간접적으로 느낄 수 있다. 주주 서신은 기업경영의 투명성을 확보하는 데 도움이 되며, 이는 투자자가 바라는 이상적 기업상이기도 하다.

투자 심사를 마친 잠재 투자자 중에는 현재보다는 후속 펀딩라운드에 참여하고 싶은 사람들도 있다. 이렇게 투자를 망설이는 투자자에게 주주 서신이 포함된 투자안내서 일체를 보낸다면 앞서 기술한 효과를 더욱 높일 수 있다. 이 경우 현재 단계에서 투자 유치가 이루어지지 않더라도,

후속 단계에서 투자를 약속받기도 한다.

기술 요약서

기술 요약서(Technology Brief)는 혁신적 제품·서비스의 작동방식에 대하여 보다 기술적인 설명을 제공하는 문서이다. 가급적 기술노하우와 같은 기밀정보는 노출하지 않고, 혁신이 내포한 가치제안 프로세스가 실제로 어떻게 작동하며 고객에게 전달되는지에 관한 정보를 제공해야 한다. 기술적 지식과 배경을 갖춘 투자자는 스타트업이 개발한 기술에 관한 정보제공을 요청할 가능성이 매우 높다. 그렇더라도 두꺼운 상세 문서를 제공하기보다는, 투자자가 가볍게 읽고 쉽게 이해할 수 있도록 간결한 문체로 기술 요약서를 작성하는 것이 좋다. 투자안내서를 발송할 때에는 기술정보의 유출 가능성을 항상 염두에 두어야 한다.

기술 요약서는 결코 과학적이고 기술적인 즐거움을 선사하기 위해 작성하는 문서가 아니라는 점을 주지하자. 기술에 대한 잠재 투자자의 관심은 '최종 사용자는 이 기술을 어떻게 사용하는가?'에 맞추어져 있으며, 이러한 요구사항을 충족시킬 수준으로 작성한다.

제품 설명서

어떤 투자자는 스타트업이 개발한 기술이 실제로 어떻게 작동하는지에 아무런 관심이 없다. 이들에게는 개발한 제품·서비스의 작동방식을 설명해줄 필요가 있다. 제품 설명서(Demonstrations)를 작성하기도 하지만 파일럿 테스트(Pilot Test)를 통해 제품과 서비스의 작동방식에 관한 데모(시연) 영상을 촬영하여 제공하는 것도 좋은 방법이다. 펀드레이징 프레젠테이션에서는 직접 데모를 해야 하는데, 도중에 기술적 결함이 발생하면 제품·서비스에 대한 투자자의 신뢰를 얻기 어렵다. 이는 곧 펀드레이징 실패로 연결될 것이다. 따라서 어떠한 기술적 결함도 발생하지 않도록 만전을 기해야 한다. '백 번 듣는 것보다 한 번 보는 것이 낫다'는 속담처럼, 데모는 잠재투자자와 고객들에게 환영받는 가장 효과적인 프레젠테이션 접근법이다.

시장조사 보고서

시장조사 보고서(Market Trends and Research Report)는 정의된 목표시장과 관련하여 시장규모, 인구통계 및 주요지표, 시장참여자, 유통 경로, 경쟁 및 규제환경과 같은 다양한 시장 요소들이 역할 관계에 대하여 포괄적이고 심층적인 분석결과를 제시한다. 사업 계획서의 마케팅 계획 섹션에서 시장조사결과의 핵심요점만 제시했다면, 시장조사 보고서를 추가로 작성·제출하여 비즈니스의 성장 잠재력을 입증하는 것이 좋다. 이를 통해 잠재투자자가 가질 다음의 질문에 충분히 답할 수 있기 때문이다.

- 필요한 시장조사를 수행했는가?
- 적합한 마케팅 전략은 무엇인가?
- 시장변화에 대비한 비상계획을 수립했는가?
- 왜 목표시장에서 경쟁하길 원하는가?

시장조사 보고서는 위와 같은 질문에 대답을 제공하고, 목표시장에 대한 경영진의 이해도는 보여주는 것이다. 즉, 작성된 보고서를 검토한 잠재투자자로 하여금 경영진이 목표시장을 정확히 이해하고 있으며, 향후 변

화에 충분히 대응할 수 있다는 확신을 갖도록 만들어야 한다. 이 보고서
는 스타트업의 상업적 생존력과 마켓 플레이어로 성장할 가능성이 높다
는 사실을 뒷받침하는 근거를 제공한다. 또한 기확보한 견인력과 전략 파
트너의 사업적 가치를 투자자에게 확인시켜줄 수 있다. 기업 내부적으로
시장조사 보고서를 작성하는 동안 목표시장의 상황과 동향을 파악할 수
있고 스타트업이 향후 유리한 마켓 포지셔닝을 점유할 수 있는 기회도 규
명할 수 있다.

기타 자료

다음과 같은 추가 자료를 투자안내서에 첨부하면 비즈니스 견인력, 제
품·서비스에 대한 고객 니즈, 시장대응전략을 직·간접적으로 보여줄 수
있다.

- 알파·베타 테스트 결과
- 고객조사 결과분석 및 사용 후기
- 제품과 서비스에 관한 블로그 논평 및 수상 경력
- 사업 상 유리한 정책 및 법안 통과 등과 관련된 공공발표

투자안내서의 배포

창업가는 투자안내서의 배포를 전략적으로 관리해야 한다. 투자자 유
형에 따라서 투자안내서의 구성이 달라지기도 한다. 따라서 안내서를 구
성하는 여러 문서를 사전에 작성하고, 투자자 유형에 따라서 구성배치를
변경한 후 하나의 맞춤형 투자안내서 패키지를 제작한다. 앞서 설명한 모

든 자료를 투자자에게 발송하는 것은 바람직하지 않다. 잠재 투자자가 작성된 모든 문서를 요청하지 않을뿐더러 방대한 분량의 전체 내용을 읽어보기도 어렵기 때문이다. 맞춤형 투자안내서를 권장하는 이유는 다음과 같다.

- 잠재 투자자의 첫인상과 이들의 초기 피드백, 그리고 KYI 정보를 조합하여 어떤 문서를 제공하는 것이 좋을지 고민하라. 투자자와의 첫 만남에서 이들의 유형과 관심사를 파악하는 것이 무엇보다 중요하다. 스타트업의 비즈니스에 관한 지식수준이 높은 잠재 투자자일수록 간략한 기술 요약서를 보다 흥미롭게 검토할 것이다. 질문과 조사를 통해 수집한 KYI 정보에서 투자자의 주요 관심사를 파악할 수 있다.
- 상황에 따라 전달해야 할 내용도 달라진다. 투자자와 일면식이 없다면 핵심요약본만 보내는 것이 좋다. 또는 투자의사가 크지 않다고 판단되면 자금 제안서를 제외한 나머지 서류 일체를 보내는 것만으로도 충분하다.
- 배포할 자료를 적절하게 변경·구성하여 잠재 투자자가 적극적인 투자 의지를 갖도록 만들어 협상 기회를 얻는 것이 무엇보다 중요한 과제이다. 투자안내서를 검토한 투자자가 흥미를 갖고 상세한 최신·보완 자료를 요구하도록 유도한다. 일전에 펀드레이징에 실패한 투자자라도 최신자료를 발송하여 투자 기회를 탐색하는 것도 좋은 방법이다.
- 스타트업이 개발할 기술 요소에 대하여 투자자가 자사 혹은 제삼자의 기술 실사팀의 평가를 받도록 요청할 수 있다. 후자의 경우에는 기술 요약서를 제출하는 것만으로 충분하다.

- 잠재 투자자가 특정 서류만을 요청한다면 해당 자료만 보내는 것이 좋다. 필요 이상으로 많은 사업정보를 넘겨주는 것은 기술 정보가 유출될 위험이 있다. 또한 투자자가 사업정보를 정확히 이해하고 분석하는 데 충분한 시간을 주고 인내심을 가져야 한다.
- 스타트업의 비즈니스 및 제품·서비스와 관련된 투자자의 질문에 신속하고 정확히 답변할 수 있도록 개별 안내서를 미리 준비해두는 것이 좋다. 특정 질문에 대한 준비된 응답을 적시에 제공함으로써 조직적이고 유능한 경영역량을 보여줄 수 있다.

펀드레이징 프레젠테이션 방식

리스트에 포함된 잠재 투자자들에게 배포할 투자안내서가 제 역할을 했다면, 이들 앞에서 펀드레이징 프레젠테이션을 실시할 기회를 얻게 된다. 창업가들은 대부분 자신이 개발한 제품과 서비스에 자부심과 애정이 넘친다. 그 때문인지, 프레젠테이션 중 상당 시간을 제품과 서비스의 혁신성을 강조하는 데 할애한다. 하지만 잠재 투자자가 듣고 싶은 내용은 '왜 내가 당신의 스타트업에 투자를 해야 하는가?'에 대한 설득력 있는 이유이다. 프레젠테이션이 진행되는 동안 투자자는 '투자를 해야 할 이유'보다 '투자를 하지 말아야 할 이유'를 더 많이 생각하게 된다는 사실을 명심하자. 이러한 투자자의 염려와 걱정을 덜어주는 대비책을 마련한 후 프레젠테이션에 임하면 이들의 투자 결정에 큰 도움이 된다.

사전에 프레젠테이션 분량에 대해서 생각해야 한다. 슬라이드 장수가 너무 많거나 혹은 한 슬라이드 안에 수많은 콘텐츠를 모두 담아버리면, 프레젠테이션이 지루해지고 청중의 관심을 분산시킨다. 프레젠테이션 자료는 잠재 투자자의 관심과 사고에 맞추어 중요한 순서대로 작성하되, 핵심적인 내용만 간략히 정리하여 흥미를 유발하고, 추가 질문을 유도하여 보완설명을 하는 것이 적절하다.

발표 범위와 시간에 따라서 프레젠테이션 유형이 달라지며, 창업가는 다음의 세 가지 프레젠테이션 유형을 모두 준비해야 한다. 바로, '엘리베이터 피칭', '로비 피칭', 그리고 '룸 피칭'이다.

엘리베이터 피칭

엘리베이터 피칭(Elevator Pitching) 유형은 다른 프레젠테이션 유형과 비교하여 시간이 가장 짧은 것이 특징이다. 이는 엘리베이터에서 우연히 마주친 잠재 투자자에게 60초 내외의 찰나에 프레젠테이션을 마쳐야 하는 상황에서 비롯된 명칭이다. 엘리베이터 피칭의 목적은 차후 미팅을 확보하고 공식적인 프레젠테이션 기회를 얻는 데 있다. 짧은 순간에 이루어지는 프레젠테이션의 이점을 극대화하려면 잠재 투자자의 흥미와 관심을 촉발하고, 이를 지속시킬만한 강렬한 인상을 심어줘야 한다.

명함을 제시하고 전문적이고 간결한 용어로 비즈니스의 열정과 매력을 발산하는 것이 중요하다. 스타트업을 잠재적 투자 기회로 인식할 수 있도록 투자자의 KYI 제1요소를 자극해야 한다. 냉정함을 유지하고 시간을 허비해선 안 된다. 잠재고객들이 어떠한 문제를 겪고 있으며, 이에 대한 솔루션인 가치제안이 어떻게 작동하는지, 새로운 마켓 플레이어로서 이제까지의 성장 과정, 향후 브랜드 인지도 구축방법을 집중적으로 설명해야 한다. 이 모든 과정을 관통하는 핵심은 '왜 투자자가 당신의 이야기를 귀담아듣지 않으면 안 되는가?'에 대한 정당한 이유를 설명하는 것이다. 효과적인 엘리베이터 피칭 예시는 다음과 같다.

당사는 실시간 의료협업과 진단기능이 강화된 획기적인 기술을 개발했습니다. 이 기술은 의료전문기관 및 국제 보건 관리 기구에 큰 혁신을 불러올 것입니다. 기존의 실시간 화상통화로는 동료 의사들과 상호작용하기 어려웠습니다. 실시간 대화형 화상 의료회의에 관한 수요가 전 세계적으로 급증하고 있는 가운데, 기존의 기술적 문제를 해결한 업체가 바로 당사입니다. 이러한 동향에 발맞추어, 당사는 의료전문가와 보건관계자가 실시간으로 상호작용하며 수술 중에도 의료회의를 실시할 수 있는 소프트웨어 프로토타입을 개발했습니다. 전통전인 의료수술방식에 혁신적인 변화를 일으킬 최첨단 글로벌 화상회의 시스템을 상상해보십시오. 이 기술로 시장 확대를 할 계획입니다. 궁극적으로 우리 제품은 온라인 의료화상회의의 대명사가 될 것입니다.

예기치 못한 갑작스러운 상황에서 엘리베이터 피칭의 기회가 생긴다. 어느 날 우연히 마주친 잠재 투자자 앞에서 성공적으로 프레젠테이션을 하려면 작성된 문장을 반복해서 연습해야 한다.

로비 피칭

로비 피칭(Lobby Pitching)은 투자안내서 중 사업 개요의 피칭 버전으로 생각하면 이해하기 쉽다. 5~10분 정도의 프레젠테이션을 통해 잠재 투자자의 관심과 흥미를 끌 만한 정보를 제공한다. 자발적인 엘리베이터 피칭과 달리, 로비 피칭은 보다 다양한 상황에서 진행된다. 투자자의 바쁜 스케줄로 인해 호텔 로비나 공항 터미널과 같은 공공장소에서 프레젠테이션을 진행한다. 로비 피칭은 공식적인 피칭 이벤트 혹은 데모데이(Demo-Day)에서 진행하는 프레젠테이션에 적용가능하다.

로비 피칭의 기본 내용은 사업 개요에 제시된 내용과 거의 일치한다. 제품·서비스의 기능을 상세히 설명할 시간은 없다. 비즈니스의 핵심요소에만 집중하며, 개발하려는 제품과 서비스에 대한 정의, 수요에 대한 검증, 혁신에 내포된 가치제안 등을 단순하고 명쾌하며 신속하게 설명해야 한다. 이때에는 고객과 관련된 시장 요소를 조합하여 이야기를 만드는 화법, 즉 스토리텔링을 활용하면 효과적으로 프레젠테이션 내용을 전달할 수 있다. 그리고 스타트업의 비전과 열정을 타진할 수 있는 최소 요건 제품(Minimum Viable Product)과 핵심성과지표를 제시하여, 청중이 마음속으로 스타트업의 비전과 열정을 그려가도록 유도한다.

이 프레젠테이션의 주요 목적은 스타트업의 성장 잠재력을 입증하고, 이를 실현하기 위해 필요한 것이 무엇인지를 각인시키는 데 있다. 비즈니스가 내포한 수많은 가능성을 모두 보여주기에는 시간이 부족하므로 가장 핵심적인 사항에만 집중해야 한다. 그리고 그 잠재력을 성공적으로 실현할 역량을 보유하고 있다는 사실도 함께 제시한다. 로비 피칭이 끝난 후 투자자들이 공통적으로 묻는 다소 공격적인 질문은 다음과 같다. 피칭 이벤트에서 자주 나오는 해당 질문에 제대로 답변하지 못하면 스타트업의 치명적 결함을 스스로 드러내는 것이다.

- 잠재고객들에게 어떻게 접근하고 유치할 계획입니까?
- 신규 마켓 플레이어로서 시장진입전략이 무엇입니까?
- 고객들이 여러 대안 중에서 왜 하필 귀하의 제품을 구매할 거라고 생각합니까?
- 산업과 시장의 진입장벽을 어떻게 극복할 계획입니까?

엘리베이터 피칭과 마찬가지로, 성공적인 로비 피칭의 조건은 투자자에게 높은 수익을 제공할 수 있는 매력적인 투자 기회로 스타트업을 인식시키는 것이다. 따라서 프레젠테이션 준비 시 창업가는 가치제안의 수익 잠재력과 비즈니스의 상업적 생존력을 입증하는 데 초점을 맞춰야 한다. 이를 위해선 사전에 프레젠테이션 자료를 만들고 피칭 연습할 때 비즈니스의 사업성과 시장성을 효과적으로 전달하는 데 집중해야 한다.

이에 못지않게 중요한 것이 바로 발표자인 창업가의 태도이다. 잠재 투자자는 창업가의 전인적 요소를 평가하고 있다는 사실을 명심해야 한다. 자신이 얼마나 똑똑하고 대단한지를 보여주려는 모습보다는, 청중에게 집중하고 이들을 향한 진심 어린 태도와 함께 적절한 유머를 유기적으로 결합하여 가장 좋은 인상을 남겨야 한다. 그 결과, 펀드레이징을 위한 피칭의 합목적 전달성이 강화될 것이다.

룸 피칭

룸 피칭(Room Pitching)은 사업 계획서 내용 전반을 다루는 공식적인 프레젠테이션이다. 보통 엔젤 투자자와 기관 투자자를 대상으로 20~30분 동안 진행된다. 청중인 투자심사위원 중 적어도 한 명은 창업가와 일면식이 있을 것이다. 일전에 창업가의 피칭을 경험했거나 투자안내서를 검토한 이들은 투자 기회를 보다 진지하게 고려하고자 내부적으로 투자심사팀을 구성하고 프레젠테이션 자리를 마련했을 것이다. 이들이 창업가와 투자심사팀을 연결해주는 컨택포인트가 될 것이다.

앞선 두 가지 피칭 유형과 달리, 룸 피칭은 철저히 투자자 유형에 따라서 프레젠테이션을 커스터마이징하는 데 충분한 시간과 노력을 기울여야 한다. 심사팀은 이미 창업가가 배포한 투자안내서의 일부 또는 전체에 대한 검토를 마쳤을 것이다. 따라서 프레젠테이션을 마친 후 질의응답 섹션에서는 훨씬 날카롭고 예리한 질문들이 예상되므로, 이에 대한 철저한 준비가 필요하다. 프레젠테이션은 이러한 예상 질문에 대하여 상세한 답변을 제공함과 동시에 스타트업의 사업정보를 포괄적인 방식으로 보여줘야 한다. 피칭 도중 또는 이후에 효율적인 사업 조직화 및 원활한 경영기능 확보 여부 등 비즈니스 운영, 경쟁력, 전략 등에 관하여 수준 높은 질문들을 받게 될 것이다.

- 제품·서비스 확장 계획은 무엇입니까? 이미 그러한 사업을 하는 기업들이 있지 않나요?
- 기존 경쟁사보다 우수한 경쟁우위가 무엇이고, 이들과 어떻게 경쟁할 계획입니까?
- 제시된 회사와 파트너십을 체결한다면, 투자회수 전략에 어떠한 영향을 미치나요?

투자안내서를 배포하든 혹은 어떠한 유형의 피칭을 실시하든 룸 피칭으로 귀결되며, 그 결과는 펀딩라운드의 성패를 결정한다. 그만큼 중요성이 강조되는 룸 피칭의 공식 프레젠테이션의 내용을 어떻게 구성하고, 투자 유형에 따라서 어떠한 맞춤화가 이루어져야 하며, 이를 어떻게 성공적으로 전달할 것인지에 관하여 다음에서 자세히 논의하고자 한다. 마지막으로 프레젠테이션 후속 조치를 위한 활동을 살펴보고 본 장을 맺는다.

| 프레젠테이션 내용

앞서 언급한 바와 같이, 룸 피칭에서 이루어지는 공식 프레젠테이션의 내용은 기본적으로 사업 계획서의 내용과 동일하다. 그리고 투자심사팀은 사전에 투자안내서에 포함된 사업 계획서를 검토했을 것이다. 그렇다면 내용적 측면에서 프레젠테이션은 어떠한 차별화가 필요할까?

프레젠테이션을 성공적으로 수행하려면 전사적 관점에서 스타트업을 둘러싼 주요 사항을 제시하고, 각 요소가 어떻게 사업성과로 연결되는지 일목요연하게 보여줘야 한다. 예를 들어 스타트업의 핵심 성공 요인이 목표시장의 트렌드 변화라면, 해당 요인을 활용하기 위해 어떠한 전략을 수립하고 있는지 설명해야 한다. 그렇지 못하면 상상력이 부족하고 근시안적 태도를 가진 경영진으로 비칠 수 있다. 스타트업을 둘러싼 다양한 환경 요소가 스타트업에 미치는 영향도 다르다. 따라서 각 요소가 스타트업의 수익실현기회에 어떻게 상호 연결·작용하는지를 명확히 제시해야 한다.

시장·경쟁 구도를 뒤흔들만한 파괴적 혁신을 기획하고 있다면, 이에 상응할 만큼 위험과 불확실성도 높다. 이러한 사실을 객관적이고 명확히 설명하면 잠재 투자자의 신뢰를 얻을 수 있다. 특히 핵심경쟁우위는 투자자의 이목을 끌기에 좋은 요소이다. 특정 사업 활동과 관련하여 우수한 역량을 갖고 있거나 현실적이고 수익적인 마케팅 전략을 갖고 있다면, 주저하지 말고 그러한 요소들이 어떻게 경쟁우위가 되는지 입증해야 한다. 상세한 묘사라면 더욱 좋다. 만약 벤처 비즈니스가 내포한 가치제안이 가장 강력한 경쟁우위라면 주저 없이 피칭 테이블 위에 꺼내놓는다. 스타트업에 지원을 아끼지 않는 전략 파트너가 있다면, 이 협력적 관계가 얼마나 생산적인지를 설명하여 스타트업의 성공 잠재력을 입증해야 한다. 절대로 스타트업과 벤처 비즈니스를 스스로 평가절하할 필요는 없다.

청중은 언제나 프레젠테이션에서 최신 정보를 기대한다. 따라서 목표시장에서 최근에 성취한 비즈니스 발전 혹은 성과 수치 등을 개괄적으로 제시해야 한다. 예를 들어, 새로운 시장변화, 매력적인 전략 파트너, 성공적인 목표달성, 공개 출시된 혁신 제품·서비스, 새로운 계약수주 등과 관련하여 최신 정보를 전달하고, 이를 통해 투자자가 스타트업의 성장 가능성을 가늠하도록 유도한다.

이처럼 핵심 성공 요인들이 어떻게 상호작용하여 스타트업의 성과 창출에 기여하는지를 보여줌으로써 프레젠테이션을 마무리한다. 곧바로 이어지는 질의응답에서는 프레젠테이션 도중 발표한 내용에 대하여 추가보충과 해석을 제공하는 방향으로 이끌어야 한다. 설명하지 않은 내용과 관련하여 답변이 불필요한 질문이라고 판단되면 가급적 피하는 것이 좋다.

| 프레젠테이션 맞춤화

훌륭한 프레젠테이션은 청중의 외형적·내면적 욕구에 호소한다. 청중에게 집중하는 것이 바로 프레젠테이션의 성공요소이다. 청중이 누구인지를 파악하고, 이들의 관심과 욕구를 충족시키는 프레젠테이션의 맞춤화, 즉 커스터마이징이 필요하다.

펀드레이징 프레젠테이션의 커스터마이징의 출발은 2장에서 살펴본 KYI 요소를 반영하는 것이다. 만약 공적 자금 지원기관의 심사 위원에게 프레젠테이션을 한다면, 그 초점은 이들이 기대하는 핵심성과지표를 어떻게 달성할 것인지를 설명하는 데 맞추어야 한다. 기관 투자자를 대표하는 임원진을 상대로 발표할 때에는 최소한 명시된 투자 기준을 스타트업이 충족하는지 입증해야 한다.

이들 투자자는 창업가의 스타트업 이외에도 다른 여러 스타트업에 대한 투자심사를 병행하고 있다는 사실을 명심하자. 이들의 투자안 중 일부는 투자 기준을 충족할 뿐 아니라 투자자가 익숙한 사업영역에서 상대적으로 위험이 낮고 높은 수익을 제공할 능력까지 갖추고 있다. 따라서 투자자의 관점에서 다른 투자안보다 더 매력적인 비교 경쟁우위를 규명하고, 이를 강조해야만 펀드레이징 프레젠테이션을 성사시킬 수 있다.

스타트업이 투자자에게 익숙한 사업영역에 걸쳐있다는 사실을 입증하는 또 다른 이유는 이들이 폭넓은 경험을 쌓은 친숙한 시장일수록 스타트업의 성공을 예견하기가 수월하기 때문이다. 이 경우, 투자자는 비즈니스 컨설팅 및 네트워크 개발과 같은 비재무적 지원을 제공할 수 있다. 이러한 경향은 특히 기관 투자자에서 두드러지게 나타나는데, 그 이유는 비재무적 지원을 통해 간접적 기업 통제력을 확보할 수 있기 때문이다.

앞서 프레젠테이션을 준비하는 동안 청중의 예상 질문에 적절한 답변을 마련해야 한다고 설명했다. 이 역시 커스터마이징이 필요하다. 투자자는 사전에 창업가가 발송한 투자안내서를 검토하였거나 혹은 다른 곳에서 실시한 창업가의 프레젠테이션을 경험했을 것이다. 이처럼 투자자가 스타트업에 익숙함과 친숙함을 느낄수록 프레젠테이션을 수월히 진행할 수 있다. 그리고 창업가는 이들의 이해를 뛰어넘어 보다 정교하고 상세한 내용을 전달하는 데 시간과 노력을 투자해야 한다. 심사위원 중 연락담당자가 귀띔한 질문 및 이슈에 대해선 반드시 설득력 있는 답변을 마련하여, 이들의 말에 귀 기울이고 있다는 사실을 보여준다.

| 프레젠테이션 성과

프레젠테이션 종료 후에 곧바로 협상 테이블이 마련되지 않으며, 잠재 투자자가 투자 결정을 내리기까지 상당한 시간이 소요될 것이다. 즉, 펀드레이징 프레젠테이션은 즉각적인 투자 유치보다는 향후 투자 조건을 상세 논의하기 위한 협상 테이블을 마련하는 데 일차적인 목적이 있다. 이는 본 장의 초반에서 사업자금이 필요한 시점 이전에 프레젠테이션을 준비·수행해야 한다고 설명한 주된 이유이다. 그 기다림의 시간 동안에 투자자가 우호적인 결정을 내리려면 스타트업을 매력적인 투자 기회로 인식해야 한다. 투자 매력도를 향상시키려면 프레젠테이션에서 비즈니스 성과·계획·전략과 관련된 다양한 사업정보를 일목요연하게 정리하여 투자자에게 효과적으로 전달해야 한다.

벤처 비즈니스가 높은 위험과 불확실성에도 불구하고 성공할 수밖에 없는 이유를 설명하고, 청중에게 스타트업 성공 가능성을 각인시켜야 한다. 문서화된 사업 계획서는 스타트업을 둘러싼 다양한 사업요소들의 상호관계를 설명하기에 한계가 있다. 하지만 시각적인 삽화와 도표, 그리고 구두설명으로 진행되는 프레젠테이션은 그 한계를 넘어서 각 요소 간의 상호관계를 명확하고 간결하게 전달하는 데 훨씬 효과적이다.

다양한 의미를 담고 있는 도표 한 장으로 투자자의 지적 상상력과 호기심을 자극하고, 이들이 느끼는 투자 매력도를 증진시켜야 한다. 예를 들어, 자사 제품의 기능을 경쟁·대체제와 비교하는 차트를 통해 제품이 내포한 가치제안을 시각적으로 보여주어 강한 인상을 심어줄 수 있다. 스타트업, 고객 및 파트너 간의 금융거래 흐름을 도표와 그림으로 묘사하면 투자자의 이해증진에 보다 효과적이다. 혁신의 작동방식을 직접 보여주는 데모는 투자자에게 잠재고객들의 구매동기를 전달할 수 있는 가장 좋은 방법이다.

펀드레이징 프레젠테이션을 효과적으로 수행하는 데 도움이 될 만한 여러 방법을 쉽게 찾아볼 수 있다. 사업특성과 투자 유형을 고려하여 이들 방법을 조합하고 예행연습을 거듭하면서 효과적으로 사업내용을 전달할 수 있는 독특한 프레젠테이션을 제작하길 바란다. 그 과정에서 명심해야 할 원칙은 다음과 같다.

1) **평범한 언어로 말하라.** 프레젠테이션은 스타트업이 현재까지 달성한 성과에 대한 놀라움과 향후 목표달성을 위한 전략 및 과정에 대한 기대감을 조성하는 데 일차적 목표를 두어야 한다. 사업성과와 계획·전략에 대한 투자자의 명확한 이해를 추구해야 한다. 기술 실사팀이나 알아들을 법한 지나치게 전문적·기술적 용어를 사용하면 투자자의 이해를 방해할 뿐이다. 누구나 이해할 수 있는 쉽고 간결한 프레젠테이션을 준비하기 위해 관련 기술 지식이 전무한 비전문가를 대상으로 프레젠테이션을 예행연습해보고, 이들로부터 피드백을 받아 반복 수정한다.

2) **비즈니스에 대한 열정과 자신감을 표명하라.** "우리 경영진은 훌륭한 투자 기회를 여러분과 함께 나누게 되어 진심으로 기쁘게 생각합니다." 펀드레이징에서 창업가는 스타트업이 창출한 혁신적·사업적 가치를 피력하는 데 열정을 쏟아야 한다. 벤처 비즈니스에 대한 열정을 당당하고 분명히 드러냄으로써 장시간 진행되는 공식 프레젠테이션 동안 투자자의 시선과 관심으로 사로잡을 수 있다. 스타트업의 성공에 대한 자신감을 드러내야 하는 프레젠테이션에서 작은 약점이나 절망을 비추는 순간 투자자는 먹잇감을 바라보는 포식자의 눈으로 창업가를 바라볼 것이다.

3) **투자자의 입장에서 말하라.** 본질적으로 같은 의미를 내포한 말일지라도 어떻게 표현하느냐에 따라 투자자의 관심과 흥미를 집중시키거나 분산시킬 수 있다. 다시 한번 KYI 요소를 상기해보자. 예를 들어, '당사 신제품은 이전에 경험하지 못한 새롭고 신선한 기능을 고객들에게 제공할

것입니다'라는 말보다는 '당사 신제품의 새로운 기능에 대하여 잠재고객들은 기꺼이 프리미엄을 지불할 의사가 있습니다'라는 표현이 투자자의 관심을 끌기 충분하다.

4) 신뢰성과 투명성을 확보하라. 프레젠테이션의 또 다른 목표는 잠재투자자와 신뢰를 쌓는 것이다. 여기서 쌓은 신뢰는 창업가와 투자자 간 향후 협력적 관계의 발판으로 작용한다. 청중과 시선을 유지하여 창업가는 지금 진실만을 말하고 있다는 암묵적 메시지를 전달해야 한다. 이와 함께 미래에 달성할 사업적 성과를 투자자를 포함한 이해관계자들과 어떻게 공유할 것인지를 상세히 설명하면 보다 신뢰 수준을 높일 수 있다. 주주서신을 제시하거나 혹은 전략적 의사 결정 과정에서 경영진과 이해관계자 간의 협력사례를 언급하는 것도 증진된 신뢰성과 투명성을 확보할 수 있는 효과적인 방법이다.

5) 청중의 반응에 주시하라. 프레젠테이션을 수행하는 동안 동료에게 멘탈노트(Mental Note)를 작성하도록 한다. 멘탈노트란, 투자자가 언급한 내용은 물론 프레젠테이션의 각 주제에 대한 투자자의 신체적 반응(태도, 청취 자세, 눈동자, 얼굴 표정 등)을 상세히 기록한 메모이다. 해당 내용을 활용하여 프레젠테이션 후속 조치와 향후 투자 협상을 보다 효과적으로 준비할 수 있다.

6) 사전에 예상 질문에 대한 답변을 마련하라. 프레젠테이션을 마친 후 질의응답을 준비해야 한다. 투자자는 이미 창업가가 발송한 투자안내서를 검토하였고, 이전에 실시한 피칭을 경험했을 수도 있다. 그런 과정 후에 공식 프레젠테이션 자리를 마련했다는 사실을 잊어선 안 된다. 매우 예리하고 심도 있는 질문들이 쏟아져 나올 것이다. 이에 대한 답변이 만족스럽지 못하면 협상 테이블에서 마주할 기회를 얻기 힘들다. 청중 반응

을 기록한 멘탈노트를 활용하여 대답하기 어려운 질문에 답변을 제공할 수 있는 청중을 확인하라. 이들에게 자발적인 조언을 구하는 것도 현명한 접근법이다.

7) 청중에 관한 정보를 수집하라. 펀드레이징 프레젠테이션의 청중으로 누가 참석하는지, 이들이 어떠한 직업·지식·교육 배경을 가졌는지 파악하라. 심사위원 중 연락담당자로부터 구한 청중 정보가 많을수록 프레젠테이션을 더욱 효과적으로 수행할 수 있다. 투자자의 마음을 사로잡는 방법은 아첨이 아니라 이들의 마음에 깊이 침투하여 스타트업의 성장 잠재력, 성공 가능성 및 마켓 리더십을 각인시키는 것이다.

| 프레젠테이션 후속 조치

정식 피칭을 모두 마치면 곧바로 후속 조치를 해야 한다. 연락담당자가 프레젠테이션 자리를 준비했다면 공식발표가 날 때까지 연락담당자를 통해 서신을 주고받는 것이 적절하다. 프레젠테이션에 참석한 청중들에게 시간과 배려에 대하여 감사 인사를 전하고, 추가 질문에 신속히 답변하여 최소한의 예의를 보여줘야 한다. 이들이 벤처 비즈니스를 심도 있게 검토하고 분석할 수 있도록 참고할만한 추가 정보를 전달하는 것도 바람직하다. 이러한 후속 조치에 대하여 투자자의 반응이 긍정적이라면 좋은 신호임이 분명하다. 무관심은 대개 나쁜 징조이다.

프레젠테이션 동안 창업가와 투자자가 서로 논의하는 가운데 새로운 발견이 이루어졌다면, 이를 반영하는 것도 좋다. 그러나 투자자가 요청하지 않은 사항에 대하여 반응할 경우 자만과 과신으로 비칠 수 있으니 유념하길 바란다. 투자자가 추가 정보를 요청할 경우에만 관련 정보를 간략히 요약하여 제공하는 것을 권장한다. 또한, 요청한 정보 이외에 다른 주요정보를 미묘하게 혼합하여 투자자의 관심과 흥미를 유발할 수 있다. 투자안내서에서 Q&A 섹션을 별도로 작성하여 미요청 주요 내용을 다룰 수도 있다.

마지막으로 유익한 후속 조치로는 발표한 프레젠테이션 자료를 투자자가 참고할 수 있도록 공유하는 것이다. 앞서 설명했듯이, 삽화와 도표가 포함된 슬라이드를 통해 투자자는 사업 계획서에서 발견하기 어려운 사업요소 간의 역학관계를 충분히 이해할 수 있다.

다시 한번 강조하자면, 펀드레이징 프레젠테이션은 스타트업의 성장 잠재력과 벤처 비즈니스의 성공 가능성을 잠재 투자자에게 전달하고 이해시키는 활동이다. 그리고 그 목적은 즉각적인 투자 유치가 아니라 투자 조건에 대한 상세논의가 이루어질 추가회의, 즉 협상 테이블을 마련하는 데 있다.

워크포인트

펀드레이징 프레젠테이션을 기획하기 전에 그 대상과 시기를 결정하고, 어떤 방식의 프레젠테이션이 적합한지를 파악해야 한다. 우선, ACRE 차트와 CCR 평가를 활용하여 잠재 투자자가 설정한 투자 기준을 확인하고, 현재 펀딩 단계에서 좋은 돈과 나쁜 돈을 평가하여 적절한 투자자를 프레젠테이션 리스트에 올린다.

그리고 재무 계획상 시간적 흐름에서 현시점을 기준으로 필요한 자금을 충분히 확보했는지, 타당성 있는 견인력을 개발했는지, 호의적인 상황 여건이 마련되었는지 등에 따라서 적절한 프레젠테이션 시기를 결정한다. 마지막으로 시간·노력·자원의 제약과 함께 리스트에 속한 투자자를 관리할 수 있는 역량을 고려하여 적합한 프레젠테이션 방법을 설계해야 한다.

펀드레이징 프레젠테이션을 효과적으로 준비하고 성공적으로 수행하려면 전략적 의도를 갖고 그 기회를 마련하는 것이 우선이다. 리스트에 속한 투자자에게 투자안내서를 작성하여 배포함으로써 프레젠테이션 기회를 얻을 수 있다. 투자안내서 구성은 투자 유형에 따라서 달라질 수 있으며, 투자자에게 모든 문서를 발송하기보다는 각 유형의 투자자들이 관심을 가질만한 내용만을 간추려 맞춤형 안내서를 제작·발송해야 한다. 투자안내서를 배포하는 이유는 다음과 같다.

- 안내서를 배포하며 현재 스타트업이 펀드레이징을 진행하고 있다는 사실과 프레젠테이션을 통해 추가 정보를 제공할 준비가 되었다는 사실을 공표할 수 있다. 일반적으로 사업 개요와 사업 계획서 또는

PPM이 본 기능을 수행하는 두 가지 문서이다.

- 잠재 투자자가 가질 의문과 질문에 자세한 답변을 제공함으로써, 이들에게 스타트업이 매력적인 투자 기회라는 점을 인식시킨다. 기술 요약서와 시장조사 보고서가 이러한 주장의 타당성을 뒷받침할 것이다.

배포된 안내서가 효과적이라면, 이제 본격적으로 펀드레이징 프레젠테이션을 수행할 기회를 얻게 된다. 여기에는 세 가지 유형의 프레젠테이션이 있으며, 우선, 엘리베이터 피칭은 스타트업에 대한 잠재 투자자의 관심과 흥미를 유발하기 위해 자발적 또는 우연적 상황에서 전개된다. 이는 스타트업의 독특한 벤처 비즈니스를 개괄하여 잠재적으로 높은 수익률을 제공할 투자 기회로 인식시키는 것이 주요목표이다. 사전에 잠재 투자자와 스케줄을 잡고 공공장소에서 이루어지는 로비 피칭은 보다 상세한 정보전달이 가능하다. 기본 전달내용은 투자안내서 중 사업 개요와 거의 일치한다. 핵심적인 사업요소를 스토리텔링으로 전달하고 혁신이 내포한 가치제안의 수익 잠재력을 뒷받침하는 증거를 제시해야 한다.

정식적이고 공식적인 펀드레이징 프레젠테이션인 룸 피칭에서는 구체적이고 세부적인 사업내용을 포괄적으로 보여줄 수 있는 충분한 시간을 얻게 된다. 그만큼 피칭 도중 또는 이후에 보다 수준 높고 심도 있는 질문을 받게 될 것이다. 삽화와 도표를 활용하여 스타트업의 성공 가능성과 수익 잠재력을 증명하는 다양한 사업요소의 상호관계를 보여주어, 투자자의 이해증진에 주력해야 한다. 잠재 투자자가 투자 결정을 심사숙고하기 시작했다면 다음 단계, 즉 협상으로 나아갈 차례이다.

Chapter 6

강력한 투자 협상가로 거듭나기

창업가는 이제는 잠재 투자자로부터 충분한 관심을 확보하였고, 이제 투자 자금 규모와 투자 조건을 결정하기 위한 협상 테이블 앞에 서 있다. 지금까지 잠재 투자자에게 투자안내서를 발송하고 펀드레이징 프레젠테이션을 효과적으로 수행하여 창업가가 의도한 결과, 즉 협상 기회를 얻게 되었다. 잠재 투자자는 이제 협상 상대이다.

이제부턴 흥미진진한 협상 활동을 수행할 차례다. 상대방은 낮은 가격으로 주식을 구입하려는 지분 투자자이거나 가장 높은 자본 비용(이자)으로 자금을 빌려주려는 부채 투자자이다. 협상 과정에서 이들은 창립 파트너 혹은 현 이해관계자의 희생을 요구함과 동시에 자신의 통제력은 향상시키고 부담해야 할 위험을 줄이기 위한 투자 조건을 관철하려 들 것이다.

당연히 이들이 들고 있는 무기는 투자, 즉 돈이다. 이 강력한 무기를 앞세워 어쩌면 협박에 가까운 협상을 진행할지도 모른다. 이처럼 투자 협상에서 자신의 이익을 추구하는 모든 행동은 정당하다. 창업가도 앞에 있는 잠재 투자자가 자사에 유익한 비즈니스 파트너가 될 수 있도록 허용 가능한 투자 조건을 확보함과 동시에 기존 주주들의 이익을 최우선으로 협상에 임해야 할 막중한 책임을 지닌다.

투자 협상은 스타트업 경영진에게 가장 중요하고 도전적인 과제이다. 5장에서 상세히 논의한 재무 계획을 효과적으로 수립했다면, 이는 성공적인 협상을 이끌 귀중한 가이드의 역할을 담당할 것이다. 그리고 2장에서 논의한 KYI 요소, 즉 투자자를 파악하기 위해 수집한 정보와 지식이 투자 협상에서 큰 도움이 될 것이다. 협상을 요리할 재료는 준비되었다. 그 재료를 성공적으로 조합할 협상자로서 거듭날 창업자의 협상 역량 강화만 남아있을 뿐이다.

본 장에서는 앞선 장에서 설명한 다양한 계획과 분석 도구를 전략적으로 활용할 수 있는 방법을 살펴볼 것이다. 이를 통해 창업가의 협상 기술을 향상시키는 데 초점을 맞추고자 한다. 협상 과정에서 예상되는 사건을 알아보는 것도 본 장의 주요 목표이다.

이번 장은 협상 4단계인 사전 협상(Prenegotiation), 실사(Due Diligence), 실제 협상(Actual Negotiation) 및 협상 종료(Concluding Negotiation) 단계의 순서대로 구성되어 있다. 각 단계는 긴밀히 상호 연결되어 있다.

사전 협상 섹션에서는 KYI 추가조사 및 협상력 강화와 같은 레버리지 도구에 대해서 다룬다. 다음으로는 힘겨운 실사 과정에 대해서 논의한다. 실제 협상 단계에서는 유리한 협상 활동, 협상 포인트, 협상 계획 수립 등에 대해서 살펴볼 것이다. 그리고 성공적인 협상과 실패한 협상을 언제 어떻게 종료할 것인가에 대한 설명으로 본 장을 끝맺을 것이다.

사전 협상 단계

잠재 투자자가 투자 조건을 논의하기 위해 협상 테이블을 마련했다면, 창업가는 KYI 추가조사를 시작해야 한다. 또한 실사 단계와 뒤따른 실제 협상 단계에서 유리한 협상 지위를 확립하기 위해 협상력의 원천을 규명해야 한다.

투자의향서

잠재 투자자는 투자의향서(Letter of Intent, LOI)를 창업가에게 제출하여 협상 의지를 표명한다. LOI는 협상 상대가 특정 목표를 위해 선의의 협상에 참여하겠다는 의지를 알리는 공식문서이다. 이를 통해 명확한 협상의 목적과 요점을 상세히 전달한다. LOI는 일종의 협상 안전장치가 될 수 있지만, 여기에 기술된 내용 중 기밀유지 및 성실성 조항을 제외하곤 대부분은 법적 효력이 없다.

협상의 시작과 진행을 위해 필요한 모든 전제조건을 LOI에 제시해야 한다. 이에 포함되는 일반적인 전제조건으로는 협상의 배타성을 확립하는 제삼자 협상 금지 규정(No-shop Agreement)과 협상의 지속성을 위한 현상 유지 규정(Standstill Agreement) 등이 있다.

제삼자 협상 금지 규정은 협상 기간이 한정된 경우에만 동의하는 것이 좋다. 기간이 너무 길거나 무기한의 제삼자 협상 금지 규정은 특정 거래 상대와의 계약 체결을 저해하고 창업가의 협상 지위를 크게 약화시킬 수 있다. 잠재 투자자는 다른 투자자와 스타트업 투자 경쟁에 참여하고 싶지 않기 때문에 이러한 배타적 권리를 확보하고 싶어 한다. 하지만 창업가가 다른 투자자와 펀딩라운드를 전개하고 있다면 모든 투자자는 해당 사실을 알고 있어야 한다. 만약 이러한 상황에서 투자자가 제안한 배타적 권리에 동의하면 법적 분쟁으로 이어질 수 있다.

곧 설명하겠지만, 이러한 잠재 투자자들 간 경쟁, 즉 투자 경쟁을 일으키면 창업가의 협상력을 높일 수 있다. 본 장에서는 창업가의 협상 지위를 강화하는 도구를 가리켜 레버리지라고 부를 것이다. 하지만 잠재 투자자의 호의적 접근을 방해하지 않도록 신중한 고민 끝에 레버리지를 사용해야 한다.

비공개 계약서

추가로 비공개 계약서(Non-disclosure Agreement, NDA)가 필요한 경우도 있다. NDA는 양 협상 당사자 간에 합의한 특정 정보와 지식을 제삼자와 공유하거나 혹은 외부에 유출하는 것을 금지하는 기밀유지계약이다. 물론 양 당사자 간의 동의하에 일부 기밀의 사용을 허가하는 조항을 추가하기도 한다.

기밀정보가 공개되기 전에 창업가는 표준 NDA 초안을 작성하여 잠재 투자자에게 배포하고 서명을 받아야 한다. 일부 기관 투자자는 NDA 동의를 망설이기도 한다. 이는 정보공개가 제한될 경우, 향후 전문 영역에서 활동하는 유망기업에 대한 투자 및 지원이 제한될 수 있기 때문이다. 하지만 대부분의 투자 전문회사는 기밀유지를 위해 창업가가 작성한 NDA에 동의한다. 반드시 NDA를 작성해야 되는 것은 아니다. 창업가는 법적 효력을 가진 어떤 문서에서도 이러한 기밀유지조항을 포함시킬 수 있다. 이제부터 살펴볼 주요 사전 협상 활동인 KYI 조사에서 무결성과 신뢰성 검증을 실시한다.

투자자 조사

창업가는 투자 협상의 기회를 제공한 잠재 투자자들의 배경, 관심사, 동기, 과거 투자 및 투자자 간 관계에 대하여 독립적인 조사를 수행해야 한다.

잠재 투자자는 스타트업의 사업영역에 대해서 알고 있는가? 리스크 완화, 높은 수익 보장, 전략적 이해관계 중 무엇을 가장 중요하게 여기는가? 성공적인 투자실적을 갖고 있는가? 투자기업을 성공적으로 출구시켰는가? 비즈니스 파트너로서 기업과 어떠한 협력 관계를 맺고 있는가? 인적 네트워크 개발 및 경영 전문 지식 제공 등의 추가적 이점을 제공하는가? 후속 추가 투자를 제공할 수 있는가? 금융계에서 어느 정도의 명성과 지위를 갖고 있는가?

이러한 질문의 답은 앞서 2장에서 설명한 KYI 제4요소와 관련되어 있지만, 투자 협상에서는 반드시 추가 조사가 필요하다.

이 조사를 어떻게 수행해야 할까? 대부분의 기관 투자자는 투자 기준과 과거 실적 등에 관한 유용한 정보를 웹사이트에 게재한다. 잠재 투자자가 명시한 투자 기준은 최고요구사항일 뿐이다. 하지만 투자 유망기업으로써 지원자에게 어떠한 기대를 하고 있으며 이들에게 투자하려는 동기가 무엇인지 살펴볼 수 있고, 이들이 어떠한 잠재 비즈니스 파트너일지 예견할 수 있다.

잠재 투자자의 과거 고객, 즉 이들로부터 펀드레이징을 경험한 창업가에게 연락을 하는 것도 좋은 방법이다. 그리고 해당 투자자가 비즈니스 파트너로서 어떠한지, 이들로부터 펀딩을 받을 때 어떤 요소를 고려했는지 직접 물어보자.

투자자의 웹사이트 보유 여부와 상관없이 모든 유형의 투자자를 대상으로 이러한 조사를 수행해야 한다. 투자 협상을 제안한 기관 투자자가 상장기업이라면 추가로 재무제표 및 기업평가보고서 등을 활용하여 재무적 건전성을 확인하는 것도 좋다. 이런 상장기업들은 투자전담팀 및 홍보팀이 있으므로, 보다 자세한 정보를 얻을 수 있다.

간혹 이들이 운영하는 투자 펀드에 참여할 개인 투자자를 모집하기 위한 연락처를 찾아볼 수 있다. 전화해서 홍보물을 받길 바란다. 여기서 투자약정을 살펴보면, 잠재 투자자가 창업가에게 무엇을 제공할 수 있고 제공할 수 없는지에 대한 상세한 정보를 얻을 수 있다. 협상 상대인 잠재 투자자와 전문적인 관계를 맺고 있는 은행, 회계사, 변호사 등을 찾아보자. 시간과 노력이 많이 필요하긴 하지만 유용한 참고자료를 얻을 수 있다.

투자자에 관한 심층적 정보와 지식을 확보하려고 노력했다는 사실을 보여주면 스타트업의 경영역량에 대한 확신을 심어줄 수 있고, 실제 협상 단계를 진행하기 전에 이들과 협상 가능한 요소가 무엇인지를 규명할 수 있다. 중요한 점은 협상 과정에서 최상의 투자 조건을 얻으려면 반드시 레버리지를 개발해야 한다는 것이다.

레버리지

다양한 형태로 존재하는 레버리지(Leverage) 요소를 규명해야 한다. 프레젠테이션의 질의응답 및 사전 협상 단계에서 실시한 KYI 추가조사를 통해 레버리지 원천을 파악하고 이를 효과적으로 활용해야 한다.

레버리지란, 현재 투자를 유치하려는 자금 규모에 견주어 창업자의 협상력을 더욱 강화하고 발휘하도록 만드는 요소이다. 레버리지를 활용하여 협상 상대에게 강한 인상을 심어줄 수 있고, 창업가의 상대적 협상 지위를 높일 수 있으며, 궁극적으로 스타트업의 밸류에이션을 높일 수 있다.

이 장에서 우리는 다양한 레버리지 원천에 대하여 살펴볼 것이다. 펀드레이징에서 협상 포지션을 강화하는 레버리지 원천은 다음과 같다.

1) 견인력. 2장에 설명한 바와 같이 견인력은 스타트업의 성공에 대한 긍정적인 전망을 나타내는 높은 대중 인식, 확립된 시장입지, 규제 통과 및 면허 등록, 그리고 지적 재산권 확보 등이 포함된다. 기회가 있을 때마

다 마치 탄약을 장전하듯 모든 견인력을 끌어모아 비즈니스의 성장 잠재력을 충전해야 한다. 각 펀딩라운드의 협상 단계에서 투자자에게 개발된 견인력을 전달할 수 있는 이상적인 기회를 얻을 수 있다.

협상은 양 당사자 간 'Give-and-Take' 활동이다. 제시된 견인력이 우수할수록 스타트업의 벤처 비즈니스에 대하여 고차원적인 다중 밸류에이션(Higher Multiple-based Valuation) 평가가 가능하다. 이를 통해 제품·서비스, 비즈니스 모델, 경영 및 사업 계획·전략의 약점을 파악하여 스타트업의 밸류에이션을 낮추려는 상대의 시도에 강력한 이의를 제기할 수 있다.

2) 성과기록. 현재까지 성과목표를 지속적이고 성공적으로 달성했다는 사실을 명확히 제시하여 스타트업의 성과예측에 타당성과 신뢰성을 더하면 협상력을 더욱 강화할 수 있다.

3) 위험완화요인. 상대방이 부담해야 할 투자 위험을 줄이는 위험완화요인을 제시하면 향상된 레버리지를 얻을 수 있다. 여기서 4장에서 설명한 ACRE 차트를 활용할 수 있다. 번레이트의 상당 부분을 보전하고자 인큐베이터 프로그램을 활용한다면 잠재 투자자가 환영할 것이다. 또한 협상된 투자금 중 일부를 보증할 수 있는 능력을 개발할 수 있다면 높은 협상력을 확보할 수 있다. 사전 협상을 준비하는 동안 최신 시장 정보를 수집하면 유용한 레버리지 원천을 확인할 수 있다.

4) 투자자의 목표를 대리 달성할 수 있는 능력. 전략 투자자가 협상 테이블에 앉을 수 있다. 이들은 스타트업이 개발한 기술을 활용하여 목표시장에 진입하고 경쟁우위를 확보하고자 투자하려는 의도를 갖고 있다. 이러한 전략 투자자는 탁월한 투자 수익보다는 더 높은 산업·시장 영향력을 행사하는 데 관심이 높다. 따라서 이들의 기대와 목적에 맞추어 스타트

업의 전략적 가치에 초점을 맞추고 협상을 진행해야 한다.

이렇게 전략 투자자의 목표 달성에 부응하면 강력한 레버리지를 얻을 수 있고, 이는 스타트업의 밸류에이션 증대로 이어진다. 스타트업의 전략적 가치는 재무적 이익보다 훨씬 중요하며, 만약 이러한 전략적 가치가 높으면 전략 투자자는 훨씬 더 높은 밸류에이션을 제시할 것이다. 결과적으로, 전략 투자자가 예측한 재무적 이익이 다른 투자자의 기대 수준보다 낮더라도, 이들은 창업가에게 유리한 투자를 제공할 가능성이 크다.

5) 투자자의 상대적 레버리지. 레버리지는 두 가지 방법으로 실현된다. 협상 상대가 투자금 외에 다른 비재무적 지원을 제공하는가? 그렇지 않다면, 창업가에게 협상우위가 있다. 만약 투자자가 스타트업에 유용한 비재무적 지원을 제공할 수 있다면, 이는 투자자가 상대적으로 높은 협상력을 갖게 될 요인이 된다. 이는 스타트업의 비즈니스 발전에 도움이 될지언정 협상 측면에서 창업가에게 불리하게 작용할 수 있다. 또한 전에 해당 투자자와 법적 계약을 체결했거나 비즈니스 관계를 맺은 적이 있다면, 이는 투자자에게 또 다른 레버리지로 작용한다.

앞서 2장에서 전략 투자자(혹은 전략 파트너)와의 관계를 고착시키는 법적 계약의 문제점을 살펴보고, 가급적 이러한 계약관계를 맺지 않도록 주의했다. 이쯤에서 한 가지 흥미로운 사실을 발견하게 된다. 바로 상대적 레버리지의 딜레마이다. 투자가가 비즈니스 파트너로서 매력적일수록 협상 테이블에서 투자자의 상대적 협상력이 높아진다는 사실이다.

6) 투자 경쟁의 존재. 앞서 설명했지만, 잠재 투자자는 되도록 한 스타트업을 놓고 다른 투자자와 경쟁하길 꺼려한다. 창업가는 이러한 투자 경쟁을 비위협적인 방식으로 레버리지로 활용할 수 있다. 법적 분쟁의 소지를

만들지 않으려면 상대에게 현재 스타트업에 투자하려는 또 다른 잠재 투자자가 있다는 사실을 알려줘야 한다. 그리고 투자금 이외의 조건들에 초점을 맞추고 강화된 협상력을 행사하면 된다. 투자를 더 받으려는 의도가 아님을 보여줌으로써, 상대는 입찰경쟁에 참여한 다른 투자자보다 더 호의적인 투자 조건과 비재무적 지원을 제시할 것이다. 물론 스타트업이 그만한 혜택과 지원을 받을 자격이 충분하다면 말이다.

이러한 방식으로 창업가는 협상 전 해당 투자를 좋은 돈으로 전환시킬 수 있다. 이러한 방식을 선택할 때에는 사전에 투자 경쟁에 대한 상대의 고민과 불안을 해소시켜줘야 한다. 투자 의도를 표명한 여러 잠재 투자자들 가운데 스타트업에 비재무적 지원을 제공하기 어려운 투자자는 창업가가 제시한 투자 조건에 동의할 여지가 높다. 창업가가 요청한 총 투자금 중 일부만 제공하려는 투자자에게는 투자 신디케이트 구성 혹은 다른 투자자의 공동 참여를 제안하면 해당 협상을 성사시킬 수도 있다.

투자 신디케이트는 공동 투자금을 조성할 수 있다는 이점뿐 아니라 스타트업의 성공과 성장을 위해 여러 투자자들이 비재무적 지원을 협력적으로 제공할 수 있고, 증진된 성공 잠재력만큼 투자 위험을 감소·분산시킬 수 있다는 장점이 있다. 공동투자에 대한 투자자의 관심과 흥미를 발견했다면, 창업가는 우수한 레버리지로 협상 지위를 높일 수 있다.

하지만 명심해야 할 점이 있다. 투자 신디케이트의 형성은 곧 투자집단의 규모가 커진다는 것이다. 이는 투자집단의 협상력이 더욱 강화된다는 뜻이다. 신디케이트와 같은 공동 투자는 스타트업에게 양날의 검이다. 상대에게 휘두른 검이 상대의 힘에 밀려 나를 향하여 돌아온다면 큰 타격을 받게 된다.

7) 상대적 긴박감. 상대가 투자 협상을 신속히 체결해야 한다는 압박을 느낀다면, 창업가는 협상 속도를 조절하여 보다 유리한 투자 조건을 얻을 수 있다. 상대에게 다른 잠재 투자자가 존재한다는 사실을 넌지시 비추어 긴박감을 조성하고 협상력을 강화할 수 있다.

하지만 협상의 긴박감이 지나치게 높을 경우 상대가 이를 역이용할 수 있다. 즉, 창업가가 긴급함 혹은 절망감을 느낄 때 오히려 협상 과정을 지연시키는 것이 투자자의 협상 전략이기 때문이다. 이러한 '벼랑 끝 전술'을 통해 투자자는 창업가를 위험한 상황으로 몰고 가며 자신이 원하는 방향대로 협상을 이끌어나간다. 그 결과, 스타트업에 매우 불리한 조건을 관철·강요함으로써 예상치 못한 부정적 결과를 얻을 수 있다.

앞서 여러 번 강조한 바와 같이, 이는 펀드레이징 활동을 시작하기에 가장 적절한 시점은 투자금이 절실하지 않을 때이다. 반드시 후속 펀딩라운드에 들어가기 전에 현 비즈니스 단계에서 필요한 자금을 충분히 확보해야 하는 이유이다. 만약 현재 자금수혈이 절실하다면, 그 사실을 투자자가 알지 못하도록 숨겨야 한다. 이는 상당한 자제력과 의지력이 요구된다.

8) 협상 속도 조절 능력. 이 요소의 중요성은 아무리 강조해도 지나치지 않다. 협상에서는 시간적 여유를 갖는 측이 협상 주도권을 갖는다. 주도권을 가진 자가 자신에게 유리한 협상 환경을 조성할 수 있다. 시간적 우위를 가진 협상 당사자가 가장 유리한 투자 조건을 선택할 수 있다.

사전 협상 단계에서 주요 과제는 최대한 많은 레버리지를 개발하고 축적하는 것이다. 상대에 대한 창업가의 레버리지가 클수록 이에 비례하여 전체 협상 과정에서 활용할 수 있는 협상 자본도 함께 증가한다.

협상 자본

협상 자본(Negotiation Capital)은 각 협상 당사자가 상대에게 느끼는 협상력에 따라서 결정되는 상대적 우위로 정의된다. 만약 투자자가 창업가의 협상력이 자신의 것보다 높다고 인지하는 경우 협상 과정에서 창업가가 행사할 수 있는 협상 자본이 확대된다. 레버리지가 탄약이라면 협상 자본은 탄약을 발사할 총에 해당한다.

여기서 명심해야 할 원칙이 있다. 첫째, 총은 가장 위험한 순간, 즉 협상이 고조된 시점에 사용해야 한다. 둘째, 그리 중요하지 않는 투자조건을 관철시키고자 무작정 탄약을 발사하면 안 된다. 한정된 탄약을 빨리 소진하면 총의 위협성은 현저히 떨어진다. 협상 자본은 향후 협상 활동에서 최대효과를 얻을 수 있도록 경제적으로 사용해야 한다.

실사 단계

실사는 다양한 정의를 갖고 있지만, 이 책에서는 '잠재 투자자가 자신이 제공할 투자와 관련하여 모든 주요 사실을 확인하기 위해 수행하는 철저한 조사 또는 감사'를 뜻하는 용어로 사용한다. 잠재 투자자는 실제 협상을 진행하기 전에 실사를 통해 포괄적인 사항을 조사한다. 예를 들어, 스타트업의 재정, 법률, 세무, 노동, 지적 재산권, 재무증서, 기존 이해관계자와의 관계, 공급업체, 규제환경 및 현 마켓 포지션 등과 관련하여 사업 계획서 혹은 투자안내서에 진술된 내용의 사실 여부를 검토한다.

이를 통해, 스타트업에 대하여 투자 자격의 적합성 및 투자 수익의 창출 여부를 결정한다. 그리고 이를 근거로 적절한 투자 자금 규모과 합리적 투자 조건을 결정한다. 이러한 감사 활동을 수행하는 주체는 투자자이지만, 창업가에게는 협상력 강화의 기회로 작용할 수 있다. 따라서 투자자가 실사에서 만족스러운 결과를 얻도록 최선의 준비를 해야 한다.

실사 목록표

본 활동은 실사 목록표를 제공하는 것부터 시작된다. 실사 목록표는 투자자의 신중한 감사가 필요한 항목 혹은 창업가의 정확한 대답이 필요한 질문을 정리한 문서이다. 실사 목록표는 공식문서형태로 작성되며, 대개 분야별 항목에 따라 감사 및 질문 항목이 정리되어 있다. 창업가는 각 질문에 대하여 실사 답변서를 작성해야 한다.

실사 답변서

보다 정확하고 상세한 답변을 제공할수록 투자자의 신뢰와 확신은 커진다. 그 결과, 호의적이고 신속하며 유리한 실제 협상이 이루어질 수 있다. 창업가의 답변은 앞으로 논의할 실제 협상에 단초를 제공할 것이다.

실사 답변은 진실하고 정확해야 하며, 창업가는 자신의 답변을 증명할 법적 책임을 갖는다. 실제 협상 중 실사에 대한 답변이 부정확하거나 사실과 다른 정보가 발견될 경우, 협상 자체가 종료되거나 창업가의 협상 지위가 크게 약화될 수 있다. 협상을 성공적으로 마친 후라도 상대방이 아직 이행되지 않은 펀딩 협약의 일부 또는 전부를 무효화할 수 있다. 이를 통해 우리는 스타트업의 투명한 경영 및 운영, 그리고 잠재 투자자에게 제공할 정보의 무결성을 확보하는 것이 얼마나 중요한지를 충분히 짐작할 수 있다.

기밀유지보장은 실사 시 주의를 기울여야 할 또 다른 사항이다. 어떤 경우에는 외부로 누출되어선 안 되는 스타트업의 기밀정보 대하여 세밀한 조사가 이루어지기도 한다. 만약 그러한 정보가 기업의 경쟁우위와 성공 잠재력의 원천이라면 더욱 그러하다. 아직 비공개 계약을 체결하지 않았다면, 상대가 실사를 요청하기 전에 협상 조건 및 실사 내용에 대한 기밀유지를 보장하는 조항을 추가하는 것이 바람직하다.

일단 상대가 실사분석을 마치고 특정 사항에 문제를 제기하지 않았다면, 이제 실제 협상의 기초가 마련되었다고 판단해도 무방하다. 실제 협상은 투자자와 창업가가 생각하는 상이한 투자 조건을 하나씩 조율하는 단계이다.

실제 협상 단계

상대가 실사 결과에 만족하여 텀시트를 보내왔다면, 이제 실제 협상이 시작된다. 실제 협상을 시작하기 전 창업가는 상대방이 스타트업의 비즈니스 파트너로서 적합한지 재확인해야 한다.

텀시트

잠재 투자자가 준비할 텀시트는 일전에 제안했거나 혹은 향후 상세한 논의가 필요한 투자 조건을 요약한 문서이다. 이는 투자 의사를 표명한 상대, 즉 잠재 투자자의 의도와 조건을 창업가에게 공지할 뿐 법적 구속력은 없는 문서이다. 실제 협상은 텀시트에 명시된 시점에 시작된다.

우선, 협상할 여러 투자 조건을 검토하기 전에 적절한 협상 방식과 최적의 협상 전술에 대해서 논의하고자 한다.

협상 방식

적절한 투자 유형의 선택과 투자안내서의 배포와 마찬가지로 잠재 투자자의 유형에 따라서 창업가가 취해야 할 협상 방법이 결정된다. 먼저 벤처캐피탈리스트(VC)와 사모펀드 회사의 관점에 어떠한 차이가 있는지 알아야 한다. VC는 고위험 비즈니스에 집중하는 것이 일반적이다. 따라서 이들의 관점은 스타트업에 대한 통제 문제와 기업청산(Liquidation) 가능성, 즉 투자회수 여부에 초점이 맞추어져 있다. 위험이 더 크다는 가정 하에 훨씬 더 높은 수익을 기대하는 투자자가 바로 VC이다. 사모펀드 회사는 주로 스타트업의 실제 성과와 투자회수가 이루어질 시기, 즉 출구 전략과 출구 시점에 가장 큰 관심을 보인다.

이처럼 펀딩 유형에 따라 투자자가 서로 다른 관점과 이해관계를 갖고 있다는 사실에 대해선 앞서 여러 차례 설명하였다. 실제 협상에서 주지해야 할 점은 이러한 관점과 이해가 서로 다른 투자 조건을 제안하도록 만드는 이유로 작용한다는 것이다.

다시 VC와 사모펀드에 관한 이야기를 계속하자. 투자 위험을 크게 인지할 VC는 자신이 감수해야 할 위험을 조금이라도 줄이기 위해 스타트업에 대한 경영 통제력을 강화하길 원한다. 또한 다운사이드 보호(Downside Protection), 즉 밸류에이션 하락 시 발생할 손실을 줄이고자 다양한 완충 조건을 제시할 가능성이 크다. 사모펀드 회사는 예상되는 투자 수익이 실현될 때 최대 이익을 얻고자 최대 주주 지위를 확보하기 위해 노력한다.

공공지원기관과의 협상은 전적으로 다른 접근법이 필요하다. 이들 기관은 일자리 창출, 지역 경제 성장 및 경쟁력 제고, 혁신성 향상 및 사회·문화적 목표를 이루기 위해 스타트업에 공적 자금을 지원한다. 그리고 스타트업이 이러한 목표와 관련하여 강력한 사례를 창출하기 바란다. 스타트업의 벤처 비즈니스에 대한 자금지원에서 공공 기관이 생각하는 위험은 다른 투자자들이 생각하는 위험과 다르다.

재무적 관점에서 위험을 평가하는 다른 투자자 유형과 달리, 공무원인 공공 기관의 투자심사위원들이 느끼는 가장 큰 위험은 자신의 경력과 관련되어있다. 즉, 공적 자금을 지원받은 스타트업이 제시한 성과 목표를 달성하지 못하면 자신의 공무 경력에 큰 위험이 될 수 있다. 만약 스타트업이 공적 자금을 사적 이익을 위해 전용하거나 혹은 지원기관이 제시한 의무를 이행하지 않는다면, 자신의 공무 경력에 악영향을 미칠 수 있다. 따라서 이러한 조짐이 보이는 스타트업에는 절대로 공적 자금을 지원하지 않는다.

다른 투자자 유형과 마찬가지로, 공공 기관과의 협상 단계에서 신뢰를 심어주는 것이 중요하다. 벤처 비즈니스의 경제적 지속 가능성을 입증하고, 이들이 제시한 핵심성과지표에 부합하는 비즈니스 목표를 향한 열정과 헌신을 입증해야 한다. 또한 공공지원기관이 속한 지자체 및 관할구역에서 벤처 비즈니스가 어떠한 기여를 할 것인지에 대한 사회적 당위성 혹은 상호의존성을 설명해야 한다.

사업 계획에 대한 거창한 설명은 아무런 도움이 되지 않는다. 오히려 거창한 사업 계획은 공무원들로 하여금 실현성을 의심하도록 만들어 인지한 위험을 높일 수 있다. 이들의 평가 초점은 벤처 비즈니스의 높은 성공 잠재력이 아니라 낮은 실패 가능성에 맞추어져 있다.

협상 전술

실제 협상 단계에서 창업가의 전술은 다음과 같다.

1) 유리한 협상 지위를 확보하라. 언어 및 비언어 측면에서 이루어지는 모든 행동에서 인내심을 갖고 영향력을 개발하라. 투자 협상에서는 시종일관 당당하고 자신있는 언행이 좋은 것만은 아니다. 협상 전 과정에서 겸손하고 온유한 태도를 유지하는 것이 종종 유리한 협상 포지션을 확보할 기회를 제공하기도 한다.

투자 협상은 자금난을 겪고 있는 스타트업을 구제하기 위한 비상대책회의가 아니다. 본 벤처 투자가 매력적인 투자 수익을 거둘 절호의 기회임을 상대에게 인식시키는 데 그 목적이 있다. 어떤 투자자는 창업가의 절망을 악용하여 더 유리한 협상 지위를 얻으려 할 것이다. 여러 협상 포인트에서 자신의 입지를 강화하거나 의사 결정을 지연시키는 전술을 통해 창업가를 압박하기도 한다. 투자 협상에서 창업가와 투자자, 양측 모두가 만족할만한 성공적인 결말을 얻기란 매우 어려운 일임을 명심하고, 보다 유리한 협상 지위를 확보하는데 집중해야 한다.

2) **열정과 냉정을 유지하라.** 벤처 비즈니스에 대하여 열정과 냉정이 균형을 이루어야 한다. 상대는 스타트업 경영진의 사업 계획이 완전무결하다고 생각하지 않으며, 전략상 결함을 공론화하여 창업가의 협상 지위를 약화시키려 들지도 모른다. 예상되는 사업적 난관을 감추려 들거나 혹은 아직 발생하지 않은 미래의 사업 성과를 과장해서도 안 된다. 뒤에서 논의하겠지만, 상대는 예상 성과와 문제를 확인할 수 있는 법적 장치를 갖고 있다.

3) **팀 단위로 협상하라.** 경영진 간 상호 유기적 관계, 효과적인 의사소통, 명확한 책임소재, 전문 기술 및 경력을 입증하는 것이 좋다. 숙련된 투자자일수록 경영진의 상호작용과 역동성을 면밀히 관찰하고, 이를 근거로 스타트업이 사업 목표를 실현하고 이해관계자와 소통할 수 있는 능력을 평가한다. 이러한 능력이 비즈니스 관리 효율성을 결정하기 때문이다. 이처럼 경영진에 대한 개인적 및 집단적 평가 요소는 종종 상대의 투자 결정에 지대한 영향을 미친다.

4) **강력한 기업지배구조를 확인시킨다.** 기업지배구조는 기업 감독, 관리, 조직 및 통제에 관한 일련의 규칙, 정책 및 절차를 의미한다. 스타트업이 훌륭한 기업지배구조를 갖고 있다는 사실을 보여줌으로써 상대의 투

자 위험을 줄이고 기대한 투자 수익을 창출할 수 있는 능력과 의지를 드러낼 수 있다. 이는 강력한 레버리지의 원천이 될 수 있다. 7장에서 강력한 기업지배구조의 개발이 갖는 중요성에 대하여 보다 상세히 논의한다.

5) 항상 기록하라. 실제 협상에서도 '새로운 발견'을 이루는데 집중하라. 발견한 정보를 활용하여 창업가는 협상 레버리지를 강화하고 유리한 협상 지위를 확보할 수 있다. 때로는 상대가 실수로 자신의 카드를 보여주기도 한다. 이 때를 놓쳐선 안 된다. 상대가 실수로 특정 협상 포인트가 더 중요하거나 덜 중요하다는 사실을 내비쳤다면, 해당 정보를 상세히 기록한 다음 차후 협상에서 활용할 기회를 모색해야 한다. 메모하는 모습을 본 상대는 솔직하고 정직한 자세로 협상에 임할 가능성이 커진다. 창업가가 유리한 지위에서 협상을 주도하는데 문제가 없는 한 상대가 더 많은 것을 말하도록 내버려 두어라.

6) 항상 솔직히 행동하라. 성실한 자세로 협상에 임하고, 거짓이나 숨김이 없이 대화하라. 실제 협상에서 창업가와 투자자가 논의한 모든 내용은 사실 정보에 근거해야 한다. 진실함은 스타트업의 완전성과 무결성으로 연결되며, 실제 협상 단계에서 구축한 상호 신뢰는 향후 벤처 비즈니스의 성장 기반을 강화하는 밑거름이 될 것이다. 특히 숙련된 투자자들과 협상할 때 창업가가 과거의 실패와 문제를 감추려 들면 협상 지위가 악화된다. 과거의 실패를 직시하고, 무엇이 문제였는지, 이를 통해 얻은 교훈이 무엇인지를 설명하는 것이 바람직하다. 스타트업이 투자자와 건전하고 호혜적인 비즈니스 파트너십을 맺으려면 굳건한 신뢰 관계를 신속히 구축해야 한다.

7) 유능한 멘토를 두어라. 모든 스타트업에게 적용할 수 있는 천편일률

적 펀드레이징 성공 전략이 있을 리 만무하다. 성공적인 투자 유치를 위한 각기 다른 여정길에 불을 비춰줄 유능한 멘토를 곁에 두어야 한다. 성공적인 창업 경험과 투자 경력을 동시에 갖고 있는 자가 바로 최고의 멘토이다. 이들의 멘토링은 장기간에 걸친 협상 과정에서 창업가의 입장과 협상 상대인 투자자의 입장에 대한 균형적 관점을 갖고, 집중력과 인내심을 유지하는 데 큰 도움이 된다.

펀드레이징 과정을 자동차 여행으로 비유한 4장의 내용을 상기해보자. 교통 체증을 피할 최적 경로와 목적지까지의 시간과 거리를 알려줄 네비게이션을 활용하면 신속하고 정확하게 목적지에 도달할 수 있다. 창업과 투자 경험을 두루 갖춘 멘토에게 아이디어와 비즈니스 노하우, 그리고 펀드레이징 전략에 대한 조언을 얻을 수만 있다면 더할 나위 없는 펀드레이징 네비게이션을 갖는 것과 같다.

8) **마음을 열어라.** 상대를 존중하는 마음과 자세를 갖고, 이들의 모든 질문에 성심껏 대응한다. 상대는 투자 결정을 내리기 전에 반드시 해결해야 할 법적 문제를 안고 있으며, 이러한 문제는 투자자 자신에게 엄청난 중압감을 준다. 전략 및 운영 차원의 경영 의사 결정 시 유연성을 발휘하여 비즈니스 파트너가 될 잠재 투자자가 제공하는 조언을 적극적으로 수용하는 모습을 보여주면 이들의 느낄 중압감을 덜어 줄 있다.

9) **승부의 책임을 강조하라.** 누군가 스타트업에 투자한다면, 창업가로서 이들의 투자 그 위험을 얼마나 공유할 수 있고 성과 목표 달성을 위해 스스로 얼마나 헌신할 수 있는지를 입증하라. 투자자는 창업가가 자신의 벤처 비즈니스에 얼마나 전념할 것인지, 그리고 자신의 투자를 활용하여 얼마나 높은 수익을 창출하고자 노력할 것인지 알고 싶어 한다. 만약 투자

하려는 스타트업이 창업가의 여러 활동 중 하나일 뿐이고 이에 대한 헌신과 전념도 분산되어 있다면, 투자자는 자신이 부담해야할 투자 위험을 더 크게 인지할 것이다. 그리고 해당 사실을 확인한 투자자는 강력한 협상 지위를 차지하고 투자 협상을 주도할 것이다. 경영진이 일굴 업적 그리고 이를 위한 이들의 노력과 희생을 절대로 과소평가해선 안 된다.

10) 포커페이스를 유지하라. 투자 협상에서 상대에게 모든 패를 보여주면 안 된다. 투자자는 포커 게임과 비슷한 고위험·고수익 사업을 하고 있는 것이다. 상대가 우수한 포커 플레이어라는 가정하에 포커페이스를 유지하고 상대의 도전을 받아들여라.

협상 포인트
| 사업 성장 단계

상대와 사업 성장 단계에 대한 이해를 일치하는 것이 큰 도움이 된다. 사업 성장 단계는 요청할 자금 규모와 깊이 관련되어있다. 초반에 스타트업이 합리적으로 예상한 사업 성장 단계에 있음을 뒷받침하는 강력한 사례를 제시하는 것이 중요하다. 성장 단계 합의에 있어서 지나친 요구는 투자자의 협상 태도를 공격적이고 적대적으로 만들 수 있다.

합의한 성장 단계에서 필요한 사업 자금이 타당하고 합리적이라 판단되면, 투자 요청에 소극적일 필요는 없다. 요청할 자금이 높아질수록 투자자가 인식할 스타트업의 사업 성장 단계는 더욱 높아진다. 이에 따라 이들이 기대하는 위험과 수익도 높아진다는 사실을 명심해야 한다.

스타트업의 현 사업 성장 단계를 정확히 인식시키는 방법은 해당 단계를 명확히 정의할 수 있는 비즈니스 포인트 혹은 자금 사용처를 보여주는 것이다. 예를 들어, 현재 시드머니가 아닌 시리즈 A 단계로 나아가기 위한 펀드레이징을 수행하고 있다는 사실을 정확히 인식시키려면, 모집하려는 자금이 추가 연구개발이 아니라 시장 진출 전략을 성공적으로 실행하기 위해 필요한 것임 분명히 보여 주어야 한다. 시리즈 B 단계를 위한 자금을 확보하려면, 스타트업의 비즈니스 포인트가 판매량 및 시장 점유율 확대 혹은 이익증대를 위한 기타 사업 활동에 초점을 맞추고 있어야 한다.

투자자가 스타트업의 사업 성정 단계를 예상보다 낮게 평가한다면, 창업가는 기대한 밸류에이션을 얻기 어렵다. 결국 다음 단계로 나아가기 위해 필요한 자금을 충분히 확보할 수 없다. 또한 사업 발전 속도가 빠를수록 투자자가 인지한 위험 수준이 높아지고, 이에 따라 기대한 투자 수익률도 함께 커진다는 사실을 명심해야 한다. 기대한 투자 수익률이 높아진다고 밸류에이션이 높아지는 것은 절대로 아니다. 인지한 위험 수준이 높아진 만큼 투자자의 밸류에이션은 상대적으로 낮아질 수 있다.

예를 들어, 시리즈 A에서의 밸류에이션이 너무 높으면 다음 단계인 시리즈 B에 참여한 투자자는 굉장한 부담감을 느낀다. 이때, 다운라운드를 제안하기도 한다. 하지만 앞서 설명한 바와 같이 다운라운드는 후속 펀딩라운드에 부정적인 영향을 미칠 수 있으므로 부득이한 상황이 아니라면 반드시 피해야한다. 현 성장 단계에서 실제 가치보다 높은 밸류에이션이 이루어졌다 해서 무조건 좋은 것은 아니다. 그러한 밸류에이션이 향후 기업 경영에 미치는 영향을 철저히 분석해야 한다.

투자 협상에서 사업 성장 단계에 대한 정확한 정의가 필요한 이유는 이전 투자가 후속 투자에 영향을 미치기 때문이다. 쉽게 설명하면, 시리즈 A의 밸류에이션이 시리즈 B의 밸류에이션을 결정하는데 중요한 기준이 된다. 시리즈 A에서 투자를 받은 후 소기의 목표를 달성하고 제품을 출시해서 좋은 시장 반응을 보이기 시작했다면 밸류에이션이 높아진 만큼 시리즈 B에서는 이전보다 높은 투자를 받을, 업라운드(Up-round)가 이루어질 여지가 높다. 반대로 상황이 악화되었다면, 이전보다 더 낮은 밸류에이션으로 투자를 받는, 다운라운드를 해야 할 수도 있다. 평균의 성과를 거두었다면 지난 밸류에이션과 같은 수준에서 투자가 이루어지는 플랫라운드(Flat-round)가 진행되기도 한다.

투자 규모를 결정하는 밸류에이션은 실제 협상 시 창업가와 투자자가 첨예하게 대립하는 중요한 협상 포인트이다. 이전 투자를 통해 소기의 성과목표를 달성했는지, 해당 투자 규모에 상응하는 경제적 가치를 창출했는지가 현 성장 단계의 밸류에이션을 판단하는 중요한 기준이 된다.

첫 단추가 중요하다. 밸류에이션이 너무 낮거나 너무 높아선 안 된다. 목표는 사업 성장에 필요한 후속 펀드레이징에 전략적 관점을 고수하며 적정 수준의 밸류에이션을 확보하는 것이다.

▎밸류에이션

1장에서 논의한 바와 같이, 다양한 스타트업 밸류에이션 평가모형이 있다. 주로 전략 투자의 관점에서 이루어지는 전략기반 평가모형(Strategic-based Valuation)의 밸류에이션 가장 높은 편이다. 그리고 경쟁기반(Comparable-based Valuation), 재무기반(Pro forma-based Valuation)과 자산기반 평가모형(Asset-based Valuation)의 순서로 밸류에이션이 낮아질 것이다. 투자 협상 시 창업가는 상대가 자사에 유리한 평가모형을 적용하여 밸류에이션을 산출하도록 설득해야 한다. 이때에도 KYI 분석을 적용해야 한다.

상대가 전략 투자자이거나 혹은 이와 유사한 투자 동기를 갖고 있음을 확인했다면, 스타트업의 전략적 가치에 대한 강력한 사례를 제시해야 한다. 이를 위해서는 기존 경쟁업체들의 평균 주가수익을 상회하는 프리미엄을 뒷받침하는 강력한 근거를 마련해야 한다. 스타트업의 우수한 사업 전망과 수익 잠재력 등을 활용하여 다른 기업보다 높은 밸류에이션을 지닌다는 사실을 보여줌으로써 전략 투자자의 투자 명분을 마련해줘야 한다.

만약 재무기반 평가모형보다는 경쟁기반 평가모형이 그러한 사실을 강조하는 데 적합하다면, 투자 유치 후 벤처 비즈니스의 성장과 발전을 이끌어 경쟁사에 효과적으로 대응하고 시장을 선도하겠다는 의지와 계획을 보여줘야 한다. 만약 현재 스타트업이 주요 마켓 플레이어가 아니라면, 펀딩을 통해 최소한 경쟁사와 동등한 마켓 포지션을 확보할 수 있다는 점을 설득해야 한다. 이처럼 비교 가능한 요소들을 조합하여 스타트업의 밸류에이션에 관한 협상을 보다 생산적으로 진행할 수 있다.

만약 상대가 재무기준 평가모형을 기초로 협상하려 할 때에는 가장 높은 배수(Multiple)를 이끌어내는 것이 중요하다. 그리고 사용자 수 배수(User Multiple), 매출 배수(Revenue Multiple) 및 이익 배수(Profit Multiple) 중 가장 적합한 기준법을 선택한다. 명심해야 할 점은 협상의 근거가 되는 추정 재무제표의 수치 변경은 가급적 피해야 한다는 것이다. 경영진이 제시한 추정 재무제표를 협상 상대가 온전히 수용할 것이라 기대하긴 어렵겠지만, 가능한 추정 재무 수치를 기초로 협상을 진행해야 한다. 그렇지 않으면 논쟁의 초점과 그 논점의 일관성 잃게 되고, 협상 자체가 난황을 겪을 가능성이 높다.

상대가 밸류에이션을 낮추고자 의도적으로 추정 재무 수치를 조정하려드는 순간, 기존 사업 계획의 일관성과 신뢰성이 무너지게 된다. 이는 매력적인 투자 기회로 확인된 스타트업의 협상 지위를 위태롭게 만든다. 일단 재무수치를 변경하기 시작하면, 상대는 제안된 사업 계획을 둘러싼 기본 가정과 개별 항목에 대해 이의를 제기할 것이다. 잘 구성된 사업 계획을 한낱 종이 다발로 만들어버리는 판도라의 상자를 절대로 열어선 안 된다. 재무지표에 대한 재검토는 협상의 장기화를 의미한다. 따라서 재무기준 평가모형을 적용할 때에는 정확한 밸류에이션 산정을 위해 어떤 배수법을 선택하고 얼마나 배수할 것인지에 한정하여 협상을 진행하는 것이 바람직하다.

상대는 다음과 같은 전술로 실제 가치보다 낮은 밸류에이션을 제시할 것이다.

- 보수적인 평가모형을 고집한다. 이 경우, 창업가는 합리적인 근거를 마련하고 자사에 유리한 밸류에이션 평가모형을 위해 싸워야 한다. 한 번 합의한 평가모형은 변경하기 어려우며, 궁극적으로 밸류에이션 산출에 큰 영향을 미친다.
- 밸류에이션 기준이 되는 수치를 낮게 설정한다. 상대는 이를 두 가지 방법으로 수행한다. 추정 재무지표의 주요 수치를 하향 조정하거나 낮은 주가 수익 배수를 관철시키는 것이다. 앞의 설명을 이해했다면 재무지표 수정은 창업가에게 유리한 협상 접근법이 아니라는 점을 깨닫게 되었을 것이다. 평가기준의 배수를 협상할 때는 많은 신중함이 요구된다. 배수가 소수점 단위에서 달라져도 밸류에이션에 미치는 영향이 매우 크기 때문이다.

- 벤처 비즈니스의 약점과 위험을 트집 잡는다. 창업가는 자사의 약점이 무엇인지에 대해서 철저히 고민해야 한다. 그리고 이에 대한 반론을 만들고, 상대가 트집을 잡으면 신속하고 단호히 반론을 전달해야 한다. 제안한 사업 계획이 아무리 견고할지라도 비판의 틈은 언제나 존재하기 마련이다. 취약점을 보완하기 위한 구체적인 계획을 제시하고, 이러한 계획을 실행하기 위해 상대로부터 펀딩을 받아야 하는 이유, 즉 자금의 타당성을 보여줘라. 투자가 문제 해결 방법의 일환이라는 사실을 설명하지 않으면, 상대는 왜 해당 문제를 사전에 해결하려고 노력하지 않았는지 반문할 것이다.

예를 들어보자. 대부분의 스타트업이 갖고 있는 약점은 자금 부족으로 인한 마케팅 활동의 취약성과 관련되어있다. 상대가 이 문제에 대해서 언급했다면, 이에 대한 효과적인 반론은 '현재 협상 중인 투자금이 강력한 마케팅 계획을 효과적으로 수행하기 위해 필요한 자원'이라는 점을 알리는 것이다. 위험요인을 파고드는 상대에게는 투자안내서의 위험요인 섹션에서 충분히 설명되어있는 해당 요소는 추정 재무지표에 회계상 반영하였으며, 충분한 자금을 투자받으면 구체적인 조치에 의해서 완화될 것이라는 반론을 펼친다.

- 상대적으로 강력한 레버리지를 보여준다. 상대는 자신이 비즈니스 파트너로서 스타트업에 많은 부가가치를 제공할 수 있다는 점을 근거로 밸류에이션을 낮추려들 수 있다. 이들은 다른 투자자들이 제공할 수 없는 중요한 비재무적 지원을 제공할 능력이 있다는 점을 강조할 것이다. 실제로 그러한 능력과 지위가 없다면, 그렇게 믿도록 유도할 것이다. 이런 식으로 레버리지를 행사하여 협상 지위를 확보한다.

여타의 유형과 달리, 비재무적 지원을 확실히 제공할 능력을 가진 전략 투자자와 협상할 경우에는 창업가의 협상 지위가 상대적으로 낮아질 수밖에 없다. 유일한 솔루션은 사전에 창업가에게 불리하게 작용할 정보를 상대에게 제공하지 않음으로써 상대가 자신의 레버리지를 사용하지 않도록 억제하는 것이다. 상대가 '더 좋은 돈'을 제공하면 다른 투자자들보다 우위에 있는 것은 이치에 맞다. 하지만 상대적으로 높은 우위가 반드시 '더 유리한 조건'을 이끄는 자격을 의미하진 않는다.

펀딩 구조

수립한 사업 계획의 실행을 위한 투자를 충분히 유치했다고 해서 스타트업의 성공적인 비즈니스 운영과 재정적 성과가 보장되는 것은 아니다. 전달될 펀딩 구조(Funding Structure)는 창업가를 포함한 경영진의 상대적 수익과 자산 청구권 등의 경영 통제, 즉 스타트업 지배력 수준을 결정한다. 또한 성공적인 출구 및 청산 전략의 실행과 관련하여 향후 잠재 투자자가 느낄 투자 매력도를 결정한다.

상대에게만 유익한 투자 유형 혹은 투자 조건에 아무 생각 없이 동의해선 안 된다. 이는 향후 펀드레이징 진행 시 경영진의 자유로운 의사 결정을 제약하는 족쇄가 될 수 있으며, 그 자체로 벤처 비즈니스의 성공을 위태롭게 만들 수 있다. 또한 창업가가 기업 소유권과 통제권을 상실할 여지가 크다. 만약 투자 유치의 결과로 변화할 자본 구조가 불균형적으로 투자자에게만 유익하다면, 창업가는 성공적인 출구에도 불구하고 만족스러운 수익을 얻지 못하는 상황에 처할 수 있다. 창업가의 투자 수익률(ROI)

감소를 일으키는 두 가지 원인은 다음과 같다.

우선, 투자로 인해 창업가의 지분율이 감소하면서 ROI도 함께 낮아지는 지분희석화가 있다. 희석 방지(Anti-dilution), 리버스 베스팅(Reverse Vesting) 및 성과 트리거(Performance Trigger) 등과 같은 투자 조건은 창업가의 희생을 강요하면서 투자자 자신은 '보호받을 권리'를 보장하도록 만든다.

실제로, 투자자는 경영진이 보유한 주식에 대하여 리버스 베스팅 조건을 걸기도 한다. 이는 경영진이 스타트업 비즈니스에 실질적으로 기여하는 동안에만 주식을 보유할 수 있는 권리이다. 스타트업의 경우에는 보통 3년 정도의 리버스 베스팅을 설정하는데, 만약 공동창업가 중 한 명이 2년만에 퇴사할 경우 남은 1년에 해당하는 지분(총 지분의 1/3)을 회사에 반환해야 한다.

한편, 구조적 희석(Structural Dilution)이라 부르는 다른 방법도 있다. 전환성 지분투자(Convertible Equity Security Funding)로 인해 창업가의 지분이 희석되어 투자 수익률이 감소할 때 구조적 희석이 발생한다. 구조적 희석률은 출구 및 청산 시 창업가가 보유한 지분율에 따라 받게 될 수익과 구조적 희석 조항이 적용된 후 받게 될 출구 및 청산 수익의 차이로 결정된다. 구조적 희석 조항에는 잔여재산분배 우선주 및 이익배당 우선주와 같은 권리가 포함된다.

펀딩 구조는 재무적 조항보다는 덜 중요하더라도 향후 출구 및 청산 시 창업가의 수익을 결정하는 점에서 반드시 고려해야 할 사항이다. 상대와 협상을 시작하기 전에 경영진 내부적으로 심도 있게 논의되어야 할 펀딩 구조와 관련된 이슈는 다음과 같다.

| 우선주

VC와 사모펀드 회사(PEF)의 투자형태는 우선주(Preferred Shares) 투자일 가능성이 높다. 우선주는 보통주(Common Shares)와 많은 점에서 다른 특성을 갖고 있으며, 각 특성은 각 협상 당사자에게 이점을 제공하는 동시에 잠재적 함정으로 작용한다. 우선주의 가장 중요한 특징은 청산우선권(Liquidation Preference)와 우선주 보호 조항(Protective Provision)이다.

보통주와 달리 우선주는 의결권이 없지만 배당 가능 이익이 발생하거나 잔여재산이 분배될 때 보통주에 우선해 배당과 분배를 받을 수 있다(참가적 우선주). 만약 당해연도에 받지 못한 배당은 차기연도에 누적하여 배당받기도 한다(누적적 우선주). 또한 특정 시기에 보통주로 전환할 수 있는 권리를 부여하기도 한다(전환 우선주). 이러한 권리와 관련된 내용은 일반적으로 보통주를 보유한 기존주주들과의 이해 상충과 갈등이 가장 많이 발생하는 부분이다.

협상 중인 펀딩의 규모가 작은 경우를 제외하고, 보통주보다는 우선주 제공을 조건으로 투자 협상을 진행하는 것이 창업가에게 유리하다고 생각하기 쉽다. 하지만 우선주 발행이 창업가와 기존주주들에게 미치는 영향을 먼저 분석한 후 신중하게 협상할 필요가 있다. 협상 시 고려해야 할 우선주의 특징은 다음과 같다.

우선주는 청산 자산에 대한 분배 청구 시 보통주보다 우선한다. 이러한 특성 때문에 투자자는 출구 성공 시 더 높은 수익을 확보하기 위한 목적으로 우선주를 선호하기도 한다. 우선주가 창업가에게 매력적인 이유는 의결권이 없기 때문이다. 따라서 우선주 발행은 창업가를 포함한 경영진의 기업 통제력 수준을 유지하기에 적절한 방법일 수 있다.

대부분의 우선주 투자자는 전환권(Convertible Rights)을 필수 투자 조건으로 내건다. 이는 협의한 상황 하에서 정해진 비율에 따라 투자자가 보유한 우선주를 보통주로 전환할 수 있는 권리이다. 투자자의 입장에서는 보통주 가격이 높아질수록 우선주의 가치도 함께 높아진다는 장점을 누릴 수 있다. 또한 기업 이익이 증가하거나 성공적인 출구 시 우선주를 보통주로 전환하여 투자 수익을 극대화할 수 있다. 전환사채와 마찬가지로 전환우선주는 후속 펀딩라운드에서 불리하게 작용할 수 있지만, 이를 피하긴 어렵다. 협상 포인트는 우선주 1개 당 몇 개의 보통주로 전환할 것인지에 관한 전환비율이다.

상대가 참여 우선주(Participating Preferred Shares)를 요구하기도 한다. 참여 우선주를 소유한 투자자는 기업 이익이 협의한 수준을 초과하면 추가 배당금을 받고, 기업청산 시 우선주 액면가보다 더 많은 재산배분을 받을 수 있다. 비참여 우선주(Non-participating Preference Shares)는 청산 시 액면가와 동일한 청구권을 가지며 기업 이익을 공유하지 않는다. 벤처 투자는 위험이 크기 때문에 투자자는 참여 우선주를 통해 자신이 부담해야 할 위험을 완화시킬 수 있다. 이처럼 참여 우선주는 청산우선권을 가지며, 실제로 보통주 주주의 수익을 감소시킬 여지가 높다.

참여 우선주와 전환권에 관한 투자 조건은 세심한 고려가 요구되는 중요한 협상 포인트이다. 예를 들어, 일반적으로 VC와 PEF는 자신들의 고위험 투자에 대한 보상으로써 참여 우선주와 전환권을 동시에 요구한다. 이에 대한 수용이 불가피할 경우 창업가는 상세 전환 조건 및 참여 수준을 자사에 유리한 방향으로 조정함으로써 협상을 이끌어가야 한다.

우선주도 액면가의 비율 또는 고정 금액으로 명시된 배당금을 지급한다. 우선주 배당금이 보통주 배당금보다 큰 경우가 많을뿐더러 누적 우선주(Cumulative Preferred Shares)이건 비누적 우선주(Non-cumulative Preferred Shares)이건 배당금은 비교적 일관성 있게 지급되는 편이다. 일반적으로 보통주 주주에게 배당을 실시하기 전에 누적 우선주 주주에게 미지급 배당을 먼저 실시한다. 비누적 우선주 주주의 경우에는 미지급 배당을 누적하진 않지만 매 회기마다 보통주에 우선하여 배당을 받는다.

가능하면 우선주 협상 시 창업가는 배당 지급을 피하거나 배당 비율을 줄이는 것이 좋다. 어찌 되었건 기업 입장에서 배당은 현금 유출이기 때문이다. 만약 배당으로 유출된 현금이 사업 성장과 성과 창출에 필요한 자원이었다면, 이는 출구 시 ROI 극대화라는 스타트업의 궁극적인 목표와 대척한다.

우선주 발행이 불가피한 경우, 투자자에게 지급할 배당이 스타트업의 현금흐름에 미치는 영향을 최소화시켜야 한다. 그 영향을 최소화하는 방법에는 두 가지가 있다. 배당률을 낮게 설정하거나, 또는 충분한 수익이 발생할 때까지 배당 지급을 지연하는 것이다.

상대가 누적 우선주를 요구할지도 모른다. 앞서 설명한 대로, 누적 우선주는 미지급 배당을 누적하여 수익 발생 시 보통주에 우선하여 배당을 실시한다. 당연히 누적 배당 지급이 스타트업의 현금흐름에 미치는 부정적 영향은 매우 크다. 어쩌면 투자를 결정한 잠재 투자자들이 기존 투자자들에 대한 누정 배당 지급에 반대할지도 모른다. 지불한 배당금만큼 자신들이 받아야 할 보상이 줄어들기 때문에 투자 매력도가 감소한다. 연속된 펀딩라운드를 수행동안 창업가는 기발행한 우선주를 잠재 투자자들이 일종의 부채로 간주한다는 흥미로운 사실을 발견하게 될 것이다.

물론, 초기 사업 성장 단계에서 우선주 발행은 몇 가지 이점을 제공한다. 사업 초기에 부채가 증가하면 투자자와 채권자는 파산 가능성을 크게 인지한다. 이러한 상황은 될 수 있으면 피해야 하며, 초기 사업 단계에서 우선주 발행은 미래 부채 증가를 억제하는 데 효과적이다.

채권자의 입장에서도 대차대조표상 부채의 증가보다는 우선주가 상대적으로 낫다. 대차대조표를 검토할 투자자 역시 과도한 부채를 꺼린다. 또한 이들은 주식 발행을 통한 자본 축적이 없는 경우도 별로 좋아하지 않는다는 점에 주목해야 한다. 이는 이전 펀딩라운드에서 펀드레이징에 실패했다는 사실을 의미하며, 그만큼 투자 매력도가 낮거나 혹은 자신이 아직 발견하지 못한 사업 상 문제가 있다고 생각하기 때문이다.

요약하면, 우선주를 발행하더라도 배당을 지급하지 않거나 현 주주들이 소유한 주식에 비해 우월하지 않은 보통주를 발행하는 것이 현금흐름과 자산청구의 관점에서 훨씬 더 유리하다. 비교적 낮은 배당율 또는 배당금 지연의 특성을 가진 우선주 발행은 정기적인 이자 지급과 선순위 변제청구권을 가진 채무보다 유리하다. 또한 투자 협상에서 기업 통제력 확보가 창업가의 주요 관심사라면, 우선주 발행은 의결권을 가진 보통주 발행보다 유리할 수 있다.

▎청산우선권

청산우선권(Liquidation Preference)은 청산 시 다른 주주들보다 우선하여 분배받을 권리를 말한다. 투자에서는 자산 매각과 관련된 청산을 폭넓게 정의한다. 사업 실패로 인한 파산뿐 아니라 사업 성공으로 인한 출구 시 지분 및 자산의 과반을 타인에게 양도할 때 청산이라는 용어를 사용한다.

청산우선권은 우선주 투자자들을 보호하기 위한 장치이다. 대개 우선주 투자자들은 스타트업이 높은 가격에 팔리면 자신이 보유한 우선주를 보통주로 전환하고, 그렇지 않으면 청산우선권을 행사한다. 따라서 펀드레이징에서 창업가는 이를 정확히 이해하고 계산한 후 협상을 진행해야 한다.

청산우선권은 일반적으로 상대가 제안한 투자금의 배수로 표시된다. 예를 들어, 상대가 제안한 20억 원의 투자금에 대해 1배(1×) 청산우선권을 요구한다면, 파산 혹은 매각 시 발생한 수익금에서 자신의 투자금 전액을 보장받을 수 있다. 상대가 스타트업의 벤처 비즈니스에 대하여 위험이 높다고 판단한다면 더 높은 배수를 요구하기도 한다. 물론, 창업가를 포함한 핵심 주주들의 이익을 보호하기 위해선 협상을 통해 가능한 낮은 배수를 설정하는 것이 중요하다.

청산우선권에서는 앞서 설명한 참여 여부를 기준으로 두 가지로 분류되며, 상황에 따라서 분배받는 수익이 다르다. 다음의 예를 통해 살펴보자.

1) 시나리오 A. 한 스타트업의 지분구조는 경영진 40%, 우선주 투자자 A 30%, 보통주 투자자 B 30%로 구성되어있다. 투자자 A는 1×비참여 청산우선권(1×Non-participating Liquidation Preference)을 조건으로 5억 원을 투자하였다. 그리고 스타트업의 벤처 비즈니스가 크게 성공하여 100억 원에 매각하였다. 배당금을 고려하지 않은 전제하에 수익 배분는 다음과 같다.

우선, 우선주 투자자 A는 절대로 청산우선권을 행사하지 않을 것이다. 만약 청산우선권을 행사하면, 수익금 100억 원 중 자신의 투자금 5억 원만 돌려받고, 나머지 95억 원은 경영진과 보통주 투자자에게 분배되기 때문이다. 따라서 투자자 A는 자신이 소유한 우선주를 보통주로 전환(1:1 전환 비율일 경우)하여 100억의 20%에 해당하는 20억 원의 투자 수익을 선택할 것이다. 경영진을 포함한 보통주 주주들은 각자의 지분율만큼의 나머지 수익을 가져갈 것이다.

2) 시나리오 B. 위와 동일한 조건에서, 스타트업이 경영진 불화와 경쟁사 출현으로 비즈니스가 악화되어 15억 원에 매각되었다고 가정해보자. 투자자 A가 우선주를 보통주로 전환하면 3억 원만 받기 때문에 청산우선권을 행사할 것이다. 그러면 매각 수익에서 자신의 투자원금 5억 원을 고스란히 돌려받을 수 있다. 나머지 수익금 10억 원은 보통주 주주들이 지분율만큼 나눠 가져간다. 여기서 지분율과 수익 배분율이 달라진다. 투자자 A가 보유한 지분율은 20%이었지만 수익 배분율은 33.3%(= 5억 원/15억 원 × 100)이다. 투자자 A가 우선주를 전환하지 않았기 때문에 경영진과 보통주 투자자 B의 각 지분율은 57.1%와 42.9%로 올라가지만, 수익 배분율은 38.1%와 28.6%가 된다.

3) 시나리오 C. 만약 투자자 A가 1×참여 청산우선권(1× Participating Liquidation Preference)을 조건으로 투자를 했다면 상황이 달라진다. 시나리오 2와 마찬가지로 스타트업이 15억 원에 매각되었다고 가정해보자. 마찬가지로 투자자 A는 청산우선권을 행사하여 투자원금 5억 원을 돌려받는다. 그리고 남은 10억 원의 매각 수익에 대하여 투자자 A는 자신이 소유한 우선주를 보통주로 전환하여 20%에 해당하는 지분에 대한 2억 원을 투자 수익금으로 가져간다. 즉, 투자자 A는 총 7억 원을 받는다. 이제 보통주 주주들이 나머지 8억 원을 지분율대로 가져간다.

이처럼 청산우선권을 협상 중일 때에는 참여권 조건에 대한 각별한 주의가 요구된다. 시나리오와 같이, 참여 청산우선권을 보유한 우선주 투자자는 매각 혹은 청산 수익금에서 자신의 투자원금을 보호받을 뿐 아니라 나머지 수익금에 대해서도 자신의 지분율에 따라서 투자 수익을 청구할 수 있기 때문이다.

참여권과 청산우선권은 훌륭한 투자 보호 조항이지만, 창업가의 수익 구조에 엄청난 손해를 끼칠 수 있는 조합이 될 수 있다. 특히 파산 청산 시에는 이러한 조합이 창업가에게 끼칠 손해가 엄청나다. 파산뿐 아니라 성공적인 출구에서도 참여 청산우선권 투자자는 불평등한 초과 수익을 얻을 수 있으며, 그만큼 창업가에게 배분될 수익은 줄어들게 된다.

물론, 창업가와 보통주 투자자를 보호하기 위해 우선주 투자자가 가져갈 수 있는 최대 금액을 제한하는 옵션인 캡(Cap)을 설정할 수 있다. 하지만 우선주 투자에 관해 협상을 진행할 때에는 상대에게 참여권 혹은 청산우선권 중 하나만 선택하도록 제안해야 한다.

창업가에게 이러한 지식이 없다고 판단되면, 투자자가 은근슬쩍 참여 우선주에 청산우선권에 관한 조건을 설정하는 경우가 많다. 이를 발견하는 즉시 강력히 반대하고 이의를 제기한 후 문제에 대한 후속 협상을 시작해야 한다. 갈등을 조장하기보단 무엇이 창업가 자신에게 불리한지를 상대에게 알린 후 의견을 조정하는 것이 가장 바람직한 협상 태도이다.

| 의결권

보통주 주주에게는 스타트업과 관련된 거의 모든 의사 결정에 영향을 미치는 의결권을 행사할 수 있는 권한을 부여한다. 의결권이란 주주의 권리이자 공익권으로써 보유한 지분율에 따라 주주총회 의사 결정에 참가할 수 있는 권리이다. 물론, 전환 우선주와 채권 발행에서도 의결권을 설정할 수 있다. 하지만 창업가와 경영진은 사업 계획의 효과적인 실행을 위해 외부 방해를 받지 않고 최대한 스타트업 경영에 대한 강한 통제력을 갖길 원할 것이다.

보통주 주주는 주식 평등의 원칙에 때라 1주에 하나의 의결권을 가지며 기업 정관 개정, 주요 계약 체결, 배당금 지급, 이사 선임 등과 같이 기업경영에 영향을 미치는 의사 결정에 참가할 수 있다. 의결권은 주주가 직접 행사하거나 대리인을 선임하여 행사할 수 있다. 대리 의결권은 한 주주가 다른 주주에게 자신의 의결권을 위임하면서 생기는데, 이때 여러 주주가 대량의 주식을 하나로 모아 의결권을 위임하면 강력한 기업 통제력이 발생한다.

협상 상대인 잠재 투자자가 소액 주주라면 경영진이 확보한 높은 기업 통제력에 직접적인 위협을 끼치지 않을 것이라 생각하기 쉽다. 하지만 상대가 대리 의결권을 행사할 가능성을 염두에 두어야 한다. 소액 주주라할지라도 이들이 모여 대리 의결권을 모으면 주주 총회에서 강력한 영향력을 발휘할 수 있기 때문이다.

앞서 설명한 바와 같이, 상대는 특정 영역에 통제력을 행사하기 위해서 일반 의결권 이상의 특수 의결권에 관한 협상을 요구할 수 있다. 특정 주주 및 주주 집단의 인가가 필요한 일정 수준 이상의 부채 허용, 주요 임원의 채용 및 해임 등에 대한 의사 결정 참여가 특수 의결권의 예이다. 상대가 이러한 조항을 요구할 경우, 창업가는 이를 토대로 상대의 주요 협상 포인트, 우선순위 및 우려 사항 등에 관한 귀중한 정보를 얻을 수 있다.

의결권은 경영진의 향후 기업 운영 및 전략적 의사 결정에 지대한 영향을 미칠 수 있으므로 절대 간과해서는 안 된다.

창업가는 주주의 생각과 활동에 민감하게 반응해야 한다. 이들의 상호 작용으로 이루어진 자본 구조의 역동성을 파악해야 한다. 그리고 이들의 역학적 관계가 기업경영에 미치는 영향에 대한 이해를 바탕으로 경영진의 기업 통제력을 유지하기 위해 최선을 다하는 것이 무엇보다 중요하다.

| 동반매각 요청권

동반매각 요청권(Drag-along Rights)은 앞서 설명한 특수 의결권에 속한다. 이는 두 가지 방식으로 작동한다. 동반매각 요청권을 소유한 주주는 청산 우선권에 따라서 스타트업을 매각 또는 청산할 때 이에 대한 거부권을 행사할 수 있다. 이 거부권은 상대의 요구로서 기대할 수 있는 합리적 의결권과 같다.

청산우선권에 의해 보호되는 투자원금보다 낮은 수준에서 사업 매각이나 청산이 발생할 때 이러한 거부권을 행사하는 것은 합리적이다. 투자자의 입장에서는 기대한 수익을 얻지 못했기 때문에 자신의 노력과 인내에 대한 보상이 실현되길 바라는 것은 당연하다.

가혹하게 들릴지 모르겠지만, 이러한 투자 조건을 거절하는데 창업가가 굳이 협상 자본을 사용할 필요가 없다. 펀드레이징 협상이 원활히 진행될 수 있도록 상대가 요구하는 특정 조건은 수용하되, 기존 주주들의 이익 보장과 사업 발전에 필요한 조건을 확보하는 데 총력을 기울이는 것이 훨씬 이롭다.

반대로 성공적인 출구 상황에서는 동반매각 요청권을 소유한 주주가 경영진을 포함한 대주주와 동일한 조건으로 자신이 보유한 주식을 매각할 수 있는 권리를 가진다. 이 상황은 창업가와 기존 주주들에게 유리하게 작용할 수 있다. 누군가 이기적인 목적으로 혼자 주식을 매각하는 사태를 방지할 수 있기 때문이다. 불행히도, 사적 이익만을 추구하는 자기중심적인 주주들은 자신들에게 더 유리한, 상대적으로 경영진에게 불리한 행동을 하곤 한다.

창업가와 주식 매각 조건을 협상할 수 있는 절대적 영향력을 가진 소수의 개인 혹은 집단이 낮은 가격으로 주식을 매도할 가능성이 있다면, 이들에게 동반매각 요청권을 허락하는 것은 다수의 주주에게 큰 위험을 초래할 수 있다.

| 이사 선임권

스타트업의 의사 결정 과정에 참여하길 원하는 협상 상대라면 이사회에 자신의 이익을 대변할 사람을 앉히고자 이사 선임권을 요구할지도 모른다. 창업가는 총 주식의 1/5에 대하여 투자하려는 상대의 이사 선임권 요구만 고려하면 된다. 상대는 자신이 선임할 수 있는 이사의 수는 지분율 혹은 투자 금액에 비례한다고 주장할 것이다. 예를 들어, 스타트업 지분의 40%에 대해 투자하려는 상대는 5개의 이사회 자리 중 2개를 요구할지도 모른다. 주주 대리인은 이사회에 참석하여 주요 의사 결정에 의결권을 행사할 뿐 아니라 의사 결정 전 과정에 긴밀히 참여한다.

비재무적 지원을 제공하는 투자자가 선임한 새로운 이사는 환영해야 한다. 이들은 이사회를 통해 사업 성공에 큰 도움이 되는 귀중한 조언을 제공하고, 사업상 문제 발생 시 적극적으로 해결하기 위해 노력할 것이다.

현재 및 향후 사업 전략과 관련하여 투자자와 창업가가 이해가 상충하면 이사 선임권은 논쟁의 핵심이 될 것이다. 예를 들어, 정기적 이자 지급을 위한 현금흐름에만 집중하는 채권자나 투자 원금을 위험에 빠뜨리지 않으려는 투자자가 선임한 이사는 위험회피성향을 보일 것이며, 이사회에 고위험-고수익의 모험적 사업 전략을 실행하는 데 반대할 것이다. 즉, 장기적 성과를 얻고자 단기적 희생을 감수하는 전략적 안건들이 이들의 반대에 부딪히게 된다.

특정 동기로 스타트업에 투자한 이사가 있다면, 자신의 사적 이익과 상충하는 이사회 안건에 반대하기도 한다. 이는 전략 투자자를 이사로 선임할 때 종종 발생하는 문제이다. 개인적 투자 목적과 동떨어진 활동에 시간과 자원을 배분해야 하는 의결안은 결국 이사회 내 갈등과 분열을 일으킬 수 있다.

그렇다고 창업가가 반드시 상대의 이사 선임권 요구를 거절해야하는 것은 아니다. 그보다 경영진은 협상 전에 향후 이사회에서 발생할 수 있는 잠재적 갈등에 주의를 기울이고 상호 간에 충돌을 줄이기 위한 방법을 모색하는 것이 바람직하다.

| 리버스 베스팅

베스팅(Vesting)이란 경영진이 일정 재직 기간에 걸쳐 스톡옵션 행사 수량이 증가하여 사전에 정한 가격으로 주식을 매수할 수 있는 조건이다. 리버스 베스팅(Reverse Vesting)이란 이와 반대로 지분을 소유한 공동창업가가 협의한 재직 기간을 채우지 못하면 남은 기간에 상응하는 지분을 반환하도록 규정하는 조건이다.

예를 들어, 3년 리버스 베스팅에서 한 공동창업가가 2년 만에 퇴사할 경우, 나머지 1년에 해당하는 지분(총 소유 주식의 1/3)을 반환해야 한다. 투자자는 스타트업 성장 기반을 마련하는데 매우 중요한 초기 사업 단계에서 핵심 경영진의 이탈을 방지하고자 이러한 조항을 협상하기도 한다. 또 다른 이유로는 해당 구성원이 당초 기대한 성과를 내지 못하거나 약속한 기간을 채우지 못하고 퇴사할 때 주식을 보유하고 있으면 다른 주주들에게 불리하게 작용할 수 있기 때문이다.

경영진은 리버스 베스팅과 관련된 투자 조건이 부당하다고 느낄 수 있다. 누구나 공감할 예상치 못한 사건으로 인해 퇴사가 불가피한 경우, 자신의 헌신과 노력에 대한 합당한 보상을 제약하는 조건이기 때문이다. 그러나 리버스 베스팅은 스타트업 성공을 위한 경영진의 실질적 및 잠재적 기여도를 증진시킨다는 점에서 긍정적인 효과도 있다. 만약, 이를 받아들이기 어렵다면 경영진의 책임을 강조하고 설명하는 것이 좋다.

리버스 베스팅 대신, 경영진의 고용 계약서를 작성하는 것만으로도 이들의 조기 퇴사에 관한 협상 상대의 우려를 잠식시킬 수 있다. 그럼에도 상대가 베스팅을 강력히 주장한다면, 리버스 베스팅 비율을 조정하는 방향으로 협상을 진행해볼 필요가 있다.

예를 들어, 통상적인 리버스 베스팅 기간인 3년 동안 경영진이 보유한 총 지분 중 매년 33%의 주식 반환 조건(기간 내 퇴사 시 발생)을 걸고, 청산 시 나머지 지분을 행사할 수 있도록 일종의 안전장치를 마련하는 것이다. 이러한 효과적인 조합을 통해 상대의 요구를 만족시킬 수 있으며, 동시에 경영진의 이익을 보장하고 이들에게 동기부여를 할 수 있다.

보다 유리한 베스팅 비율을 확보하려면, 경영진이 느끼는 강력한 승부의 책임을 상대가 인지하도록 만들어야 한다. 이와 함께 베스팅 기간을 줄이는 협상도 진행해볼 만하다. 이를 위해서는 상대가 제시한 기간 이전에 스타트업이 주요 사업 성장 단계를 성공적으로 이수할 것이며, 이에 따라 경영진의 퇴사 가능성이 현저히 줄어들 것이라는 사실을 입증해야 한다.

리버스 베스팅과 관련된 두 번째 고려사항은 '베스팅 기간에 M&A와 같은 중대한 사건이 발생하였을 경우 어떠한 베스팅 절차를 따를 것인가'와 관련되어있다. 실제로 이 문제는 치열한 협상 쟁점으로 이어질 수 있다. 창업가는 보유 지분 전체에 대하여 정당한 소유권을 주장하겠지만, 상대는 창업가의 지분이 주가에 미치는 영향을 최소한으로 줄이고자 노력할 것이다. 이처럼 현재까지 성공을 위해 노력한 경영진에게 충분한 인센티브의 제공 여부는 실제 협상에서 투자자와 대립하는 첨예한 쟁점이 된다.

| 우선매수권

선매권이라 불리는 우선매수권(First Refusal Right)은 창업가 혹은 기존 주주들이 제삼자에게 주식을 양도할 때 제시된 동일 조건으로 먼저 회사나 기존 주주에게 자신의 주식을 매수할 권리를 가리킨다. 만약 이들이 매수를 거절하면 비로소 외부인에게 주식 양도를 할 수 있다. 거의 모든 투자 협상에서 우선매수권은 필연적이다. 투자자에게 우선매수권은 스타트업의 자본구조가 제대로 관리되지 않을 경우 발생 가능한 잘못된 주식 양도 및 발행을 방지하는 데 효과적인 도구이다. 이를 통해 경영권 통제가 어렵거나 기대 투자 수익이 낮아지는 상황을 예방할 수 있다.

이와 유사한 희석 방지 조항에 동의하는 것보다 상대에게 우선매수권을 부여하는 것이 훨씬 더 낫다. 그러나 이 권리를 협상할 때 쟁점사항이 있다. 상대가 우선매수권 행사 시 주식 매입가에 대한 할인을 요구하는 경우이다. 이러한 조항은 후속 펀딩라운드에서 투자 매력을 반감시키며, 그 결과 예상치 못한 투자 유치 비용을 발생시킨다.

| 동반매도 참여권

동반매도 참여권(Tag-along Rights)은 대주주가 자신의 지분을 제삼자에 매각하려 할 때 기존 주주가 대주주 지분의 매각 거래와 동일한 가격과 조건으로 함께 주식을 매도할 수 있는 권리이다. 동반매도 참여권은 우선매수권과 함께 소수 주주인 투자자를 보호하는 필수 조항이다. 따라서 투자 협상 시 동반매도 참여권의 필요성을 인정하고 해당 조건을 수용하는 것이 좋다. 대주주인 창업가가 지분을 처분할 경우 반드시 투자자의 주식을 반드시 고려해야 할 의무를 부담케 함으로써 주주 권익을 보호하도록 만들 수 있다. 또한 동반매각 참여권을 가진 투자자는 창업가가 지분을 처분할 때 발생하는 경영권 프리미엄 효과를 함께 누리고, 그 결과 초과 이익을 얻을 수 있다.

창업가가 투자자의 동의 없이 보유 지분을 처분해 버리면, 기존 주주들은 자신이 믿었던 창업가에게 처절한 배신감을 느낄 것이다. 일면식도 없는 사람이 대주주인 회사에서 소수 주주로 남겨졌기 때문이다. 스타트업의 비즈니스 파트너로 고려하는 협상 상대가 개별적으로 주식 처분 방안을 마련해야 하는 곤란한 상황에 처하지 않도록, 이들의 동반매도 참여권 요구를 수용해야 한다 다만, 창업가를 포함한 여러 이해관계자에게 과도하게 불리하도록 규정되었거나 이들의 지분 처분 자유를 원천적으로 봉쇄하는 경우에는 협상이 필요하다.

┃등록권

우선매수권과 동반매도 참여권과 유사한 목적을 가진 등록권(Registration Rights)은 특정 사건 발생 시 보통주 공개 매각과 관련된 조항이다. 향후 사업 전망이 좋지 않다고 판단될 때, 혹은 이와 반대로 기업공개와 같은 수익적 출구에 참여하고자 할 때 등록권을 행사할 수 있다.

예를 들어, 벤처 캐피탈의 투자를 받은 스타트업이 기업공개를 하게 되었다고 가정해보자. 법적으로 기존 주주들은 기업공개 후 일정 기간 주식을 매각할 수 없으며, 벤처 캐피탈 역시 이 기간이 종료된 후에 보유한 주식을 팔아서 투자금을 회수한다. 이런 상황에서 등록권을 행사하면 신주 공모에 참여하거나 미등록 주식의 등록을 개시함으로써 투자금을 회수할 수 있다. 등록권에는 두 가지 유형이 있다.

- 편승 등록권(Piggyback Registration Rights)으로 보호받는 투자자는 회사 또는 다른 주주가 계획한 신주공모에 참여할 수 있는 자격을 갖는다.
- 수요 등록권(Demand Registration Rights)으로 보호받는 투자자는 미등록 주식의 등록 절차를 요구·개시할 수 있는 자격을 갖는다.

등록권은 미등록 주식에만 적용할 수 있으며, 이를 행사할 수 있는 사건은 기업공개의 경우에 한정된다. 그리고 협상 상대가 이를 요구하지 않는다면 논쟁거리가 되지 않는다. 일반적으로 등록권은 많은 협상 자본을 투입할 가치가 없다. 따라서 상대가 등록권에 집착하면 양보하는 대신에 우선매수권과 희석 방지 조항처럼 훨씬 더 중요한 협상 포인트에서 유리한 조건을 얻을 수 있는 레버리지를 확보해야 한다.

| 희석 방지 조항

앞 장에서 설명한 바와 같이, 희석 방지 조항(Anti-dilution Provisions)의 목적은 기발행한 전환 증권(전환사채 및 우선주 등)의 보통주 전환, 후속 투자를 위한 신주 발행, 혹은 구조조정(주식분할, 조직개편, 주식인수·교환, 증권 재분류, 배당금 지급 등)으로 인해 기존 주주의 지분율이 과도하게 감소하는 것을 방지하기 위한 조항이다.

경영 효율화를 위해 기업 내부에서 시행하는 자본 구조 조정의 경우에는 희석 방지 조항을 설정하는 것도 합리적이다. 투자자의 입장에서는 기업 내부에서 실행되는 구조조정 혹은 다운라운드 발생 시 투자금 보호를 위한 희석 방지 조항을 설정하는 것이 합리적이다. 그러나 어떠한 경우에도 창업가는 희석 방지 조항에 대해서 반드시 신중하게 접근하고 협의해야 한다.

총 발행 주식 수가 증가할수록 기존 주주가 보유한 지분은 자연스럽게 감소한다. 후속 펀딩라운드에서 밸류에이션이 높아지는 업라운드가 진행될 경우, 이러한 지분희석화를 쉽게 받아들일 수 있다. 업라운드로 주당 가격이 상승하면서 기존 주주가 소유한 주식의 가치도 동반 상승하기 때문이다. 그러나 주식 양도가보다 낮은 가격으로 지분 매각이 이루어지는 다운라운드에서는 상황이 다르다. 다운라운드의 결과로 자기 지분율은 물론 주식 가치도 감소하기 때문이다. 세심한 투자자는 자신이 확보한 지분율을 보호하기 위해 희석 방지 조항을 요구한다. 우선매수권과 마찬가지로, 희석 방지 조항으로 보호받는 주주는 자기 주가를 변동하거나 발행할 신주 수를 조정함으로써 보상 메커니즘을 마련한다.

여기서 창업가의 세심한 주의가 필요한 부분이 바로 어떠한 방식으로든

희석 방지 조항의 보호를 받지 못하는, 다시 말해 지분희석화에 그대로 노출되어 있는 창업가 및 기타 주주들의 희생을 수반한다는 것이다. 특정 주주에게 희석 방지 조항을 허용하면 창업가와 기타 주주들의 상대적 지분율이 줄어들고, 이에 따라 상대적 기업지배력이 감소하는 연쇄적 문제가 발생한다. 이러한 문제는 미래의 잠재 투자자에게도 해당하며, 결국 향후 펀드라인 활동 자체를 가로막는 장애물로 작용할 수 있다.

희석 방지와 관련된 모든 투자 보호 장치를 원천적으로 차단하기 어려울뿐더러, 그러한 노력으로 인해 투자 협상이 창업가와 투자자 간의 치킨 게임으로 변질될 수 있다. 하지만 종종 이러한 투자 보호 장치가 지분 및 경영권 차원에서 창업가 및 기타 주주들의 이익을 해칠 수준이라면, 그 문제의 심각성에 대해선 분명히 이의를 제기해야 한다.

희석 방지 조항에는 가중평균 조정법(Weighted-average Adjustments)과 풀 래칫 조정법(Full-ratchat Adjustments)의 두 가지 기본 방법이 있다.

우선, 가중평균 조정법은 신규 발행할 주식 수와 이에 따라 증자된 금액에 기초하여 전환율을 계산하고, 조항에 따라 보호해야 할 상대의 자기 주식 가격을 조정함으로써 희석 수준을 제한하는 것이다. 즉, 희석 방지 조항으로 보호받는 구주의 가격을 발행 신주에 따라 조정하는 방식이다. 이로 보호받는 우선주 투자자는 추가 신주 발행을 통해 자기 지분율을 보전할 필요가 없는 장점이 있다. 이러한 편리성 때문에 가장 많이 활용되는 방법이기도 하다.

지분 및 주가에 영향을 미칠 수 있는 전환증권, 옵션 및 워런트를 포괄하는 모든 증권 유형을 발행할 때 이 방법을 적용하면 광의적 접근, 유가증권에만 이 방법을 적용하면 협의적 접근이라 부른다. 이 중에서 광의적 접근이 보편적으로 사용되는 방식이지만, 다양한 증권을 포괄하는 만큼 잦은 가격 조정이 이루어지며, 비보호 주주(희석 방지 조항으로 보호받지 못하는 기존 주주)의 입장에서는 전환율 측면에서 불리한 점이 있다.

풀 래칫 조정법은 우선주 주주가 보유한 주식가격을 낮추는 대신 주식 수를 늘림으로써 지분율을 유지하는 방식이다. 이러한 방식은 추가 주식 발행을 일으키므로 비보호 주주에게는 심각한 문제를 일으킨다. 풀 래칫 조정법으로 추가 발행된 주식 수가 증가할수록 미래 지분 투자자의 지분을 희석하므로 향후 펀드레이징을 방해한다. 이러한 조항을 수락하면 창업가를 포함한 비보호 주주들의 이익을 해치는 부적절한 선례를 남기는 것이다. 미래의 투자자들도 동일한 희석 방지 조항으로 자신들의 벤처 투자를 보호해달라고 요구 혹은 강요할 것이기 때문이다.

실제로, 기존의 전환사채 및 우선주 투자자와 협의한 희석 방지 조항으로 인해 현 단계의 펀드레이징이 무산될 위기에 처한 사례를 빈번히 목격할 수 있다. 문제 해결을 위해 기존 투자자와 해당 조항을 재협상할 수 있다면 다행이지만, 그렇지 못하면 소중한 펀딩 기회를 포기할 수밖에 없다. 어떠한 경우든 막대한 협상 비용 혹은 투자 유치 비용을 불필요하게 소진하게 된다.

기존에 희석 방지 조항을 전제로 투자를 받았다면, 해당 투자 조건을 재검토할 필요가 있다. 만약 비보호 주주들의 이익을 심각하게 훼손하는 잔인한 조건이 있다면, 이에 대하여 즉각적인 보상 또는 재협상을 요구하는 것이 좋다.

물론 이미 협의된 사안으로 발생한 손해에 대한 보상 청구는 받아들여지기 어렵다. 하지만 건전한 상호 이익 추구에 있어서 해당 조항이 얼마나 불평등한지를 일깨워주는 데 효과적일 수 있다. 현 펀딩라운드에서 잠재 투자자와 협상하는 동시에 기존 투자자와 재협상을 진행하는 것은 매우 힘들다. 하지만 스타트업의 지속 가능한 성장을 위해선 과거의 오류를 수정하는 고통을 인내해야 한다. 그러한 노력의 결과로 스타트업은 성장과 성과를 촉진할 새로운 펀딩 기회를 잡게 될 것이다.

희석 방지 조항에 대한 협상 시 고려 사항은 다음과 같다.

- 희석 방지 조항 대신에 상대에게 청산우선권 또는 우선매수권을 권유하라. 충분히 가치있는 시도이다.
- 자본 구조 조정이 예상된다면 희석 방지 조항에 대한 상대의 요구를 수용하는 것이 올바르다. 물론 구조 조정에 따른 여파에 비해할 정도로만 말이다.
- 대부분의 경우, 발행 신주를 늘리는 풀 래칫 조정법보다는 구주 가격을 조정하는 가중평균 조정법이 유리하다. 가중평균 조정법 중에서도 보편적으로 활용되는 광의적 접근법보다는 가능한 유가증권만을 대상으로 한 협의적 접근법을 적용하여 비보호 주주들의 지분희석률과 경영 통제력에 미치는 부정적 영향을 최소화하는 것이 바람직하다.
- 특정 펀딩라운드에서 협의한 희석 방지 조항은 향후 펀드레이징 활동에 영향을 미치며, 이를 가로막는 장애물로 작용할 수 있다. 따라서 초기 펀딩라운드에서 희석 방지 조항에 대한 협상은 신중함을 기해야 한다.

투자자를 보호하기 위한 조항들이 향후 투자 활동을 저해하는 장애 요인으로 작용할 수 있다. 비보호 주주들이 기대하는, 그리고 잠재 투자자들이 기대할 기업 통제력의 감소 또는 상실의 결과로 이어질 수 있다. 발생한 문제의 심각성을 인지하고 해결책을 모색한다면, 때는 이미 늦었고 상당한 비용이 소요될 것이다. 따라서 각 조항의 영향 정도를 사전에 철저히 분석하고 협상에 임해야 한다.

특히 스타트업의 사업 발전 단계 상 후기 펀딩라운드에 참여하는 잠재 투자자들은 경영권, 즉 기업지배력을 확보하는데 주력하는 경향을 보인다. 창업가가 일면식도 없는 후기 잠재 투자자를 신경 써야 하는 이유는 분명하다. 스타트업이 성장한 만큼 이들의 투자 규모는 이전 사례와 비교했을 때 훨씬 더 크며, 이들의 투자 없이는 성공적인 출구가 불가능하기 때문이다. 이들 투자자는 성공적인 출구를 통해 기대 투자 수익률를 높이고자 상대적 기업지배력을 확보하는데 관심이 높다.

불행하게도 대부분의 스타트업은 초기 단계에서 높은 불확실성과 위험을 내포하고 있기 때문에, 이러한 위험을 무릅쓰고 출자를 할 투자자는 스스로를 보호하기 위해 어쩔 수 없이 자신에게 유리한 희석 방지 조항을 요구할 수밖에 없다. 이러한 협상 상황은 창업가의 숙명이다. 만약 그 숙명을 거스르기 어렵다면, 해당 조항의 역효과를 완화하는 데 협상의 초점을 맞춰야 한다.

| 투자금 활용 제한 조항

투자자가 스타트업에 전략적 의도가 있거나 벤처 비즈니스의 불확실성이 높다고 판단하면 출자한 투자금의 사용 제한에 대한 협상을 요청하기도 한다. 경영진은 상대가 왜 그러한 제한을 주장하는지, 그 이유를 파악해야 한다. 만약 제한 수준과 범위가 현 사업 계획에 중대한 영향을 미치지 않거나, 미래 의사 결정상 유연성을 현저히 감소시키는 것이 아니라면, 투자금 활용 제한을 두고 상대와 대립할 필요는 없다.

그러나 근본적으로 창업가와 투자자 간 전략적 견해 차이 또는 이해 상충으로 인해 투자금 활용 제한이 요구된 상황이라면, 문제의 원인을 파악하고 해당 조항을 성실히 협의하는데 노력해야 한다. 만일 이제까지의 스타트업의 재무관리가 적절하지 못했거나 경영진이 전반적으로 사업 경험이 부족하고 충분한 관리 자격을 갖추지 못했기 때문에 상대가 투자금 활용 제한을 요구한 것이라면 창업가는 높은 협상 레버리지를 갖기 어렵다.

협상 시점에서는 얼핏 투자금 활용 제한 조항이 아무런 문제가 없는 것처럼 보일 수 있지만, 투자를 받은 후 사업을 진행하는 동안 빈번히 경영진의 전략적 의사 결정에 유연성을 빼앗는 장애 요인으로 작용할 수 있다.

예를 들어, 스타트업이 개발한 제품을 특정 시장 A에 출시하는데 매력을 느낀 투자자가 있다고 가정해보자. 시간이 지나면서 시장 A의 조건과 상황이 변했다. 투자자가 선호하는 시장 A는 더 이상 매력적이 않다. 경쟁이 치열할 뿐 아니라 진입 시 규제 문제도 해결해야 한다. 이와 달리, 또다른 시장 B는 진입 장벽이 낮을 뿐더러 제품 수요가 훨씬 높은 것으로 판명되었다. 이 기회를 활용하려면 신속한 출시가 필요하다. 그러나 투자자가 내걸은 투자금 활용 제한 조항으로 인해 창업가는 목표시장 변경에 대한 투자자의 동의를 받아야 한다. 동의를 얻기 전까지 시장 B에 진출하기 위한 자금 활용을 엄격히 제한된다.

상대가 특정 용도에만 자금을 사용하길 원한다면, 그 이유를 정확히 파악해야 한다. 융통성이 결여된 투자 조건을 이행하는 데 소요되는 시간과 자원, 그리고 노력은 창업가와 투자자, 두 당사자의 비즈니스 파트너십을 쇠퇴시킨다.

| 성과 트리거 조항

성과 트리거 조항은 추가 펀드레이징 및 신주 발행 등과 관련된 특정 활동을 촉발하는 주요 사건을 명시한 것이다. 제대로 구성된 성과 트리거 조항은 양측에게 강력한 이점을 제공한다. 스타트업이 도달해야 할 이정표를 수립함으로써 상호 호혜와 지원의 분위기가 조성되고, 합의한 성과 지표를 토대로 투자금을 점진적으로 확대하여 위험과 수익의 균형이 실현될 수 있기 때문이다. 그 결과, 상대는 이전보다 위험을 낮게 인식하며 스타트업에 더 유리한 조건으로 더 많은 투자를 제공할 수 있다. 이처럼 적시에 매우 효율적인 방식으로 투자가 진행되면 양 당사자 모두에게 유익하다.

사업 계획과 마찬가지로, 제대로 수립된 재무 계획을 토대로 합리적인 성과 창출 요인을 규명하면 보다 유리한 방향으로 협상을 진행하는 데 도움이 된다. 설정한 성과 트리거는 반드시 달성 가능한 목표여야 한다. 재무 계획상 차기 성과목표를 달성하기 위해 필요한 자금 수준을 기준으로 현 펀딩라운드에서 유치할 투자 금액이 결정된다. 합의한 성과목표 달성에 실패 시 상대에게 불합리한 보상을 지급하는 투자 조건은 수용하지 않는 것이 좋다.

상대가 어떤 투자자인지, 그리고 협상하려는 투자 조건이 무엇인지에 따라서 성과목표가 달라진다. 상대가 부채 투자자인 경우에는 성과 트리거를 대출 가능 조건을 내걸고 이를 준수하도록 요구하기도 한다. 만약 기업이 목표 성과를 달성하지 못하면, 부채 투자자는 의도적 혹은 비의도적으로 분할 대출 시기를 지연하여 현금흐름에 압박을 가할 수 있다. 최악의 경우, 부채 투자자가 지분 투자자에 우선하는 청산권을 활용하여 기업 자산에 대한 소유권을 강탈하는 상황으로 이어질 수 있다.

특히 선순위 부채 조달 시 미흡한 협상을 전개하면, 이러한 상황이 충분히 발생할 수 있다. 성과목표 달성을 위해 자금 투입이 긴급한 한 스타트업에게 대출 기관은 합의한 시점에 제대로 성과를 달성하지 못했다는 이유로 자금 지급 시기를 미루었다. 이로 인해 스타트업은 마켓 플레이어로서의 포지션을 구축할 절호의 기회를 잃고 원금상환 조차 어려운 지경에 이르렀다. 이런 상황에 상대의 책임이 있음에도 불구하고 지배 지분 (Controlling Interest – 경영권 행사에 충분한 지분)을 압류당했다.

상대가 지분 투자자일 경우에는 특정 성과 트리거를 조건으로 추가 주식을 매입할 수 있는 옵션을 설정하기도 한다. 텀시트에 명시된 성과 트리거 조항을 재차 주의해서 살펴봐야 한다. 이 조항을 제대로 설정하지 않으며, 다시 말해 성과목표를 지나치게 낮게 설정하면 상대가 창업 주주보다 높은 지분율을 확보하게 될 여지가 있다. 이 경우, 성공적인 출구에도 불구하고 창립 주주의 투자 수익률은 급격히 낮아지게 된다. 4장에서 설명한 지분희석률을 통해서 허용 가능한 지분희석률과 그 속도를 측정해야 적절한 성과목표를 결정할 수 있다.

현 경영진 구성 유지와 함께 성과목표 달성을 중요하게 여기는 상대라면, 성과 트리거과 리버스 베스팅을 조합하기도 한다. 예를 들어, 제안한 성과 목표 달성 시 창업가를 포함한 경영진에게 유리한 주식 귀속 권리를 행사할 수 있도록 하는 것이다. 이 경우, 성과목표를 달성하면 경영진은 더 많은 지분을 확보할 수 있다. 여기서 협상 포인트는 합리적인 성과목표 수준을 설정하여 출구 시 만족스러운 투자 수익을 확보하는 것이다.

성과 트리거와 리버스 베스팅은 단지 투자자가 경영진의 이탈방지와 동기부여를 위한 목적만은 아니다. 경영진은 사업 성장에 기여하지 않는 구성원이 기업을 떠나길 바란다. 만약 이러한 조항이 없으면, 퇴사한 경영진도 동일한 지분을 갖게 된다. 그러면 기업에 남아 열심히 일한 경영진에게 더 많은 이익이 돌아가지 않는 불공평한 상황이 발생한다. 이 조항은 장기적으로 공정하게 성과를 배분하고 사업 성장을 위해 필요한 인센티브를 제공한다고 볼 수 있다.

| 고용 계약

상대는 경영진의 주요 구성원들에 대하여 고용 계약 체결을 요구할 것이다. 리버스 베스팅 조항이 협상되지 않았을 경우에는 더욱 그러하다. 향후 스타트업의 성공을 위해선 현 경영진의 유지가 필수적이라고 판단될 경우, 이들의 조기 퇴사에 따른 위험과 이에 대한 우려를 완화하고자 장기 고용 계약이 필요한 것이다.

투자자뿐 아니라 창업가 역시 같은 우려를 갖고 있다. 스타트업에서 가장 중요한 자산은 인적 자원이며, 이는 상대의 투자 의사 결정 과정에서 주요 평가요소이다. 투자자가 출자하려는 스타트업에서 가장 가치 높은 자산인 인적 자원을 지키려는 노력은 당연하다.

다양한 방법을 통해 핵심 인재를 유지할 수 있지만, 통상적으로 고용 계약이 가장 선호하는 방법이다. 고용 계약은 리버스 베스팅과 함께 장기적으로 공정하게 성과를 배분하고 사업 성장을 위해 필요한 인센티브를 제공하는 긍정적인 장치로 작용할 수 있다.

주요 협상 포인트에는 기간, 급여, 스톡옵션, 바이아웃옵션(Buyout Options), 비경쟁 조항(Non-compete Clauses) 및 해고 사유 등이 포함된다.

스톡옵션처럼 주식과 관련된 사안은 전반적인 투자 협상의 일부로서 별도 협상하는 것이 바람직하다. 이제까지의 사업 성장을 위한 기여에도 불구하고 불가피한 사유로 인해 자발적 해고를 선택한 경영진이 충분한 보상을 받지 못하는 일이 벌어질 수 있기 때문이다. 불합리한 고용 조건으로 인해 경영진 각자가 마땅히 받아야 할 보상을 보장하지 못하는 상황이 일어나선 안 된다.

회사가 더 이상 특정 핵심 인재를 필요로 하지 않는 시점까지 도달하는 데 소요되는 기대 시간에 대하여 고용인과 피고용인의 두 당사자 간 고용 계약 기간이 정해지며, 보통 3~5년 정도의 기간으로 설정된다. 해당 시점에 대한 협상은 진지한 논의가 필요하다.

스타트업은 임직원 급여가 다른 기업의 동일 직위에서 받는 임금보다 낮은 수준으로 책정되는게 일반적이다. 창업가는 자신의 급여 수준에 대해선 크게 관여하지 않으며, 대개 생계를 유지하는 데 충분한 수준으로 책정한다. 급여 확정을 통해 창업가의 일부 기회비용을 줄일 수 있다.

또 다른 협상 포인트는 기업경영에 대한 책임을 진 핵심 인재가 퇴사를 원할 경우, 이를 허용하는 바이아웃옵션이다. 해당 옵션이 설정되면, 피고용인은 일정 금액을 지불하여 고용인과의 계약을 임의로 해지할 수 있기 때문에 양 당사자에게 주요 관심사가 될 수 있다.

비경쟁 조항에 대한 협상은 신중한 접근이 필요하다. 이는 피고용인이 고용 계약이 만료된 이후 명시된 기간에는 경쟁업체를 위해 일하는 것을 방지하는 조항이다. 비경쟁 기간은 보통 9개월에서 3년 사이로 설정된다. 기간보다 중요한 것이 바로 경쟁사에 대한 정의이며, 이를 신중하게 숙고해야 한다. 투자자와 창업가는 폭넓은 경쟁사 정의를 원하겠지만 직원들은 그렇지 않다. 예를 들어, 소프트웨어 개발자인 피고용인에게 '소프트웨어 개발 작업을 수행하는 모든 기업'을 경쟁사로 정의한 비경쟁 조항을 강요할 수는 없는 노릇이다. 이보다는 특정 시장 내에서 스타트업의 직접 경쟁사만을 대상으로 하는 좁은 정의로 협상하는 것이 바람직하다.

고용 계약에서 가장 어려운 협상 이슈는 해고 사유와 관련된 조항이다. 해고 사유에 대한 정의는 임의 해석의 여지를 남기지 않도록 엄격하고 상세히 기술해야 한다. 그러나 원인을 규명하기 어려운 변고 혹은 경미한 사고까지 명시할 필요는 없다. 다만, 이전에 협상된 해고 사유 조항은 미래에 고용할 직원들에게 적용 가능한 선례로 작용한다는 점을 명심해야 한다.

협상 계획 수립하기

투자 협상의 성공 열쇠는 효과적인 협상 계획 수립에 달려있다. 협상 계획을 통해 창업가는 협상 과정에 대한 전체론적 사고와 접근을 가질 수 있다. 협상은 일종의 자원 교환 과정이다. 공정한 조건에 어떠한 자원과 방식으로 교환할 것인지에 대한 상세하고 명확한 계획은 실제 협상에서 가야 할 길을 안내하는 등대가 된다. 현명한 창업가는 펀드레이징 전 과정에서 스타트업의 성공 잠재력 극대화를 위해 무엇이 필요하고, 어떻게 얻을 것이며, 무엇으로 보상할 것인지를 주지해야 한다. 이에 대한 전사적 접근을 통해 창업가는 상이한 협상 포인트 간의 역동적 보완 관계를 파악할 수 있다.

상대는 어떠한 방식으로든 창업가가 납득·수락하기 어려운 협상 포인트를 조합하여 창업 주주에게 불리한 조건을 제안할 것이다. 앞에서 언급한 바와 같이, 상대의 조건을 무조건적으로 받아들인다면 아무리 스타트업의 벤처 비즈니스가 성공적일지라도 기존 주주의 권익을 보호하지 못하고 협상 상대가 형평성에 어긋나는 사적 이익을 취하도록 방치하는 것과 같다.

상대는 자신이 설계한 협상 포인트가 쉽게 드러나지 않도록 텀시트에 혼란을 가중시키는 전문 용어로 가득 채우는 전술을 활용할지도 모른다. 실제로, 참여 우선주에 우선매수권, 성과 트리거 및 특수 의결권의 조합으로 통해 잠정적 지분 및 경영 확대를 교묘히 감추는 상황이 빈번하게 일어난다. 만약 창업가가 상대의 전술을 간파하지 못하면, 출구 시 상대가 거의 모든 지분과 경영권을 확보할지도 모른다. 창업가를 포함한 기존 주주에게 치명적인 결과를 초래할 수 있는 투자 조건일수록 창업가가 거부할 수 없게 매력적으로 포장하기도 한다.

우수한 협상 계획은 협상 당사자들의 법적 사항을 인식하고, 다양한 협상 포인트에 대하여 우선순위와 수용 가능한 범위를 설정하는 것이다. 이렇게 수립된 계획은 앞서 설명한 협상 레버리지와 협상 관행에 따라서 점진적으로 실행해나가야 한다.

자신과 상대의 협상 포인트 확인하기

모든 협상 당사자들의 협상 포인트를 확인함으로써 상호 간에 발생 가능한 이해 상충과 잠재적 갈등을 피할 수 있다. 그리고 주주 가치의 극대화를 모든 당사자의 주된 목적임을 확인하고, 상대의 입장에 대한 심도 있는 이해를 기반으로 협상 프로세스를 촉진할 수 있다. 이를 염두에 두고 본문 전반에 걸쳐 여러 번 설명한 KYI 요소와 관련된 다음의 사항에 대해서 고려해야 한다.

우선, 창업가의 주요 관심사는 지분희석화, 성공적 출구를 위한 충분한 통제력 유지, 후속 펀드레이징을 위한 충분한 자금 확보, 귀중한 비재무적 지원을 제공받을 수 있는 투자 유치, 향후 모든 투자 유치 활동을 저해하는 장애물의 제거 등에 맞추어져 있다. 상대도 창업가만큼 다양한 우려 사항을 갖고 있다. 여기에는 밸류에이션, 기대수익률, 위험 완화, 의사 결정에 긍정적인 영향을 미치는 충분한 통제력 확보, 하방·상방 보호의 보장 등이 포함된다. 그리고 양 당사자는 공통적으로 협상 종료 후 자본 구조 및 기업 지배 구조가 어떻게 변하는지에 관심을 갖고 있다.

성공적인 협상 타결은 양측이 상호 이익을 존중한 결과이다. 이러한 상호존중은 비즈니스 파트너로서의 지속적인 성공과 효과적인 기업 지배 구조를 정착하는 데 필요한 토대가 된다. 협상 계획의 수립은 군사 계획과 유사하다. 가장 먼저 수행할 일은 우선순위에 따라 달성할 목표를 결정하는 것이다. 두 번째 임무는 공격과 방어의 영역을 파악하며, 해당 목표를 달성하기에 가장 효과적인 방법을 결정하는 것이다. 다음 단계는 우선순위와 방법에 따라서 임무 수행에 자원을 할당하는 것이다. 임무를 성공적으로 완료하거나 혹은 퇴각이 필요하다면, 창업가는 전장에서 자신의 상대적 지위가 어떻게 변하고, 이를 재배치하는 방법에 대해서 고민해야 한다.

창업가와 투자자 모두에게 투자 협상 테이블은 전투를 치르는 전장과 같다. 물론 사업 성장에 필요한 자금을 제공할 투자자를 적군이라 여겨선 안 된다. 하지만 이들이 보유한 자원을 보다 유리한 조건으로 획득하는 활동은 대단히 전술적으로 진행되어야 한다. 그리고 효과적인 전술로 이루어진 협상 계획을 갖고 있어야 실제 협상에서 받을 타격을 줄일 수 있다. 손자병법으로 잘 알려진 손무의 전략적 지혜는 치열한 이해관계가 얽힌 협상을 차근히 풀어 가는 데 도움이 될 것이다.

협상 포인트의 우선순위 설정하기

손무는 훌륭한 장수일수록 불필요한 싸움과 낭비를 피한다고 말한다. 이것이 바로 중요한 협상 전략이다. 얻을 것이 거의 없거나 출혈이 심한 전투를 수행할 필요가 없다는 것이다. 이런 전투를 강행하면 양 당사자 간의 관계를 악화시키는 걸림돌, 즉 거래차단기가 될 수 있다. 특정 조건에 대하여 각 당사자가 한 치의 양보도 허용하지 않아 의견 조율이 어려우면 협상이 난항을 겪게 된다. 궁극적으로 합의에 도달하지 못하면 협상 자체가 결렬될 수 있다.

창업가는 특정 협상 포인트에서 상대에게 자신의 군사력, 즉 레버리지를 확인시켜주는 것이 중요하다. 상대가 거래차단기를 올리려 할 때 협상의 여지를 남겨둠으로써 절망적인 상황을 피하라는 손무의 조언을 매우 적절하다고 볼 수 있다. 양 당사자는 사전에 상대의 협상 포인트를 숙지하여 실제 협상 시 불필요한 자원 소모를 줄이는 데 노력해야 한다. 즉, 협상 결렬을 야기할 거래차단기를 확인하고 제거하는 것이 가장 우선해야 할 활동이다.

투자 협상 시 논의할 주요 활동의 우선순위는 다음과 같다. 스타트업의 혁신을 차별화시키는 제품 기능을 확보하는 데 필요한 자금조달은 해당 기능의 개발 활동보다 우선한다. 유형 혹은 무형의 핵심 자산의 보호는 개발 초기 단계에서 특히 중요하다. 가장 유망한 목표시장 혹은 시장 세그먼트에 진입하기 위한 자금조달이 유통 시장 개발을 위한 자금조달보다 중요하다.

또한 충분한 협상 자본을 확보하기 전까지 협상과 관련된 모든 위험을 줄이는데 집중해야 한다. 예를 들어, 지분희석에 대한 상대의 우려를 완화하고자 희석 방지 조항을 고려하는 것보다는 우선매수권과 청산우선권을 우선적으로 고려하는 것이 좋다. 희석 방지 조항으로 인해 자본 구조가 복잡해질 수 있고, 향후 펀드레이징 활동을 저해할 수 있기 때문이다.

투자 유형에 따라서 협상 포인트의 상대적 중요성이 달라진다. 시드머니를 모색할 때 중요한 우선순위는 기업 통제력을 유지하고 지적재산을 보호하는 것이다. 시리즈 A 투자 협상 시에는 상업적 출시를 실행하기에 충분한 자금을 확보하는 것이 무엇보다 중요한 과제이다. 시리즈 B 단계에서 투자 협상 시에는 펀딩의 확장성과 지속성, 자금 사용의 자유성, 지분희석의 최소화 등을 보장하는 펀딩 조건을 최우선으로 확보하는 것이 바람직하다. 협상 리스트를 작성할 때는 논쟁의 여지가 크고 복잡할 것으로 예상되는 협상 포인트의 우선순위는 높게, 협상 자체가 불가능한 포인트는 우선순위를 낮게 설정할 수 있다.

협상 가능한 투자 조건의 경우에는 상대방으로 하여금 실제 수준보다 우선순위가 높다고 인지하게 만드는 것이 더 유리하다. 적군을 기만하는 책략을 활용하여 전장에서 상대가 불필요한 자원을 소모하도록 만들고 불리한 협상 지위를 갖게 만드는 것이다. 즉, 창업가에게는 그다지 중요하지 않은 협상 포인트에 투자자를 매달리게 만들어, 초기에 전력 의지를 소모시킬 황금 같은 기회를 잡아야 한다. 이를 통해 더 중요한 협상 포인트에서 반격을 가하고 유리한 조건을 얻기 충분한 방어태세를 갖출 수 있다. 손자가 제안한 또 다른 전략은 적의 좌절감 혹은 자신감을 활용하는 것이다.

협상 지위 측면에서 창업가와 투자가가 동일한 영향력을 갖는 협상 포인트는 절충안을 찾는 것이 해답이다. 사실상 모든 조항에 대해서 유리한 조건을 얻기란 불가능하다. 협상 시 향후 기업 통제력에 문제가 없을 정도로 충분한 주식을 확보했다면, 더 이상 상대에게 강한 적대감을 보일 필요는 없다. 협상 테이블에서는 한 가지 사항에 대해서 두 번 이상 협의해선 안 된다. 이러한 소모전은 낭비를 불러올 뿐 아니라 보다 중요한 교섭 조항을 협상하지 못하도록 만드는 중대한 실수이다.

각 협상 포인트에 허용 범위 설정하기

각 교섭 조항에 대하여 '상대방의 요구 조건을 허용할 수 있는 범위'를 설정하고, 해당 범위 안에서 가능한 최상의 조건을 이끌어내는 데 주력해야 한다. 교섭 허용 범위의 하한선은 최소 수용 가능한 수준을, 상한선은 창업가가 상대로부터 합리적으로 기대할 수 있는 최상의 수준을 나타낸다.

협상은 균형을 추구하는 활동이다. 허용 범위를 벗어나 상대방에게 부당한 조건만을 강요하면 이내 협상이 중단되고 말 것이다. 너무 낮은 수준에서 협상을 시작하게 되면 창업가와 기존 주주들과 같은 내부 이해관계자들이 문제 해결을 위해 많은 협상 자본을 사용해야 할지도 모른다. 교섭 허용 범위가 넓을수록 협상 시 높은 유연성을 확보할 수 있는 반면, 많은 쟁점을 논의해야 하므로 협상 시간이 길어질 수 있다. 앞서 설명한 교섭 우선순위를 활용하면 쉽게 허용 범위를 설정할 수 있다.

각 협상 사안에 대하여 협상 당사자들의 서로 다른 협상 지위를 파악하고 협상 계획을 수립해야 한다. 이를 통해 교섭 허용 범위를 설정할 수 있고, 그 범위 중 어느 수준에서 협상을 시작할지를 결정할 수 있다. 그리고 허용 범위 중 가장 높은 협상 지위를 갖는 수준에서 협상을 시작하는 것이 좋다. 하지만 한 협상 포인트에서 허용 범위 이하로 지위를 설정하면, 다른 포인트에서 허용 범위 이상으로 협상 지점을 시작할 수 있다. 살을 내어주고 뼈를 취하는 방식이다. 특정 포인트에서 상대와 논쟁할 여지가 많을 것으로 예상한다면 협상 범위를 확대하는 것이 바람직하다.

전장에서는 상대의 강점을 피하고 약점을 노려야 한다는 손자의 조언은 스타트업 펀드레이징에서도 유효하다. 상대방이 강력한 교섭력을 갖고 있는 포인트에서 귀중한 협상 자본을 쓸데없이 낭비·소진해선 안 된다. 이는 다른 포인트에서 창업가의 영향력 약화라는 결과를 낳는다.

협상 자본의 행사 시점을 결정하기

창업가가 언제든 필요할 때 협상 자본을 레버리지로 행사할 수 있다면 투자 협상 과정을 유리한 방향으로 이끌 수 있다. 일단 교섭 우선순위를 정하고 허용 가능한 교섭 범위를 결정했다면 협상 자본을 활용할 수 있는 환경을 마련한 것이다.

창업가가 스스로를 보호하기 위한 방어 수단으로 협상 자본을 활용하기보다는 상대방의 약점을 선제공격하는 수단으로 활용하는 것이 좋다. 이를 위해선 최우선순위의 조항을 교섭할 시 상대방에게 압력을 가할 협상 자본과 레버리지를 비축해 두어야 한다. 이것이 바로 싸우지 않고 전투에서 승리하는 방법이다.

창업가가 유리한 투자 조건을 얻으려면 속도를 높여야 한다. 결정적인 순간에 상대방을 압박하여 교섭 속도를 높여야 한다. 상대가 무엇을 원하고 이를 위해 무엇을 내놓지를 알고 있다면 더욱 교섭 속도를 높일 수 있다. 앞에서 설명한 대로, 상대방은 창업가를 지치게 만들고자 협상을 지연시키려 할 것이다. 속도가 감소하면 협상 계획대로 교섭을 진행하기 어렵다. 이때는 우선순위가 높고 논쟁의 여지가 높은 교섭 조항을 먼저 다루어 쓸데없이 협상 자본을 낭비하지 않도록 주의한다.

이러한 접근법은 가장 핵심적이고 필수적이나 실패 위험이 높은 복잡한 제품 기능을 가장 먼저 개발하는 애자일 프로세스(Agile Process)와 같다. 그 결과 얻은 학습과 교훈은 향후 개발 활동을 수행하는 동안 개발팀에 큰 도움이 된다. 투자 협상에서도 마찬가지다. 우선순위가 높고 논쟁 가능성이 큰 교섭 조항을 먼저 다루어 상대를 학습하고 차후 협상을 준비할 수 있다. 가장 어려운 문제를 처리하고 나면 창업가와 투자자 간의 상대적 협상 지위가 분명해진다. 이를 근거로 협상 자본을 효율적으로 재배치하여 남은 교섭 목표를 효과적으로 달성할 기회를 창출할 수 있다.

이처럼 빠른 속도로 투자 협상을 진행하면 창업가는 협상 자본의 행사 시점을 결정할 주도권을 얻을 수 있다. 이와 관련하여 2차 세계대전 중 룩셈부르크와 벨기에로 행진하는 독일군을 노르망디에서 완전히 몰아낸 패튼 장군과 그가 이끈 제3 병단의 전술은 훌륭한 교훈이 된다. 패튼 장군은 독일군의 예상에서 빗나간 장소와 시간에 준비된 전투를 실시하기 위해 모든 상황을 통제하고, 전투에서는 과감하고 신속한 공격을 퍼부어 독일군에게 수비 태세 전환에 필요한 시간을 허락하지 않았다.

투자 유치를 위한 협상 테이블이라는 전쟁 속에서도 순간의 방심으로 상대의 먹잇감이 될 수 있다. 처리해야 할 협상 포인트의 순서를 재배치하여 '협상 시간의 제약'이라는 함정을 파놓고 상대가 교섭 속도를 높이게 만드는 것도 훌륭한 전략이다.

협상 자본을 행사할 때에는 충분하고 적절한 영향력을 발휘하여 레버리지를 만들어야 한다. 빠르게 우회 전략을 구사함으로써 그러한 영향력을 확보할 수 있다. 예를 들어, 상대가 제품의 불확실한 마켓 포지션을 우려하고 있다면, 이들의 의견에 직접적으로 반박하기보다는 사전에 개발한 견인력을 제시하여 경쟁우위를 확보할 수 있다는 점을 강조하는 것이 좋다. 경영권 확보가 상대방의 주요 협상 목표라면, 그에 상응하는 만큼 더 높은 밸류에이션이 이루어져야 한다는 사실을 강조한다. 상대가 스타트업의 지적 재산권에 관심을 보이는 전략 투자자일 경우에는 주요 포인트에서 지적 재산권을 보여줌으로써 영향력을 행사할 수 있다.

상대의 헌신을 확보하기

분열·정복 전략은 상대로부터 헌신을 이끌어내는 데 효과적이다. 양해각서(Memoranda of Understanding, MOU)를 활용하여 협상의 속도를 높일 수 있다. 이를 통해 상대방에게 유리한 협상 지위를 약속함과 동시에 논쟁의 여지가 높은 교섭 조항을 신속히 논의할 수 있다. 이처럼 장시간에 걸친 복잡한 협상 테이블에서 신뢰와 약속을 기반으로 교섭을 한 걸음 진척시키면 스타트업 비즈니스에 대한 상대의 헌신을 이끌어낼 수 있다. 이로써 상대적 협상 지위가 높아진 창업가는 자신이 보유한 협상 자본을 보다 유리한 방향으로 재배치할 수 있다.

여기서 한 가지 주의할 점이 있다. 상대방에게 유리하게 작용할 수 있는

MOU가 창업가 자신에게는 불리하게 작용할 것이라는 생각에 사로잡히면 안 된다. 협상 과정에서 창업가가 자기 입장만 지나치게 고집하면 투자 협상의 원동력인 실행력을 잃게 되어 자신의 협상 포지션 자체가 취약해질 수 있다. 그 결과, 벤처 투자에 상대가 느낀 흥미와 매력은 반감되고, 최악의 경우 투자 자체를 철회할 것이다. 이러한 창업가는 스타트업 투자 시장에서 결코 좋은 평판을 얻지 못하며, 향후 펀드레이징 활동에 부정적인 영향을 미칠 수 있다.

다시 한번 강조하자면, 절대로 투자 유치의 목적을 잊어선 안 된다. 전사적 관점에서 경영진과 투자자, 그리고 여러 이해관계자의 입장을 두루 고려하여 협상 계획을 수립해야 한다. 이로써 스스로를 위험에 빠뜨릴 확률을 최소화시키고, 투자 유치의 목적을 보다 효과적으로 달성할 수 있다.

협상 테이블에서 스타트업 창업가와 경영진은 금융 분야에서 훨씬 더 숙련된 기술과 전문 지식을 갖춘 상대를 마주하고 있다는 사실을 명심해야 한다. 잘 수립된 협상 계획을 가진 창업가는 상대가 스타트업에 투자하도록 만들고, 이들이 보유한 금융 기술과 지식을 활용하여 보다 높은 부가가치를 창출하는 데 주력한다. 이러한 전략적 협상 접근을 통해 창업가는 상대방에게 좋은 인상을 심어주어 스타트업 비즈니스의 성공을 지원하는 훌륭한 파트너로 변화시킬 공간을 마련할 수 있다.

협상 종료 단계

협상 결과, 무의미한 조항을 제거하고 상호 합의한 조항만을 포함한 투자 협정서(Funding Agreement Documents)를 작성한 후 여기에 서명하면 투자 협상이 종료된다.

협상 성공

협상의 성공 여부를 어떻게 확인할 수 있을까? 상대가 마지못해 투자 협정서에 서명을 하는 모습을 보고 알 수 있다. 이 경우, 협의한 조항을 최종 검토하고 협상을 종료하면 된다. 협상을 계속하려 들지 마라. 더 이상 얻을 것도 없고 잃을 것도 없기 때문이다.

논쟁의 여지가 많은 협상이더라도 상호 이익을 추구하는 새로운 비즈니스 파트너십을 맺는 것이 스타트업 펀드레이징의 핵심 목표임을 잊어서는 안 된다. 이제 남은 과제는 경제 및 외교 문제를 함께 해결할 강력한 비즈니스 파트너로서 투자자와 신뢰 관계를 형성해야 한다. 투자 협상이 진행되는 동안 논의된 창업가와 투자자의 강점과 약점을 바탕으로 상호 긴밀한 협력 관계를 구축하고 확고한 기업 지배 구조를 확립하여 공동의 목적을 효과적으로 달성하는 데 주력한다.

협상 실패

만약 협상에 실패했다면 떠날 채비를 해야 한다. 체결하기 어려운 협상이라 판단된다면 신속히 종결하는 것이 좋다. 불필요한 교섭 활동을 지속하는 것은 당사자 모두에게 시간 낭비일 뿐 아니라 오히려 서로에 대한 신뢰와 호의에 부정적인 영향을 미칠 수 있다. 이제까지 협상을 한 잠재 투자자와의 인연을 반드시 지속시켜야 한다.

받아들이기 어려운 조건으로 더 이상의 협상이 어렵다는 점을 정중히 표명함과 동시에 스타트업 비즈니스에 관심을 갖고 협상 기회를 제공한 잠재 투자자에게 감사함을 전해야 한다. 향후 펀드레이징을 진행할 때 이들과 다시 투자 협상을 진행할 때가 올 것이다. 현재의 협상 상대가 미래의 잠재 투자자에게 창업가와의 협상 경험을 공유할 것이라는 사실을 명심해야 한다. 비록 협상이 무산되더라도 상대에게 좋은 인상과 경험을 제공하여 향후 펀드레이징 활동의 기반을 닦아야 한다.

마지막으로 상대에게 주기적으로 스타트업의 성과·성장 정보를 제공해도 되는지 물어보면 좋다. 내부 및 기밀정보를 삭제한 주주 보고서를 발송하는 방식으로 비교적 간단히 관련 정보를 제공할 수 있다. 이렇게 하면 상대방에게 대한 창업가의 진실성과 존중심을 표현할 수 있고, 이러한 태도에 상대도 호의적으로 응답할 것이다. 지속적으로 기업 성과·성장 정보를 제공하는 주요 목적은 현재 합의하지 못한 투자 조항을 재고할만한 타당한 이유를 상대방에게 제공하기 위함이다.

사후 협상

협상 결과가 성공적이든 실패했든 상관없이, 협상이 종결되고 나면 기업 내부에서 협상 활동을 평가해야 한다. 구체적으로, 그러한 결과가 나온 이유를 분석해야 하는데 이러한 사후 협상 평가를 실시해야 하는 세 가지 이유가 있다.

- 대부분의 투자 협상은 하나 혹은 몇 가지 쟁점 사항에서 합의에 도달하지 못해 결렬되는 경우가 많다. 첨예하게 대립하는 쟁점 사항을 우회할 방법을 개발할 수 있다면 상대와 협상을 재개할 수 있다.

- 협상 평가를 통해 생산된 정보는 미래의 새로운 잠재 투자자와 협상 시 매우 가치 있는 자산이 될 것이다. 협상 과정에서 갈등이 심해질수록 창업가의 강점은 시험받고 약점이 쉽게 노출된다. 후속 펀드레이징에서는 이를 보완할 수 있도록 현재 협상에서 드러난 약점이 무엇인지를 분석해야 한다. 수립·수행된 협상 계획을 철저히 검토하여 개선 방향을 모색하는 과정에서 보다 훌륭한 잠재 투자자를 탐색·선택할 수 있다.

- 협상이 진행되는 동안 스타트업의 사업 및 재무 계획 전반에서 수준 높은 비판과 통찰을 얻게 될 것이다. 이에 대한 조정을 통해 스타트업의 성장 전망과 기업지배구조를 개선하여 새로운 비즈니스 파트너를 모집하기 위한 준비 활동을 수행할 수 있다. 잠재 투자자와의 투자 협상을 학습과 개선의 기회로 인식할 때 창업가는 스타트업 비즈니스의 성공에 기여하는 '새로운 발견'을 얻을 수 있다.

워크포인트

잠재 투자자와의 투자 협상과 계약 체결은 창업가가 그토록 바라던 순간이다. 창업가와 경영진으로 구성된 협상팀은 기존의 모든 주주의 최대 이익을 위해 협상할 의무가 있다. 이러한 상당한 의무를 다하기 위해선 치밀한 전술과 극도의 진지함이 필요하다. 스타트업의 주요 의사 결정권자로 구성된 협상팀은 사전에 협상 계획을 수립해야 한다.

이번 장에서는 투자 의사를 타진한 잠재 투자자와의 협상 순서대로 '사전-실사-실제-사후'의 네 가지 협상 단계로 구분하여 전략적 통찰을 제공하였다.

사전 협상은 협상 상대인 잠재 투자자로부터 주요 교섭 내용을 요약한 투자 의향서를 받는 것으로 시작된다. 사전 협상의 초기 단계에서 창업가는 최대한 여러 방법을 동원하여 상대적 협상 포지션을 강화해야 한다. 이때 중요한 개념인 협상 레버리지는 투자 금액을 고려하여 협상 시 예상 가능한 영향력을 발휘할 수 있는 능력을 의미한다. 이제까지 수행한 일반적 KYI 조사 방식에서 벗어나 투자 의향을 비친 상대에 관한 상세 정보를 수집하여 신원을 파악하는 집중적 KTI 조사를 수행해야 한다.

다음 협상 단계인 실사에서는 스타트업의 주요 사실에 대한 구체적 정보를 요청하는 실사 체크 리스트를 제시하는 것으로 시작한다. 창업가는 법적으로 정확한 사실을 전달해야 할 의무가 있으며, 상대의 요청과 질문에 명확히 답변해야 한다. 제공된 정보가 협상의 근거가 될 것이다. 상대는 불만족스러운 반응 혹은 의심스러운 답변이 나오면 협상 자체를 철회하기도 한다.

실제 협상은 상대와 협상하고자 하는 투자 조건을 명시한 텀시트를 작성하고 전달하는 것으로 시작된다. 협상 테이블에 마주 앉은 투자자가 누구인지에 따라서 협상 접근법이 달라진다. 주요 경영진으로 구성된 협상팀을 조직해야 할 필요성과 신뢰할만한 포용적 협상 자세의 이점에 대하여 설명하였다. 이와 함께 여러 협상 전술과 관행에 대해서 살펴봤다. 각협상 포인트 별로 살펴본 주요 사항에 대하여 철저한 검토와 전략적 선택이 이루어져야 한다.

상호 영향을 미치는 개별적 교섭 조항들을 총체적 관점에서 검토하고분석했다면, 이제 협상 계획을 준비할 차례이다. 주요 협상 포인트를 이해하고, 이에 대하여 치밀한 전략적 대응 방안을 마련하려면 반드시 협상계획을 수립해야 한다. 협상팀이 전략적 관점에서 협상 과정 전반을 이해한다면 협상 레버리지의 효과를 극대화하여 협상에 내재된 많은 위험을제거하거나 회피할 수 있다. 효과적인 협상 계획을 수립하려면 다음 사항을 고려해야 한다.

- 기업 입장에서 우려 사항을 점검하고, 상대가 인식하는 정당한 우려 사항을 충분히 인정한다.
- 교섭 우선순위를 설정한다.
- 각 협상 포인트에서 상대의 요구조건을 허용할 수 있는 범위를 정한다.
- 협상 과정 중 협상 자본을 확장·활용할 시점을 결정하고, 해당 시점 이전에 협상 자본을 낭비하지 않도록 주의한다.
- 상대가 기업 성장과 비즈니스 발전에 헌신하고 기여할 수 있도록 이끈다.

마지막으로 협상을 잘 마무리하는 방법에 대하여 간략히 설명했다. 성공적이지 못한 협상에서도 추후 상대를 다시 만날 수 있다는 점과 상대가 기업의 향후 펀드레이징 활동에 직접적 혹은 간접적으로 영향을 미칠 것이라는 사실을 명심하고, 좋은 인상을 심어주는 데 노력해야 한다. 성공적인 협상의 경우에는 상대를 새로운 비즈니스 파트너로 인정하고 협의한 투자계약을 즉시 체결해야 한다.

새로운 투자 유치에 성공한 스타트업은 이제 기업 지배 구조를 더욱 강화하는 데 주력해야 한다. 이와 관련하여, 다음 장에서는 견고한 기업 지배 구조를 구축하기 위한 정책 수립과 실행 방법에 대해서 살펴본다.

Chapter 7

투자적격 기업으로 나아가기

투자 협상을 성공적으로 마무리했다면, 이제 사업 운영과 관련된 전략적 활동을 즉각적으로 실행하기에 충분한 자금을 확보하였을 것이다. 하지만 펀드레이징 전과 후의 상황이 다르다. 이제부터는 스타트업의 창업가와 경영진이 다른 사람, 즉 투자자의 돈을 쓰는 상황이 되었다. 투자 유치에 따른 새로운 의무와 책임을 짊어지고 사업관리 및 운영방식 전반에서 전문성을 확보해야 한다. 투자에 대한 책임뿐 아니라 성공적인 출구를 위해서도 이러한 전문 경영관리가 반드시 필요하다. 그 결과, 스타트업 비즈니스를 다른 회사에 매각하거나 혹은 상장기업으로서 충분한 경영 요건을 갖추고 주식시장에서 자본을 조달하여 기업 성장을 도모할 수 있기 때문이다.

이를 위해 전문 경영관리가 시급히 이루어져야 할 영역이 바로 기업 지배 구조(Corporate Governance)이다. 책임 있는 기업 지배 구조를 확립하기 위한 정책을 제정하고 효과적으로 실행함으로써 대외적으로 건전한 기업 지배 구조에 관한 투자 홍보 효과를 누릴 수 있다. 펀딩라운드를 종결한 후 가능한 한 빠른 시일 내에 관련 정책을 수립하여 건전한 기업 지배 구조로의 이행을 촉진하는 것이 좋다. 그 결과, 기존 투자자뿐 아니라 후속 펀딩라운드에서 만날 잠재 투자자의 강력한 신뢰를 얻을 수 있다. 가급적 투자자로부터 첫 투자금을 받기 전에 지배 구조 변화를 이해하고, 이에 대응하는 관련 정책을 개발하는 것이 바람직하다.

기업 지배 구조

손자는 노련한 장군일수록 인류애와 정의를 실현하는 방법, 즉 도(道)를 길러야 한다고 주장했다. 오늘날에도 전사적 기업 문화 및 경영 활동의 주춧돌이 바로 '도'이다. 이러한 기업 경영의 도를 관리하려면 기업 내부의 규정, 제도 및 정책을 올바르게 수립하고 유지해야 한다. 이를 위한 활동이 바로 강력하고 건전한 기업 지배 구조의 구축이다.

기업 지배 구조는 스타트업을 둘러싼 이해관계자들이 합의한 장기적 전략 목표를 달성하고자 기업을 감독, 관리, 조직 및 통제하는 일련의 규칙을 일컫는다. 여기서 이해관계자란 이사회, 경영진, 직원, 공급업체, 전략 파트너, 고객 및 사용자를 모두 포괄한다.

기업 체제(Corporate Regime)는 이들 이해관계자가 바라는 경영관리와 기업 문화를 정착하는 규칙, 과정, 정책 및 기관으로 이루어져 있다. 결국, 기업 체제의 구축은 경영진의 사적 이익보다 중요한 주주의 권익을 보장하고 주주가 기업의 진정한 소유주임을 공표하는 활동이다. 이를 위해 경영진은 다양한 이해관계의 특성을 파악하여 보다 우수한 기업 지배 구조의 구성요소와 작동 방식을 결정해야 한다.

건전한 기업 지배 구조의 주요 특성

건전한 기업 지배 구조를 갖춘 회사는 다음과 같은 몇 가지 공통특성을 보인다. 각 특성은 서로 배타적이거나 독립적이지 않다. 상호 보완적이며 순차적인 연결고리로 이어져 있다.

▮ 청렴성

정직성 혹은 공정성의 개념을 내포한 청렴성(Integrity)은 그 중요성을 아무리 강조해도 지나치지 않다. 이는 윤리적 원칙에 따라 일관되게 행동하는 특성으로 정의될 수 있다. 대내·외적으로 공표한 윤리적 원칙에 근거하여 조직 구성원이 일관되게 행동하는 경우, 이해관계자들은 스타트업 비즈니스의 방향, 즉 경영진의 향후 의사 결정 방향을 쉽게 예측할 수 있다. 이렇게 기업 활동에 대한 예측성이 높아질수록 이해관계자들로부터 신뢰를 확보할 수 있다. 그리고 이러한 상호 신뢰는 스타트업 비즈니스에 대한 이해관계자들이 인지한 위험 수준을 낮추는데 기여한다.

동일 가치를 수용한 조직 구성원들이 동일 방향 및 방식으로 행동할 때 기업 지배 구조의 청렴성과 무결성이 잘 드러난다. 스타트업 비즈니스에 참여하는 이해관계자는 자신이 보유한 유형 자원(투자금)뿐 아니라 신뢰라는 무형 자원을 스타트업에 투자하는 것임을 명심하길 바란다. 스타트업, 특히 신용이 낮은 스타트업일수록 가장 가치 높은 자산이 바로 이해관계자들로부터 확보한 신뢰이며, 이는 건전한 기업 지배 구조의 핵심 요소이다.

▮ 투명성

투명성(Transparency)이란 기업경영과 관련된 주요 사항을 관련 당사자에게 적시 공개함으로써 달성할 수 있는 개방성을 의미한다. 이 개방성의 수준을 높이려면 모호하지 않은 명확한 언어로 적힌 사실 정보를 이해관계자들에게 주기적으로 제공해야 한다. 숨김이 없는 개인과 조직은 필시 정직하게 행동하게 되고, 그 결과 투명한 기업경영이 이루어질 수밖에 없다. 성과 증진에 도움이 될 만한 정보를 신속하게 배포하여 얻게 되는 투명성은 앞서 말한 청렴성을 입증하는 가장 효과적인인 방법이기도 하다.

| 책임감

책임(Accountability)은 반드시 지켜야 할 의무를 의미한다. 건전한 의도를 갖고 윤리적 원칙에 근거하여 의사 결정을 할 때 비로소 행동에 대한 정당성을 확보할 수 있다. 그렇지 못한 경우, 의사 결정자는 반드시 이에 따른 부정적인 결과에 대하여 책임질 의무가 있다. 어떠한 경우에서든 효과적 책임경영의 전제조건이 바로 투명성, 즉 적법한 회계 관행과 성과 평가 절차의 준수에 있다는 사실을 명심하길 바란다.

| 객관성

객관성(Objectivity)이란 제삼자의 관점에서 공정하고 신중하게 결정을 내리는 능력을 말한다. 복잡하게 얽힌 이해관계자들 간에 실제 혹은 잠재적 충돌 혹은 갈등이 발생하면, 각 이해관계자와 개인적 친분을 갖고 있는 경영진은 이들의 충돌과 갈등을 객관적으로 판단하기 어렵다. 하지만 모든 주주의 권익을 고려하고 존중하려는 목표를 추구하며 객관적 입장에서 상황을 판단하고 적절한 의사 결정을 내려야 한다. 이러한 객관성 유지는 앞서 말한 경영진의 의무이기도 하다.

| 성과 지향성

기업 지배 구조와 관련된 의사 결정 시 마지막 고려요소는 성과 지향성(Performance Imperative)이다. 이는 마지막 요소인 만큼 가장 중요한 기업 지배 구조의 핵심 특성에 해당한다. 청렴성, 투명성, 책임감 및 객관성을 확보하여 사업성과 극대화의 목표를 최우선으로 달성하려는 전략적 의사 결정이 이루어져야 한다. 목표 성과를 달성하면 자연적으로 이해관계자들의 공동 이익을 추구할 기회를 얻게 된다. 이때에는 경영진과 이해관계자들의 최종 사업 목표를 반영한 성과지표를 설정하여 기업 지배 구조에 반영해야 한다.

이상의 다섯 가지 요소가 적절히 투영된 기업 지배 구조는 스타트업에게 다음과 같은 이점을 제공한다.

건전한 기업 지배 구조의 이점

기업 지배 구조에 관한 기존의 논의가 대부분 대기업에 초점을 두고 있지만 신생 기업인 스타트업 역시 훌륭한 기업 지배 구조를 갖추면 다음의 이점을 누릴 수 있으므로 지배 구조 개선 활동을 초기에 전개해야 한다.

- 효율적 의사 결정을 통해 성과 잠재력을 높일 수 있다.
- '기업 통제력 유지'와 '이해관계자의 호의적 지원' 간 최적 균형을 달성할 수 있다.
- 경영진에 대한 이해관계자의 신뢰와 확신을 얻을 수 있다. 신뢰는 재정적 위기 상황 발생 시 문제 해결에 직접적으로 도움이 된다.
- 기업 이미지를 향상시키고 유지할 수 있다.
- 이자와 같은 자본 비용을 줄일 수 있고 펀드레이징 활동을 촉진한다.
- 주가를 상승시켜 더 높은 밸류에이션으로 협상할 레버리지를 개발할 수 있다.

스타트업이 달성할 수 있는 궁극의 비즈니스 성공은 ① 특정 이해관계자 개인 혹은 집단에 기업 통제력을 집중시키지 않으면서도 ② 다양한 이해관계자들이 보유한 전문지식 및 인적 네트워크와 같은 비재무적 지원 요소를 완벽히 활용할 수 있는 경영역량에 달려 있다. 특정 개인 혹은 집단에 권력이 집중되어 있다면 현재 혹은 미래의 주주들이 제공할 투자와 지원를 가로막을 수 있다.

모든 이해관계자들이 스타트업의 기업 지배 구조 정책에서 확인하고자 하는 바는 분명하다. 바로 경영진이 자신들의 상충된 의견을 공정하게 수렴하고 이익을 보장하기 위해 노력한다는 증거이다. 이러한 강력한 기업 지배 구조를 확립했다면 스타트업은 향후 펀딩라운드에서 보다 유리한 투자 협상을 이끌어낼 결정적 이점을 누릴 수 있다. 훌륭한 기업 체제를 갖출 수 있는 경영역량 자체가 투자 협상 과정에서 강력한 레버리지로 작용하기 때문이다. 또한 기업 체제 개선은 잠재 투자자가 인지한 위험 수준을 감소시키고, 그만큼 성장 잠재력을 높게 인지하도록 만든다. 따라서 더 높은 밸류에이션 혹은 더 낮은 자본비용으로 투자를 유치할 가능성이 높아진다. 이러한 기회는 최적 지배 구조 제도를 마련하고 실행할 때 창출할 수 있다.

기업 지배 구조의 영역

이상의 여러 이점을 누리고자 훌륭한 기업 지배 구조를 신속히 구현 및 준수하기 위한 기업 체제를 갖추려면 다양한 모범 사례를 벤치마킹해야 한다. 이런 사례는 크게 세 가지 범주, 즉 기업 조직, 기업 윤리, 그리고 주주 관계로 분류하여 살펴볼 수 있다.

기업 조직

훌륭한 기업 지배 구조를 갖추려면 기업을 조직해야 한다. 기업 조직과 관련된 원칙은 다음과 같이 요약할 수 있다.

특정 개인이나 집단에 과도한 권력을 집중시키지 않는다

공식적 혹은 비공식적으로라도 기업의 의사 결정권이 특정인에게 집중되어 있다면 견고한 기업 지배 구조라고 보기 어렵다. 이는 대기업에서는 문제가 되지 않지만 한 명의 창업가 혹은 소수의 경영진으로 이루어진 스타트업에서는 반드시 고려해야 할 주요 이슈가 된다. 특히 스타트업 비즈니스가 성장하는 가운데 관리 요구가 높아지면서 큰 문제로 발전할 수 있다. 의사 결정권이 특정인에게 집중된 1인 독재 체제의 스타트업은 필연적으로 펀드레이징 활동 중 난황을 겪게 되기 때문이다.

잠재 투자자는 훌륭한 경영진 또는 건전한 기업 지배 구조를 갖춘 스타트업에 매력을 느낀다. 창업가는 이에 대한 확증과 확신을 투자자에게 심어 주어야 한다. 투자자들은 경영진이 여러 이해관계자 및 자문단으로부터 사업 성장에 유익한 지원을 받길 원한다.

3장에서 언급했듯이, 잠재 투자자가 훌륭한 경영진에 매력을 느끼는 이유는 단순하다. 그 자체만으로는 아무런 가치를 지니지 못한 비즈니스 아이디어를 경영진이 어떻게 실행하느냐가 바로 스타트업의 성공을 결정하기 때문이다. 즉, 투자자가 평가하는 경영진의 훌륭함은 다름 아닌 이들의 전략적 실행력으로 귀결된다. 잘 다듬어진 사업 계획을 효과적으로 실행하기 위한 필수 조건이 주주 권익의 보장이며, 이를 위해선 당연히 건전한 기업 지배 구조가 선행되어야 한다.

비즈니스를 개발하고 발전시키는데 탁월한 창업가가 반드시 훌륭한 경영자를 의미하는 것은 아니다. 만약 성숙 단계에 접어든 스타트업의 단조롭고 일상적인 사업 활동에 대하여 창업가가 더 이상 영감과 자극을 받지 못하거나 혹은 창업가가 경영자의 역할보다는 보다 혁신적이고 진취적인 활동을 선호한다면, 단계적으로 경영자의 자리에서 물러나는 것을 고려해볼 만하다.

필자는 성공한 창업가 중 스스로 물러나야 할 때를 몰라 곤란을 겪는 이들을 숱하게 만났다. 이러면 반드시 펀드레이징 활동에 어려움을 겪게 된다. 더 이상 스타트업 비즈니스에 영감을 받지 못한 창업가가 이해관계자들에게 영감을 줄 수 있다는 생각은 어불성설이다.

두 명의 공동 창업가가 설립한 한 스타트업을 예로 들어보자. 스타트업의 다수 지분을 소유한 이들 공동 창업가의 최대 관심사는 지분 유지를 통한 기업 통제력을 확보하는데 있었다. 하지만 투자 요청을 받은 잠재 투자자들은 이들이 왜 지분 유지와 기업 통제에 집착하는지 이해하지 못했다. 결국 이 스타트업은 오랜 기간 펀드레이징 실패를 겪었다. 비즈니스가 성숙 단계에 접어들었다면, 설령 창업자가 사업 유지에 필요한 경영 능력을 갖추었을지라도 전문 경영자를 영입하여 협력적 의사 결정을 내리는 것이 좋다. 아무리 매력적인 비즈니스라 할지라도 기업 지배 구조 체제가 형편없으면 후속 투자는 결코 이루어지지 않는다.

기업 통제와 관련하여 창업가가 투자자와 타협하지 못하는 이유는 다양하다. 분명한 점은 이렇게 유망 스타트업 비즈니스가 실패하는 주요 원인이 기업 통제력 확보에 대한 창업가의 지나친 욕심이라는 것이다. 완벽한 자기 기업 통제를 원하는 창업가는 밸류에이션이 100억 원인 스타트업의 지분 50%를 유지하는 것보다 밸류에이션 1,000억 원의 스타트업 지분 5%를 유지하는 것이 훨씬 더 유리 하다는 사실을 망각한 체 지속적 펀딩 라운드를 통해 밸류에이션을 높일 소중한 기회를 그냥 지나쳐버린다.

창업가는 기업 지배 구조의 원칙에 따라 모든 주주의 권익을 증진하고 보호할 윤리적 의무를 진다. 스타트업을 마치 자신이 키운 아이라 생각하며 기업을 완벽히 통제하려는 창업가의 모습을 쉽게 볼 수 있는데, 이런 독재적 태도는 기업 지배 구조의 건전성을 크게 저해한다. 실례로, 어느 창업가는 완벽한 자기 기업 통제력을 확보하고자 초기 사업 자금을 제공한 투자자들을 일일이 찾아가 의결권 위임장에 서명하도록 요청한 사례도 있다. 이들 투자자 중 대다수는 창업가의 지인으로서 기업 경영과 사업 운영에 소극적이고 수동적이었다. 이들이 창업가에게 기업 통제력을 집중시키는 의결권 위임장에 서명하는 순간 아래와 같은 두 가지 치명적 실수를 저지르게 되었다.

- 후속 투자자는 마땅히 기업 지배 및 자본 구조의 건전성을 추구해야 할 창업가의 저의에 대하여 의심을 품게 된다.

- 기회주의적 투자자는 모든 권력을 거머쥔 창업가와 공모하여 사적 이익을 위해 전체 주주 권익에 반하는 투자 협상을 진행한다.

충분한 경영 감시권을 가진 이사회가 독재경영을 추구하려는 창업가를 견제하지 않으면 기존 및 잠재 주주들은 회복하기 어려운 심각한 손해를 입게 된다. 이사회의 감시를 벗어나 경영 전결을 할 수 있는 창업가가 동반매각 요청권(Drag-along Rights)까지 갖고 있다면 주주 권익에 심각한 침해를 초래할 수 있다. 앞서 6장에서 설명했듯이, 기업매각에 대한 거부권 행사를 가능케 하는 동반매각 요청권은 주주와 경영진의 이익을 보호하기 위한 법적 장치이다. 반대로 사적 이익을 추구하려는 창업가가 동반매각 요청권을 갖고 있으면 주주는 불리한 상황에서도 창업가의 결정을 따를 수밖에 없다. 이것이 바로 기회주의적 투자자가 노리는 점이다. 다음의 시나리오를 살펴보자.

창업가는 지인들로부터 지분 80%에 총 5억 원의 초기 사업자금을 마련하고, 개인적으로 5천만 원을 투입하여 나머지 20% 지분을 소유했다. 창업가를 신뢰한 이들 초기 투자자들은 기업경영에 소극적이고 수동적이어서 일체의 의사 결정을 경영진에게 일임하고 경영감독위원회(이사회)를 구성하지 않았다. 창업가 역시 의사 결정 효율성 제고를 앞세워 주주로서의 모든 권한을 자신에게 위임해도 된다고 투자자들을 안심시켰다.

3년 후, 한 잠재인수자가 밸류에이션 50억 원에 해당 기업의 매각을 제안했다. 이 출구 전략에서 창업가는 10억 원의 투자 수익을 받고, 나머지 주주들은 40억 원을 지분율에 따라 수익을 배분받을 수 있었다.

그런데 다른 잠재인수자가 나타나 창업가에게 유혹적인 거래를 제안했다. 10억 원의 밸류에이션으로 자신에게 기업을 매각하되, 창업가에게 은밀히 20억 원의 인센티브를 제공하겠다는 제안이었다. 이 제안을 한 인수자의 입장에서는 이전 밸류에이션보다 훨씬 저렴한 가격(30억 원)에 기업을 인수하고, 창업자 역시 이전의 10억 원 보다 훨씬 높은 수익(22억 원 = 10억 원×20%+20억 원)을 얻을 수 있다.

만약 이 은밀하고 달콤한 거래가 성사되면 주주들은 자신도 모르는 손해를 입게 된다. 바보처럼 멀뚱히 창업가만 바라보며 자신들이 마땅히 받아야 할 40억 원에 한참 모자란 8억 원만 챙길 뿐이다. 3년 전, 경영감독위원회를 구성하지 않고 창업가가 경영 전결을 하도록 내버려둔 순간부터 충분히 발생할 수 있는 문제였다.

어떤 간섭도 받지 않고 기업 매각과 관련된 일체의 협상과 가격을 단독 진행할 자유를 얻은 창업가는 자신의 동반매각 요청권을 행사할 수 있다. 그러면 주주들은 이에 따라 해당 가격에 보유 주식을 매각할 수밖에 없다. 만약 창업자가 청렴하지 않다면 10억 원의 밸류에이션으로 기업을 매각하고 22억 원의 인센티브를 받는 제안을 수락하여 주주 권익을 심각히 침해하는 파렴치한 행위를 할 여지가 높다.

안타깝게도, 이건 실제 스토리이다. 여기서 창업가와 초기 투자자들이 개인적 친분과 신뢰가 높다는 사실은 전혀 중요하지 않다. 더욱이 개인적 친분이 없는 후기 투자자일수록 주주 권익은 더욱 보장받기 어렵다. 미사여구로 이기적 행동을 서슴치 않는 벌처 캐피탈리스트(2장 참조)를 주주로 받아들이는 것도 위와 비슷한 상황을 초래할 수 있다. 이 스토리가 의미하는 바는 주주들의 의도와는 달리 한 개인에게 경영권이 집중된 기업 지배 구조에서는 사적 이익을 추구하려는 유혹이 존재할 수 있으며, 이러한 동기로 인해 전체 주주들에게 심각한 부정적 결과를 초래할 수 있다는 사실이다.

대기업과 마찬가지로 스타트업 역시 주주 권익을 보호하고 대변하는 이사회를 반드시 구성해야 한다. 보유 지분율과 상관없이 기업 경영 지식과 비즈니스 스페이스에 대한 다년간의 경험을 가진 전문가로 이사회를 구성하는 것이 좋다. 그러면 스타트업의 빠른 성장을 건전하게 이끌고, 이 기업 성장을 뒷받침할 경영 요건을 보다 효율적으로 처리할 수 있다. 훌륭한 이사회의 존재는 현재와 미래의 주주들에게 스타트업 비즈니스의 영속성에 대한 확신을 심어줄 수 있다.

책임감 있는 이사회를 구성하고 권한을 부여하라

앞서 설명한 대로 이사회는 기업 지배 구조의 건전성을 확보하는 데 책임을 진다. 사적 이익을 추구할 여지가 높은 경영진의 비윤리적 행동을 방지하고 이들이 주주 권익에 대한 의무를 준수하도록 감시해야 한다. 즉, 이사회는 주주와 경영진을 연결하는 통로이자 잘못된 경영 활동을 제한할 수 있는 최선의 감시기구가 될 수 있다. 이러한 역할을 완수하려면 이사회는 다음의 요건을 충족해야 한다.

1) **이사회의 구성.** 이사회는 다양한 지식과 경력을 갖춘 이사들(최소 3~5명)로 구성한다. 이들은 스타트업이 직면할 여러 경영 및 사업 문제에 관여하여 광범위한 지원을 아끼지 않아야 한다. 이사들은 기업의 전략적 의사 결정을 분석하고, 대안을 제시하며, 이에 관한 결정에 책임을 질 수 있는 역량과 태도를 갖추어야 한다. 또한 기업 지배 구조와 관련된 기존 정책과 관행을 지속적으로 검토하고 발전시키는데 헌신해야 한다. 창업 초기일수록 내·외부 이사를 혼합한 독립적 이사회를 구성하는 것이 바람직하다.

2) 이사회의 감독 권한. 사업 성패를 좌우하는 모든 전략적 의사 결정 사안은 물론 회사의 자본 구조에 영향을 미치는 모든 활동은 이사회의 승인을 받아야 한다. 이사회는 사업 운영, 재무 계획 및 협상과 관련된 모든 계획을 검토해야 한다. 또한 지적재산을 포함한 회사의 모든 자산을 보호할 의무를 지며, 스타트업에 대한 외부 이해관계자들의 영향력을 분석·관리하는 정책도 수립해야 한다. 내부적으로 합의한 정보를 외부 이해관계자에게 전달하는 임무 역시 이사회의 몫이다. 이러한 정보 전달에 일관성이 결여되면 잠재적으로 기업의 신뢰도와 이미지는 큰 타격을 받게 될 것이다.

3) 이사회의 관리 책임. 사업 위기 혹은 경영 문제를 경영진이 해결하는 데 이사회의 역할이 막중하다. 이사회는 창업가가 목표 투자 수익을 달성하도록 경영을 지속하고 사업을 성장하도록 인센티브를 제공함과 동시에, 이를 주주 권익과 일치시켜야 한다. 이러한 조정 활동은 다음과 같은 이사회의 특수 권한을 통해 수행할 수 있다.

- 경영진(임원)의 선임과 해임
- 성과 기반 인센티브와 같은 적절한 보상제도 마련
- 전사적 기업목표 달성을 위한 경영 방향 수립
- 합의한 행동 규범을 경영진이 준수하도록 명령
- 경영진에 대한 정기적 성과 검토

훌륭하고 건전한 기업 지배 구조를 마련해야 할 책임이 이사회에 있다면, 누가 이들의 활동을 지원하고 감시해야 할까? 바로 주주다. 주주는 다음과 같은 최고 권한을 통해 이사회에 대한 감시 역할을 수행한다.

- 헌신적이고 유능한 전문가를 이사로 임명한다.
- 이사회가 사적 이익보다는 주주 권익을 대변하도록 충분한 인센티브를 제공하는 등 적절한 보상 제도를 마련한다.
- 이사회가 경영 보고서를 주기적으로 작성하도록 하여, 기업 지배 구조에 대한 책임을 갖도록 한다.
- 이사회 운영 규정을 마련하고 기존의 유능한 이사의 재선임 가능성을 열어둔다.

주주의 참여를 허용하고 이들의 의견을 수렴하라

가능한 모든 주주가 총회에 참석하여 의결권을 행사할 수 있도록 사전에 충분한 자료를 전달하는 데 노력해야 한다. 자료에는 회의 및 투표 시간과 장소, 의제와 논의 항목 등에 대한 정확한 정보를 포함한다. 부재자 투표와 발제를 허용하는 것도 바람직하다. 이사회 선거를 실시할 때에는 충분한 역량과 자격을 갖춘 이사 후보자를 선발하는 데 총력을 기울여야 한다.

주주 간 복잡한 이해관계를 조정하고 공동 목표를 세운다.

상이한 이해관계를 가진 주주 집단들의 의견을 비례 반영할 효과적인 메커니즘을 구축하여 공동 목표를 수립해야 한다. 이는 빠르게 성장하는 스타트업에서 가장 어려운 과제이다. 기업 성장에 따라 자본 구조가 복잡해지는 만큼 주주 간 이해관계도 복잡해지기 때문이다. 이해관계 조정을 위한 첫 단추는 주주들의 다양한 의견을 반영할 수 있는 이사회를 구성하는 것이다. 이사회가 주주 권익을 보호하기 위한 공동 목표를 추구해야 한다.

여기에서 두 가지 방법을 고려볼만하다. 우선, 사업성과 증대가 공동 목표 중 하나임을 공표하고, 나아가 상충된 이해관계로 야기될 주주 갈등을 해소할 수 있는 메커니즘을 마련하는 것이다. 한 기업에 이해를 달리하는 주주 집단이 다수 존재하면 자본 구조의 관리와 주주 의견의 수렴이 더욱 어려워진다. 이러한 가능성을 염두에 두고 재무 계획을 수립해야 한다. 스타트업 경영진은 전적으로 사업성과 창출에 집중하고, 사내 정치에 대한 관리는 이사회가 담당한다.

충분한 권한과 책임을 경영진에게 부여하라

기업 지배 구조에서 경영진의 권한과 책임이 종종 간과된다. 하지만 그 중요성은 아무리 강조해도 지나치지 않다. 사업 목표의 달성과 성과 창출에 직결되는 요소이기 때문이다. 때때로 이사회는 자신도 모르는 사이에 지배 구조의 개선이라는 명목으로 경영진에게 부당한 제약과 압력을 가하는 경우가 있다. 이런 상황에 대해서 이사회와 경영진 모두 경계해야 한다. 경영진의 권한을 제한하면 주주 권익을 추구하려는 이들의 호의적 활동을 제약하거나 단념시킬 수 있다. 이사회는 경영진의 의무와 권한을 나열한 문서를 작성하도록 하여 부당한 제약이 있었는지 확인해야 한다.

기업 대변인을 임명하라

기업 대변인은 지배 구조 정책의 수립과 준수 여부를 보증 및 홍보하는 역할을 수행한다. 대부분의 스타트업에서 기업 대변인은 정규 직책이 아니지만, 경영진이 훌륭한 기업 지배 구조를 추구하려는 명확한 의사가 있다는 사실을 대외적으로 전파하는 데 매우 효과적이다. 기업을 향한 외부의 기대는 경영진 스스로 청렴성과 책임성을 느끼도록 만들고, 건전하고 윤리적인 기업 문화를 정착하는 데 큰 도움이 된다.

위기관리 체계를 마련하라

위기관리 체계는 훌륭한 기업 지배 구조의 핵심요소이다. 특히 불확실성과 위험을 내포한 첨단 기술에 사업 초점을 맞춘 스타트업이라면 위기관리의 중요성이 더욱 강조된다. 위기관리 체계를 수립할 대에는 위기 시 주요 의사 결정자가 누구인지, 그리고 다루어야 할 잠재적 법적 이슈가 무엇인지 등을 계획해야 한다. 내·외부 이해관계자들과의 원활한 의사소통을 위한 채널 운영 방안도 논의해야 한다. 예상할 수 있는 모든 위기 시나리오를 작성하고, 이에 신속히 대응하는 비상 계획 초안을 작성하면 좋다.

만일의 사태에 적절히 대응하지 못하면 사업 전반에 부정적인 영향을 미칠 뿐 아니라 대외적으로 기업 이미지를 훼손시킬 수 있다. 이런 상황에서도 기업 활동의 투명성과 함께 문제에 대하여 책임을 지려는 침착한 모습을 보여줘야 한다.

외부감사를 활용하라

역량과 경험, 그리고 평판을 기준 삼아 외부감사원을 선정하면 더욱 좋다. 체계를 갖춘 기업 지배 구조가 효과적으로 작동하려면 재무 보고(Financial Reporting)가 이루어져야 한다. 그리고 이에 대한 외부감사를 통해 재무보고의 무결성을 검증해야 한다. 외부감사인은 기업의 재무 성과와 재정 상태, 그리고 잠재적 위험에 대하여 공정한 의견을 제시하고, 경영상 문제를 해결할 수 있는 적절한 장치를 갖추었는지 확인해야 한다.

조직 규모는 상관없이 모든 기업이 외부감사를 받아야 하지만, 스타트업이 이 기능을 적극 활용해야 할 보다 중요한 이유가 있다. 전문 금융 지식을 갖춘 제삼자가 스타트업 재정 상태를 검토하면 향후 원활한 펀드레이징 활동이 가능하기 때문이다. 평판 좋은 외부감사인이 재정 상태를 검토하면 추정 재무제표를 작성하는 데 도움이 될 뿐 아니라 재정 상태에 대한 대외적 신뢰성을 높일 수 있다. 또한 기업 체제 원칙을 철저히 준수한다는 사실을 홍보하면 기업 이미지를 크게 높일 수 있다.

이 효과는 투자 협상에서 그 힘을 발휘한다. 충분한 자격을 갖춘 제삼자의 재정 검증은 기업의 협상 레버리지를 강화한다. 외부감사인을 고용하는 비용이 비싸게 느껴질 수 있다. 하지만 이를 통해 더 높은 가치를 지닌 펀드레이징을 성공시킬 확률이 높아진다는 사실에 견주어보면, 그 비용은 절대로 비싼 게 아니다.

기업 윤리

기업 윤리는 합법적 수준에서 누구나 예상 가능하고 정직하게 경영 활동을 하는 것이다. 모든 사업 활동은 내·외부 이해관계자에게 영향을 미친다. 단순히 사업 활동뿐 아니라 이사진과 경영진, 그리고 조직 구성원들의 개인 활동도 그러하다. 따라서 모든 구성원이 투명하고, 책임감 있고, 객관적이며, 성과 지향적으로 행동하도록 이끌어야 한다. 스타트업은 여러 측면에서 훌륭한 기업 윤리를 충실히 이행할 수 있는 조건을 갖추고 있다. 스타트업이 윤리적 원칙을 준수하는 몇 가지 방법에 대해서 살펴보자.

지배 구조상 윤리적 행동을 강조한다

앞서 설명한, 청렴성, 투명성, 책임감, 객관성 및 성과 지향성과 같은 건전한 지배 구조의 특성을 조직 구성원이 준수해야 할 윤리적 가치로 설정한다. 이렇게 하면 그 가치를 쉽게 인지하고 공유할 수 있어서, 모든 구성원이 유사한 행동 방식을 띠도록 만들 수 있다. 폭넓게 정의한 윤리적 가치를 수용하고 실행할 때 전사적 윤리 문화를 개발하고 기업에 정착시킬 수 있다. 다양한 윤리적 가치는 상호 연결되어 있으므로 추구할 가치 기준을 폭넓게 정의하면 보다 효과적으로 기업 윤리를 육성할 수 있다.

여러 관점에서 윤리적 기업 문화를 육성할 수 있지만, 그 출발점은 도덕적이며 헌신적인 리더십이다. 기업 내 지위와 권력만큼 이해관계자들의 주목을 받는 경영진의 행동이 기업 특성을 대변한다. 이사진의 행동 역시 기업 지배 구조의 관행을 반영한다. 이사진과 경영진이 직장과 가정에서 비윤리적으로 행동하면 기업 이미지는 큰 타격을 입게 된다.

윤리적 가치 실현을 장려하는 업무 환경을 설계하는 것도 중요하다. 이

때에는 애자일 프로세스(Agile Process)를 적용해볼 만하다. 애자일 프로세스는 투명성, 책임성, 성과 지향성 등을 필수 요소로 내포한 건전한 기업 지배 구조 원칙을 준수할 때 매우 효과적이다.

소프트웨어 개발 시 애자일 프로세스를 윤리적으로 적용한 사례를 살펴보자. 신속하고 반복적으로 가변 기능을 개발하는 애자일 소프트웨어 개발은 확정된 기간과 비용으로 운영된다는 점에서 기존 개발 프로세스와는 다르다. 비용 구조를 감출 여지가 없기 때문에 보다 투명한 방식으로 개발이 진행된다.

무엇보다 개발 과정에서 클라이언트와의 주기적 회의를 통해 개발 기능을 반복 개선한다. 그 결과, 프로젝트 완료 시 클라이언트가 예상한 결과가 산출되므로 기업의 성과 지향성을 잘 드러낼 수 있다. 또한 운영 및 개발 활동에서 경영진의 책임감을 발현할 수 있다. 팀원들이 매일 개별 작업 결과를 업데이트하고 공유하는 가운데 상호 운영 책임을 확인할 수 있다. 프로젝트 완료 후 팀장은 개발 결과를 고객에게 공개할 의무를 진다. 규모는 작지만 책임 소재가 명확한 교차기능팀을 적용하여 우선순위가 높은 기능을 순차적으로 개발함으로써 클라이언트가 기대한 결과를 최적화시킬 수 있다. 이러한 애자일 프로세스에 참여한 구성원은 학습한 윤리적 가치를 다른 영역에 전파하고 확대·적용할 것이다.

스타트업에서 윤리적 가치 실현을 위한 또 다른 접근법은 다른 기업의 지배 구조 우수 사례(Best Practices for Corporate Governance)를 탐색하고 적용하는 것이다. 특히 경쟁사의 모범 사례나 윤리적 행동은 구성원의 경쟁심을 자극하므로 자사에 빠르게 전파할 수 있다. 이는 단순히 윤리적 가치 실현을 위한 목적뿐 아니라 건전한 지배 구조를 마련하는 데 큰 도움이 된다.

기업 지배 구조의 중요성에 대하여 창업가 중 대부분이 "몇 명 되지 않는 스타트업에 무슨 기업 지배 구조냐"라는 반응을 보인다. 이에 대한 올바른 답변은 다음 중 하나가 될 것이다. 특히 마지막 답변에 주목하길 바란다.

- 기업 지배 구조 정책을 수립하고 이행하는 데 적어도 세심한 주의가 필요하다는 사실을 명심하라.
- 훌륭한 지배 구조는 대기업에만 국한되지 않으며, 오히려 스타트업의 사업 영속성을 검증하는 데 매우 유리하다.
- 건전한 지배 구조는 펀드레이징 성공 확률을 높인다.

스타트업의 경영진 간 책임소재를 명확히 정의·구분하고, 관련 책임자가 주주와 고객을 포함한 모든 이해관계자의 질문을 해결하도록 하여, 궁극적으로 훌륭한 기업 지배 구조가 마련되었다는 인상을 심어 줄 수 있다. 이를 위해선 3장에서 언급한 대로, 사업 계획서 중 경영진 소개 시 각 임원의 책임 분담을 명확히 기술하는 것이 좋다. 즉, 도덕적이고 헌신적 리더십, 윤리적 활동을 지원하는 업무 환경, 명확한 역할·책임 분담을 통해 윤리적 기업 문화를 효과적으로 조성할 수 있다.

마지막으로, 기업 행동 강령을 작성하기에 스타트업의 조직 규모는 결코 작지 않다. 행동 강령을 작성하고 모든 조직 구성원에게 서명을 받아야 한다. 윤리적 기업 문화를 육성하고자 흔히 사용되는 방법이 바로 모든 직원이 준수해야 할 행동 강령(위반 시 제재·처벌에 관한 항목 포함)을 서면으로 작성·배포·서명하는 것이다. 구성원의 윤리적 행동과 책임 기준을 규정하는 행동 강령은 스타트업의 기업 지배 구조가 도덕적 및 법적 의무를 강조하고 있다는 사실을 명확히 보여준다. 그 결과 기업 경영에 대한 대외적 신뢰도가 비약적으로 상승할 것이다.

비록 조직 규모가 작은 스타트업일지라도 간단히 행동 강령만 준수하면 후속 펀드레이징 활동에 큰 도움이 된다. 또한 잠재 내부고객이 될 미래의 직원들도 행동 강령에 서명하고 준수하는 경영진의 윤리적 태도에 대하여 크게 감명받을 것이다.

외부 이해관계자의 윤리적 행동을 강화하라

외부 이해관계자의 윤리적 행동이 건전한 기업 지배 구조를 강화한다. 스타트업은 지속적인 R&D와 사업운영을 위해 관련 서비스 개발·공급 업체와 계약을 맺는다. 대부분 이러한 운용 자금을 불규칙적인 현금 흐름과 투자 자금에 의존하는 경향을 보인다. 그럼에도 불구하고 외부 계약 업체와 안정된 비즈니스 관계를 쌓기 위해 노력해야 한다. 이러한 비즈니스 관계가 스타트업의 사업 성패를 좌우하기 때문이다.

에를 들어, 스타트업의 현금흐름 상 위기가 예상된다면 경영진은 해당 사실과 예상 결과를 공급 업체에 즉각 전달해야 한다. 이러한 통지를 받은 업체와 위기 상황을 함께 논의하고 대비해야 한다. 만약 스타트업으로부터 받을 돈을 제때 받지 못해 어려움을 겪게 된다면 기업의 대외 이미지와 신뢰도가 급격히 악화된다. 업계 평판이 좋지 않으면 스타트업의 모든 사업 활동이 중단될 수 있다.

스타트업은 고위험 고수익의 벤처 비즈니스를 수행하는 조직이라는 사실을 명심하라. 이해관계자에게 고수익을 제공하지 못하면서 고위험을 강요해선 안 된다. 자금 위기에도 불구하고 사실 정보를 공지한 스타트업과 계속해서 사업 관계를 유지하려는 업체들이 분명히 나타날 것이다. 이들 중 일부는 스타트업에 지분 투자 혹은 공급량 조절과 같은 합리적 대안을 제안하기도 한다. 이들의 요청을 수락하면 보다 장기적이고 안정적인 비즈니스 네트워크 구축을 도모할 수 있다.

건전한 윤리적 행동의 일환으로 외부 이해관계자와의 관계를 강화할 수 있는 또 다른 방법은 예상된 이해관계 충돌을 관련 당사자들에게 통보하는 것이다. 종종 스타트업과 공급업체 간 혹은 수직·수평 통합된 업체들 간에는 상호 이해관계가 상충하는 상황이 발생할 수 있다. 물론 사전에 이런 상황을 발생시킬 원인을 찾아 제거하는 것이 바람직하지만, 실제는 창업가의 예상을 크게 벗어날 수 있다. 이해관계 충돌이 발생하면 우선 공급 업체에 해당 내용을 신속히 전달한다. 그리고 비상 대책을 마련하여 당사자 간 상호 수용이 가능한 수준에서 의견을 조율하기 위해 최선을 다한다. 이처럼 문제 해결에 대한 진솔한 태도가 더 강력하고 단단한 비즈니스 네트워크 관계로 돌아올 것이다.

특히 투명성은 외부 이해관계자와 신뢰 관계를 형성하고 발전시키는데 실로 엄청난 영향을 미치며, 스타트업 비즈니스가 목표 성과를 창출하는데 기여하는 바가 크다.

주주의 비윤리적 행위를 경계하라

앞서 설명한 행동 강령 초안을 작성하려면 이에 반하는 비윤리적 행동이 무엇인지를 우선 검토해야 한다. 스타트업의 재무 레버리지를 활용하여 사적 이익을 추구하려는 특정 주주가 있다고 상상해보자. 전체 주주 권익을 침해하는 이러한 비윤리적 행동을 저지하고 공동 이익을 보호해야 할 이사회의 책임을 행동 강령으로 제시하면 해당 주주 역시 자신의 행동을 돌이켜볼 여지가 생긴다.

2장에서 설명한 '제한적 유동성'과 '인맥 대리인'이 주주가 자행할 수 있는 대표적인 비윤리적 행동에 속한다. 제한적 유동성은 유리한 투자 조건을 얻으려는 특정 주주가 다른 주주들의 이익은 생각하지 않고 자금 투입을 보류하는 것이다. 이 경우, 기업은 현금흐름 상 위기를 겪을 수 있다. 합의한 출구 시점이 도래하지 않았음에도 주주 자신이 보다 저렴한 가격에 기업을 매입하고자 자금 투입을 보류하는 경우도 있다.

주주는 사적 이익을 위해 우호 지분을 확보하는 방식, 즉 인맥 대리인을 활용하기도 한다. 자신에게 우호적인 잠재 투자자를 창업가에게 소개·추천하거나 기존 주주에게 의결권을 위임받아 기업 통제력을 확보하는 방식을 취한다. 이들은 자신의 의도를 숨긴 체 보이지 않는 곳에서 은밀히 행동한다는 사실을 명심하자.

실제로 제한적 유동성과 인맥 대리인의 문제로 인해 큰 어려움을 겪는 창업가를 종종 만날 수 있다. 기업이 현금흐름 위기에 직면할 때마다 주주는 일시적으로 유동성이 낮아진 것뿐이라며 창업가를 안심시키고, 필요하면 자신이 투자자를 소개해주겠다고 말한다. 소개받은 새로운 투자자는 주로 스타트업에 불리한 투자 조건을 강요하는 경향을 보이는데, 나중에 보면 이들이 특정 주주의 사주를 받고 있다는 사실을 발견할 수 있다. 해당 조건을 승낙하면 경영진은 기업 통제력을 상실할 뿐 아니라 다른 주주들의 권익이 침해될 가능성이 매우 크다.

현금흐름이 막힌 상황에서 이사진 중 한 명이 긴급 자금 투입을 원하는 주주들에게 '적당한 때'를 기다리라고 조언하는 사례도 있다. 이 사람이 말한 '적당한 때'가 지금 당장이 아니면 언제인가? 자금 투입이 늦어지면 스타트업 비즈니스에 매력을 느끼는 전략 인수자의 이목을 끌 절호의 기회를 놓칠 수 있다. 자신의 주장이 관철되면 곧바로 사적 이익을 바라는 소수의 주주 집단이 제한적 유동성을 발동하고, 자신들의 이익을 대변할 우호 지분을 확보할 것이다. 어떠한 상황이든 해당 이사진은 자신의 행동이 모든 이해관계자의 공동 이익을 침해하고 윤리적 의무를 다하지 않은 것에 대해 반드시 책임져야 한다.

자본 구조의 무결성을 확보하라

이상의 논의를 정리하면, 건전한 자본 구조는 다음과 같은 강력한 기업 지배 구조의 특성을 반영한다.

- **청렴성.** 펀딩라운드를 진행하는 동안 공정하고 신뢰할만한 자본 구조를 확립하고, 그 사실을 모든 주주에게 공개한다. 이를 통해 초기 투자자들이 감수한 위험에 정당한 대가를 지불하겠다는 의사를 표명한다.
- **책임성과 객관성.** 특정 주주 집단이 사적 이익을 추구하거나 기업을 지배하지 못하도록 자본 구조의 건전성을 관리해야 한다.
- **투명성.** 자본 구조가 복잡하고 이해하기 어려우면 기업경영에 예측하기 어려운 변수로 작용한다. 이는 벤처 비즈니스의 불확실성을 가중시키며, 그 결과 자본 구조의 투명성을 확보할 수 없다.
- **성과 지향성.** 자본 구조가 단순할수록 펀드레이징 활동에 큰 도움이

된다. 또한 투자자의 입장에서 자본 구조 관리는 벤처 투자에 대한 위험을 낮춘다. 이는 궁극적으로 보다 높은 밸류에이션을 이끄는데 기여하여 성공적인 출구를 가능케 한다.

자금 사용처를 명확히 밝혀라

주주로부터 유치한 사업 자금을 사용할 때에는 사전 배포된 투자 안내서에 명시한 용도에 따라 자금을 집행해야 한다. 자금 사용은 철저히 주주의 기대에 부응해야 한다. 만약 명시하지 않은 용도로 자금을 사용하면 부가가치 창출을 위한 것임을 밝히고, 이를 뒷받침한 근거를 마련한다.

주주 관계

기업 지배 구조를 확립하기 위한 일련의 규정 및 프로세스를 주주들에게 전달함으로써 훌륭한 주주 관계(Stakeholder Relations)를 위한 기반을 마련할 수 있다. 추구하려는 기업 체제의 주요 특징을 상세히 설명했다면, 이를 구현하기 위한 주주의 지원과 헌신을 반드시 확보해야 한다.

주주 관계에서는 기업의 재무 전략은 물론 보다 광범위한 전략적 사업 방향을 주주에게 전달하는 활동까지 포함한다. 또한 설계한 지배 구조를 효과적으로 확립하고자 주주들에게 관련 정보를 제공하는 활동도 포함한다. 즉, 이러한 활동 일체는 ① 적시에 명확하고 정확한 방식으로 지배 구조 확립 활동 내용의 전달, ② 적절한 경영정보의 공개 및 보고, ③ 효과적인 대외 홍보, ④ 위기관리 절차의 수립으로 요약할 수 있다. 각 활동에 대하여 상세히 살펴보자.

지배 구조 확립 활동에 관한 내용을 적시에 전달하라

주주들이 의사 결정을 최적화할 수 있도록 정보를 제공하기 전에 효과적 정보 채널을 구축하고 필요 시 이를 개선한다. 적시에 사실 정보를 관련 당사자에게 전달하고, 모든 주주가 전달받은 정보에 입각하여 의사 결정을 실시할 수 있도록 만든다. 최신 기업 소식과 사건을 일목요연하게 정리하여 주주에게 배포하여 건전한 기업 지배 구조가 확립되었다는 사실을 입증한다. 이를 통해 '주주의 의사 결정과 기업의 전략적 사업 방향의 일치'라는 결실을 맺을 수 있다. 그리고 그 일치 정도에 따라 지배 구조의 성과 지향성은 더욱 증진된다.

주주에게 경영정보를 공개하라

주주에 대한 경영진과 이사회의 윤리적 책임뿐 아니라 적시 정보공개가 이루어질 때 기업 지배 구조의 투명성이 확보된다. 잠재 투자자들이 현재 경영진과 이사회가 주주를 어떻게 대우하는지를 주시하고 있다는 사실을 명심해야 한다. 경영정보를 배포할 때에는 다른 경영진과 이사회의 승인을 받지 정보는 절대로 제공해선 안 된다. 특히 기밀정보가 유출되지 않도록 만전을 기해야 한다. 필요한 정보만을 간추려 해당 주주에게 도달할 수 있도록 정확한 방식으로 배포한다. 그리고 수신인이 해당 정보를 받았는지 확인한다. 공문 형태로 경영정보를 배포하되, 배포는 가능한 주기적으로 실시하는 것이 좋다. 주주에게 공개할 경영정보는 다음과 같다.

- 제정된 지배 구조 정책과 주주의 권리 및 의무에 관한 정보
- 공급 업체, 고객 등의 모든 외부 이해관계자들에게 적용되는 이용

약관, 개인 정보 보호 정책 및 관련 문서

- 다수 주주의 권익에 중대한 영향을 미치는 모든 사항 (예 : 이사진 변경, 투표 참여, 출구 전략 및 시기, 예상 투자 수익, 투자 유치 계획, 전략상 중대 변화, 새로운 전략 파트너 확보 등)

- 실제 혹은 잠재적 이해 상충에 관한 내용

- 자본 구조의 무결성 개발을 위한 활동 혹은 자본 구조 변화를 일으킬 모든 정보 (예 : 주주에게 소유한 지분에 비례하여 일정 수준의 경영권을 특정 주주에게 제공하는 계약 내용 일체)

- 예상하지 못한 자금 사용 내역

정보 공개는 어떠한 방식으로 이루어져야 할까? 위 정보를 주주에게 전달하는 방법은 세 가지로 정리할 수 있다. 먼저 공식적인 기업 지배 구조 헌장(Corporate Code of Governance)에 명시하는 방법, 주주 서신(Shareholder Letter)을 정기적으로 배포하는 방법, 마지막으로 비정기적으로 필요시 주요 정보를 신속히 전달하는 주주 통지(Shareholder Notices)를 활용하는 방법이다.

주주가 기업 지배 구조 헌장에 쉽게 접근할 수 있도록, 그리고 명시된 내용을 쉽게 이해할 수 있도록 정보 표준화 작업을 사전에 실시한다. 헌장은 기업 지배 구조에 관한 내용 일체를 성문화한 것으로써, 이를 통해 주주들의 잠재적 오해의 소지를 제거할 수 있다. 또한 현재 진행하고 있는 펀드레이징 활동 및 계획, 그리고 경영 활동에 영향을 미칠 만한 내·외부 주요 사건을 정기적으로 보고하는 주주 서신을 배포하면 기업경영의 투명성과 청렴성을 더욱 증진시킬 수 있다. 서신을 받은 주주들은 경영진에게 강한 신뢰를 보낼 것이다. 주주 통지는 긴급 정보에 대한 특정 주주의 조치 및 응답이 필요할 때 당사자에 한하여 발송하는 것이 일반적이다.

올바른 지배 구조의 정착을 홍보하라

이해관계자들로부터 받은 신뢰, 그리고 이를 향한 책임 경영은 훌륭한 기업 홍보요소이다. 홍보 캠페인을 구성하여 해당 내용을 대외적으로 전파하면 후속 펀드레이징에 큰 도움이 될 뿐 아니라 사업 전반에 긍정적인 영향을 미친다. 손쉬운 방법으로는 블로그와 SNS를 활용할 수 있다.

만약 자본 구조에 지대한 영향을 미칠만한 전략 파트너와 계약을 체결했다면 정기 간행물 발간 혹은 언론 매체를 통한 뉴스 홍보를 적극 활용해볼만 하다. 이러한 사실은 스타트업이 속한 산업과 금융 시장 전반에서 이목을 이끌고, 새로운 비즈니스 파트너십을 체결하는 데 매우 효과적이다. 물론 지배 구조의 투명성과 책임성을 드러내는 홍보 활동 자체가 기업 경영의 개방적 특성을 대변한다.

잠재 투자자들의 입장에서는 현재의 이해관계자가 스타트업 경영진에게 보내는 신뢰 수준이 중요한 투자 기준으로 작용한다. 특히 수많은 투자 기회 속에서 한 기업을 분석하는 데 많은 노력을 투입하기 어려운 투자자일수록 그러하다. 믿을 만한 사람의 칭찬 한마디가 자신이 수집한 정보보다 투자 결정에 지대한 영향을 미치기 때문이다. 이는 강력한 기업 지배 구조가 펀드레이징의 성공 가능성을 결정짓는 중요한 요소임을 보여주는 증거이다.

효과적인 위기관리 체계를 구축하라

단순히 내부 사업 운영뿐 아니라 외부 사업 관계 속에서도 심각한 문제가 발생할 수 있다. 여기서 불거진 위기가 기회로 작용할 수 있다. 바로 스타트업에게 가장 소중한 자산 중 하나인 신뢰를 높일 수 있는 기회로 말이다. 앞서 논의한 위기관리 체계가 훌륭히 구축되었다면 위기를 해결한 경영진의 노력이 효과적인 기업 홍보의 대상이 될 수 있다. 위기 상황 속에서도 투명하게 행동하고(투명성), 문제에 대한 책임을 지며(책임성) 해결해야 할 문제에 확실한 해결 방안을 제안함으로써(성과 지향성) 이해관계자로부터 더욱 강력한 신뢰를 얻을 수 있다.

위기 상황에 관한 사실 정보를 적시에 제공하는 것만으로도 경영진의 높은 책임성을 보여줄 수 있다. 이때 제공할 주요 정보에는 위기가 시작된 시점과 이유, 그리고 위기를 해결하고 경영 정상화가 이루어질 예상 시점 등이 포함된다. 그럼으로써 자연스럽게 투명성도 보여줄 수 있다. 물론 현재의 위기 상황에 대한 정보 공개가 기업 이미지에 부정적인 영향을 미칠 수 있지만, 사전에 적절한 대응 계획을 수립했다는 사실만으로도 기업의 위기관리 체계가 훌륭하다는 평가를 받을 수 있다.

상황이 종료되었다고 정보 공개 활동이 끝난 것은 아니다. 위기 상황을 일으킨 원인을 분석하고, 시간 순서대로 사건 내용을 정리하며, 학습한 교훈이 무엇인지를 상세하게 적은 주주 서신을 작성·배포한다.

주주는 벤처 비즈니스 특성상 언제든 위기에 닥칠 수 있으며, 투자자로서 그 위험을 감수해야 한다는 사실을 잘 알고 있다. 하지만 아무도 똑같은 위기 상황이 계속해서 반복되길 원치 않는다. 따라서 경영진과 이사회는 재발을 방지하고자 어떤 조치가 취해졌는지를 알려줘야 한다. 주주 서신에는 예방을 위한 상세 관리 계획에 대해서 설명한다. 그 내용을 향후 운영 계획 및 행동 강령을 개정하는 데 유용한 참고자료로 활용한다.

위기관리 체계의 중요성은 통근 열차 시스템에 비유할 수 있다. 끔찍한 교통 혼잡 문제를 겪는 대도시에서 통근 열차 시스템은 직장인들에게 매우 유용하다. 오래된 열차일수록 종종 철길 위에 멈춰 선다. 선로 위에 정차된 열차 속에서 승객들이 꼼짝없이 갇혀 있다. 그리고 방송을 통해 불편을 드려 죄송하다는 기관사의 멘트가 나온다.

딱 여기까지일 뿐, 만약 승객의 의사 결정에 도움이 될 만한 정보를 제공하지 않는다면 어떠할까? 잠시 후 중요한 회의에 참석해야 할 승객은 다음 역에서 내려 다른 교통편을 알아보는 게 좋을까, 아니면 가만히 열차에서 기다려도 괜찮을까? 이 승객이 최적 의사 결정을 내리려면 열차가 정지했다는 사실 자체가 아니라, 그 원인과 재운행 시간에 관한 정보이다.

철도 상 문제가 아니라면 정전이 발생한 것인가? 화재 혹은 폭발이 일어났는가? 정차는 얼마나 지속될 것인가? 얼마나 자주 최신 정보를 제공할 것인가? 이런 정차가 일시적인가, 아니면 주기적으로 발생하는가? 승객들은 자신이 처한 상황에 따라 신속히 올바른 결정을 내릴 수 있도록 관련 정보를 받을 권리가 있다. 장시간 선로 복구가 필요하거나 화재 사고가 발생했다면 신속하고 안전하게 하차할 수 있는 방법도 알려주어야 한다. 단순 고장이라면 승객들이 환승할 열차가 언제 도착할 것인지도 알려줘야 한다.

사과 방송 이외에는 아무런 정보를 제공받지 못한 승객들 사이에 혼란과 불평은 점점 더 커져갈 것이다. 예측할 수 없는 미래에 대한 불확실성은 불만과 불안으로 표출된다. 설령 짧은 시간 내에 정상 운행을 하더라도 승객들은 이미 화가 난 상태일 것이다. 이로 인해 큰 손해를 입은 승객이라면 손해배상 소송을 걸지도 모른다.

발생 빈도 역시 중요하다. 이 통근 열차를 이용하지 않고 대안적 교통수단을 찾아야 하는지, 또는 갑작스러운 정차 시 어떤 비상계획이 있어야 하는지 등 상황에 따른 적절한 대응책을 스스로 강구해야 하기 때문이다.

이해관계자들이 경영진과 이사진에게 불편과 불만을 토로할 때가 가장 심각한 위기 상황이다. 이 위기를 통해 문제에 대한 확실한 책임을 지는 것이 기업 이미지를 향상시키고 고객 충성도를 높이는 방법이 될 수 있다는 사실을 잊어선 안 된다.

워크포인트

기업 지배 구조는 기업이 내·외부 이해관계자와 상호 목표를 달성하고자 사업 및 조직 운영과 관련된 일련의 규칙과 과정을 의미한다. 훌륭한 지배 구조 원칙을 수립하고 준수하여 특정 이해관계자 집단이 사적 이익보다는 공적 이익을 추구하도록 만들어야 한다. 이러한 지배 구조를 갖춘 기업들은 공통적으로 청렴성, 투명성, 책임성, 객관성 및 성과 지향성의 특성을 보인다.

건전한 지배 구조를 추구하면 몇 가지 이점을 누릴 수 있다. 여기에는 효율성 향상, 신뢰 증진, 주주의 비재무적 지원, 밸류에이션 향상, 자본 비용 절감 및 기업 이미지 개선 등의 이점이 포함된다. 이를 통해 궁극적으로 사업성과를 개선·증진시킬 수 있다. 조직, 윤리적 행동 및 주주 관계라는 세 가지 영역에 이러한 이점을 적용하면 보다 훌륭한 지배 구조를 확립할 수 있을 뿐 아니라 후속 펀드레이징에서도 유리한 레버리지로 작용한다.

스타트업은 개인과 집단 차원에서 기업 지배 구조가 사업성과를 촉진하도록 조직화해야 한다. 특정 개인 및 집단에 기업 통제력을 집중시켜선 안 된다. 주주 권익을 보호해야 할 권한과 책임은 이사회에 있다. 주주는 자신의 의견을 표명할 수 있는 충분한 참여 기회를 갖고, 경영진은 사업 운영에 관한 일체의 의무를 수행할 권한을 충분히 가져야 한다. 광범위한 주주 권익을 공동 목표로 설정해야 한다. 그리고 위기관리 절차의 수립, 기업 대변인의 임명, 외부감사원의 활용을 통해 훌륭한 기업 지배 구조의 원칙이 유지되도록 조치해야 한다.

또한 훌륭한 기업 지배 구조의 다섯 가지 특성을 더욱 강화하는 윤리적 기업 문화을 조성하고, 이를 향한 모든 이해관계자의 행동을 촉진해야 한다. 실천해야 할 윤리적 행동과 지양해야 할 비윤리적 행동을 구분하는 것이 그 첫걸음이다. 윤리 경영을 기반으로 자본 구조의 건전성을 확보하고, 주주의 기대에 따라 자금을 사용하도록 한다.

기업을 둘러싼 모든 내·외부 이해관계자에게 지배 구조 정책을 전달하고 이해시킬 때 주주 관계가 형성된다. 주주 관계는 적시에 정확한 방식으로 기업 활동에 관한 내용 일체와 주요 사건을 공시하는 것으로 시작한다. 주요 사실 정보를 관련 당사자에게 적시 공개하는 방법을 설계해야 한다. 효과적인 기업 홍보와 준비된 위기관리 체계를 통해 주주 관계를 더욱 확고히 하면, 잠재 투자자는 강한 투자 매력을 느낄 것이다.

다섯 가지 주요 특성(청렴성, 투명성, 책임성, 객관성, 성과 지향성)을 기준으로 특정 경영 활동과 의사 결정이 기업의 지배 구조에 어떠한 영향(약화 혹은 강화)을 미치는지 판별할 수 있다. 강력한 기업 지배 구조의 확립은 성공적인 펀드레이징과 출구 전략을 실현하는 마지막 퍼즐 조각이라는 점을 명심해야 한다.

부록

성공적인 스타트업 펀드레이징을 위한 원칙

투자자 파악하기

- 투자자는 자신이 얻을 수익을 보고 투자를 한다. 결코 창업가의 취미나 대의실현을 위해서, 혹은 과학경진대회 우승을 지원하고자 투자하는 것이 아니다.
- 잠재 투자자가 제공할 자금이 '좋은 돈' 혹은 '나쁜 돈'인지에 따라서 스타트업 펀드레이징의 성공과 실패가 좌우된다.
- 좋은 투자자는 자신이 부담해야 할 투자 위험을 완화하고자 경영진이 벤처 비즈니스의 위험을 줄일 수 있도록 적극적이고 호혜적인 지원을 아끼지 않는다.
- 나쁜 투자자는 스타트업에게 위험을 가중시키는 투자 조건을 제시하고, 다른 이해관계자보다 더 유리한 상대적 지위를 확보함으로써 자신의 투자 위험을 완화시킨다.
- 창업가는 프리미엄을 지불해서라도 좋은 돈을 얻어야 한다. 좋은 돈보다 더 유리한 조건을 제시하더라도 나쁜 돈은 단칼에 거절해야 한다.
- 기술개발에만 몰두하는 '미친 과학자 증후군'의 함정은 피해야 한다. 스타트업이 얼마나 훌륭하고 흥미로운 기술개발을 수행하는지는 투자자들의 관심사가 아니다. 오로지 투자 수익만이 이들의 흥미를 자극하는 요소일 뿐이다.
- 창업가의 절망과 좌절이 '벌쳐 캐피탈리스트'를 이끈다. 창업가가 기업 파산을 막고자 투자금이 필요하다는 의도를 내비치는 순간, 이들의 훌륭한 먹잇감이 되는 것이다.

- 스타트업에 가장 큰 혜택과 지원을 제공하는 잠재 투자자 유형은 전략 투자자이다. 창업가는 전략 투자자를 유치하기 위해 매력적인 비즈니스를 개발하고 기업의 마켓 포지션을 규명하는 데 주요 목표를 설정해야 한다.
- 투자자는 제품이 아니라 '사람'에게 투자하는 것이다.
- 잠재 투자자를 유치하는 방법은 이들에게 감동을 주는 것이 아니라, 스타트업이 매력적인 투자대안으로써 향후 높은 수익 창출 및 시장 지배 잠재력을 입증하는 것이다.
- 어떠한 상황에서도 창업가는 스스로를 희생하고 위험에 빠뜨리면서까지, 잃을 것이 거의 없는 잠재 투자자와 비즈니스 파트너십을 맺어선 안 된다.
- 채권자(부채 투자자)와 주주(지분 투자자)는 서로 다른 위험 허용 수준을 가지고 있다. 채권자는 단기 현금흐름에 관심을 갖고, 자신이 담보로 확보한 자산의 가치하락 위험을 경계한다. 채권자와 달리 주주는 비즈니스 성공까지 인내심을 갖고 기다려주며, 출구 시점까지 자신의 투자 수익률을 높이고자 단기 희생을 기꺼이 감내한다.
- 직장에서는 혁신에 대한 열정을, 직장 밖에서는 사업에 대한 열정을 보여라.

초기 자금 조달

- 운영 및 재무 목표를 달성하기 충분한 자금을 확보할 때가지 투자자를 동업자로 대우하고, 이들의 제안에 기초하여 발행 주식을 결정하라.
- 공적 자금은 초기 사업 단계에 속한 스타트업에 매우 유용하고 매력적인 펀딩 유형이다. 공적 자금을 신청할 때에는 벤처 비즈니스의 경제적 지속성을 입증하고, 사업 목표를 공공기관의 핵심성과지표에 일치시키고, 공공기관이 속한 지방자치단체와의 경제적 상호 의존성을 명확히 입증해야 한다.
- 스타트업이 공공기관의 자금 신청 기준에 부합하고자 본연의 비전과 목표를 수정하는 것은 스스로 '나쁜 돈'을 추구하는 것과 다름없다.
- 공무원인 공공기관의 심사자에게 깊은 인상을 남기고자 벤처 비즈니스의 수익 잠재력을 보여주는 것은 오히려 역효과를 낳을 수 있다. 벤처 비즈니스의 수익은 위험에 비례하기 때문이다. 그리고 공무원들은 대개 위험회피적 성향을 갖고 있다.
- 즉, 이들에게 수익 잠재력을 보여주는 것은 비즈니스가 내포한 위험을 보여주는 것이다. 결과적으로 공공기관의 심사자는 자신의 경력 실패 위험을 높게 인지하게 된다. 이들은 지분 투자자보다 스타트업에 대한 자금 지원의 위험을 훨씬 더 높게 느낀다. 자신들이 지원한 스타트업이 성공했을 때 얻을 명예와 보상은 전혀 없지만, 실패했을 경우에는 질책과 강등을 피하기 어렵다.

사업 계획

- 작성된 사업 계획서는 사업 운영 중 항상 진척 상황을 반영하여 업데이트해야 한다.
- 고객이 겪고 있는 심각한 문제를 명확히 규명하고, 이에 효과적인 솔루션을 제시하여 벤처 비즈니스가 내포한 가치 제안을 잠재 투자자에게 전달해야 한다.
- 마케팅 계획의 출발은 제품과 시장을 정의한 후 실제 혹은 잠재 경쟁사를 식별하는 것이다.
- 사업 계획서 중 재무 계획과 예상 출구 전략에 대한 설명은 모든 비용 요소를 포괄적으로 추정한 후에 이루어져야 한다. 재무 계획과 출구 전략을 수립한 후에야 비로소 스타트업이 잠재 투자자에게 매력적인 투자기회로 인식될 수 있다.
- 아이디어는 저렴하다. 다른 말로 표현하면, 아이디어 그 자체는 가치가 없다. 따라서 기업 가치는 벤처 비즈니스의 근간이 되는 제품 혹은 서비스로 결정되는 것이 아니라, 그 상품을 활용하여 모든 이해관계자에게 예상치 못한 높은 수익을 보장하는 계획의 수립과 그 성공적인 실행에 달려 있다.
- 스타트업은 가능한 한 오랫동안 기업의 지적 재산권을 보호하고, 이에 대한 모든 경제적 활용 권한을 유지하는 데 주력해야 한다. 지적 재산권을 통해 해결할 수 있는 고객 및 시장의 문제가 심각할수록, 지적 재산권의 경제적 가치는 더욱 높아진다.
- 현실에서는 더 좋은 제품이 더 높은 이익을 보장하지 않는다. 개발한

제품과 서비스에 대한 수요 예측 방법이 논리적이고 타당하다고해서, 그것이 팔릴 것이라는 가정은 오만이다. 고객 행동은 결코 논리적이지 않으며, 오히려 비합리적이다. 고객 조사를 수행할 때에는 고객의 구매 의사에 강력한 영향을 미칠 수 있는 감정 및 심리적 요인을 반드시 고려해야 한다.

- 전략 투자자에게는 스타트업과 비즈니스 파트너십을 형성해야 할 강력한 이유가 필요하다. 이들 앞에서 창업가는 그 이유를 합리적이고 설득력 있게 설명하고 제안하는 데 총력을 기울여야 한다.

- 창업가의 말이 스스로에게 불리하게 작용할 수 있다는 사실을 명심하라. 절대로 예상 성과와 잠재 수익을 부풀려선 안 된다. 달성 불가능한 목표에 대하여 잠재 투자자가 성과 트리거를 설정할 수 있다는 사실을 기억하라.

- 그렇다고 군이 기업 재정 측면에서 지나친 보수적 태도를 취할 필요는 없다. 잠재 투자자의 보수적 태도만으로도 충분하다.

- 추정 재무제표에 제시된 수치보다 중요한 것이 바로 그 근간을 이루는 재무 모형의 타당성과 신뢰성이다. 잠재 투자자는 어떠한 재무 모형을 사용하여 해당 수치가 나왔는지를 집요하게 파고들 것이다.

가격 책정

- 가격 책정이 벤처 비즈니스의 성패를 좌우한다. 지나치게 높은 가격은 초기 사업 성장에 필요한 견인력(기업 운영에 필요한 충분한 수익과 시장 점유)을 확보하는 데 방해가 된다.
- 반면, 지나치게 낮은 가격은 고객과 공급자를 포함한 외부 이해관계자들에게는 좋지만, 높은 수익을 기대하는 주주들의 불만을 사게 된다.
- 가격 책정 전략의 목표는 최저 가격을 책정하여 시장 내 프라이스 리더(Price Leader, 가격주도자)가 되는 것이 절대로 아니다. 바로 최적 가격을 책정하여 시장 내 프라이스 세터(Price Setter, 가격결정자)가 되는 것이다.
- 누구나 인정할만한 혁신적 제품이라면 프리미엄 가격을 설정할 수 있다. 이 경우, 스타트업은 잠재 투자자에게 매력적인 투자대안으로 인식될 것이다.
- 경쟁 제품과의 차별성을 충분히 입증하기 어려우면, 절대로 제품과 서비스에 프리미엄 가격을 설정해선 안 된다.

재무 계획

- 최적 재무 계획 수립의 핵심은 전사적 사업 전략을 고려하여 개별 활동에 대한 재정적 비용을 합리적으로 추산하는 것이다.
- 최적 재무 계획을 수립하면 사업 계획의 실행 활동이 개선되고, 적시에 필요 자금을 보다 유리한 조건에 확보할 수 있다. 무엇보다 출구 시 투자 수익률 극대화를 추구할 수 있다.
- 창업가는 후속 펀딩라운드에 도달하기 위해 충분한 자금 확보와 지분희석화 억제라는 두 마리의 토끼를 동시에 잡아야 한다. 그 사이에서 적절한 균형을 추구하는 것이 성공적인 펀드레이징의 핵심이다.
- 한 펀딩라운드에서 필요 이상으로 과도한 자금을 확보하면 치명적인 실수를 범하는 것이다. 이에 대해 값비싼 댓가를 치르게 될 것이다.
- 시리즈 A 단계 이전까진 그 누구도 창업가보다 사업을 잘 운영할 수 없다. 이때까진 창업가가 확실한 기업 통제력을 유지하는 데 총력을 기울여야 한다.
- 한 출구 전략에 얽매여 집착해선 안 된다. 잠재 인수자가 자신이 유일한 출구 대안이라는 사실을 알거나, 혹은 경쟁사가 잠재 인수자에게 제재 조치를 취할 경우 창업가의 협상력은 현저하게 떨어진다.

펀드레이징 협상

- 성공적인 펀드레이징 협상의 출발점은 협상 상대의 우려사항을 파악하고, 각 사항에 대하여 수용할 수 있는 범위를 설정한 후 협상 우선 순위를 설정하는 것이다.
- 상대가 비즈니스 파트너로서 매력적일수록 상대의 협상 영향력, 즉 레버리지가 높아진다. 이것이 협상 과정에서 상대에게 끌려 다닐 이유가 되진 않는다.
- 사업 성장 단계가 초기일수록 상대가 인지할 위험이 높아지며, 이에 따라 기대 수익률도 높아진다. 하지만 기대 수익률보다 인지된 위험이 밸류에이션에 더 많은 영향을 미친다. 즉, 위험이 높은 만큼 밸류에이션이 낮아진다.
- 밸류에이션 협상의 초점은 '배수 설정'에 맞춰야 한다.
- 제시한 추정 재무지표를 과도하게 변경하는 협상은 절대로 피해야 한다. 일단 재무지표 수치를 변경하기 시작하면, 상대는 사업 계획의 근간이 되는 기본 가정과 가설, 그리고 이와 관련된 수많은 개별 항목에 대하여 의문을 제기할 것이다.
- 당사자들이 상호 이익을 존중하는 협상이 가장 이상적이다. 이러한 상호 존중은 서로를 비즈니스 파트너로서 인정하고 장기적 성공과 효과적인 기업 지배 구조를 구축하는 데 훌륭한 밑거름이 된다. 그리고 궁극적으로 벤처 비즈니스의 성공 잠재력을 극대화하는 촉매가 될 것이다.
- 펀드레이징 협상에서 기교를 부리면 상대는 훨씬 더 정교한 기교를

부릴 것이다. 협상 테이블에 앉아있는 상대는 창업가보다 훨씬 더 숙련된 금융 전문가이다. 협상 원칙을 준수하라. 원칙에 입각한 협상 계획을 갖고 있는 창업가는 협상팀을 '좋은 돈'을 향해 전진하도록 만들 수 있다.

기업 지배 구조

- 스타트업이 가질 수 있는 가장 가치 높은 자산이 바로 '신뢰'이다. 신뢰는 건전하고 훌륭한 기업 지배 구조를 구축하는 핵심 요소이다.
- 효과적으로 사업 계획을 실현하려면 건전한 기업 지배 구조를 마련하여 여러 이해관계자의 권익을 효과적으로 보호해야 한다.
- 건전하고 훌륭한 기업 지배 구조를 갖춰 갈수록 스타트업에 '좋은 돈'이 유입할 가능성이 비약적으로 높아진다. 그 결과, 창업가는 밸류에이션의 극대화를 추구할 수 있다.

인덱스

찾아보기

찾아보기